国际大都市建设
用地规模与结构比较研究

石忆邵　彭志宏　陈永鉴　范　华　陈华杰　等编著

中国建筑工业出版社

图书在版编目(CIP)数据

国际大都市建设用地规模与结构比较研究/石忆邵等编著. —北京：中国建筑工业出版社，2009
ISBN 978-7-112-11576-1

Ⅰ.国… Ⅱ.石… Ⅲ.城市建设-土地利用-对比研究-世界 Ⅳ.F299.1

中国版本图书馆CIP数据核字(2009)第209549号

国际大都市建设用地规模与结构比较研究
石忆邵　彭志宏　陈永鉴　范　华　陈华杰　等编著
*
中国建筑工业出版社出版、发行(北京西郊百万庄)
各地新华书店、建筑书店经销
北京天成排版公司制版
北京建筑工业印刷厂印刷
*
开本：787×1092毫米　1/16　印张：13½　字数：337千字
2010年2月第一版　2010年2月第一次印刷
定价：**36.00**元
ISBN 978-7-112-11576-1
(18833)

本书选取了伦敦、纽约、东京、巴黎、香港、新加坡、开罗、悉尼、孟买、芝加哥、圣保罗、布宜诺斯艾利斯、首尔、多伦多等国际大都市，分析和比较其建设用地规模与结构的发展历程和现状特征，探寻和揭示国际大都市成长过程中建设用地规模与结构变化的主要影响因素，总结和提炼国际大都市建设用地发展的时空演变规律或模式，为上海等国际大都市建设用地规模与结构发展及极限测算提供指导和借鉴。

本书可供国土资源管理、城市规划与建设、经济地理等专业领域的高等院校师生、科研单位研究人员及相关政府管理部门人员阅读和参考。

* * *

责任编辑：吴宇江
责任设计：赵明霞
责任校对：袁艳玲　关　健

前　言

2008年7月中旬，我们承接了上海市地质调查研究院的上海市土地利用规划修编专题研究项目之一《国际大都市建设用地规模和结构的比较研究》[课题编号2008(D)-089(F)-06]。经过数个月的辛苦工作，终于形成了这本近30万字的著作。或由于时间仓促，或因为语言障碍，或囿于才蔽识浅，文章仍显得非常稚嫩，甚至还很不成熟，但我们仍愿意让它刊印成书而与读者共享，既是为了避免同行去做重复的劳动，又可以接受学界更多善意的教诲。

在本书的编写过程中，我们参考了大量国内外相关学者的研究成果，其中大多已在各章末的参考文献中予以列出，在此对他们表示由衷的谢意。

衷心感谢上海市地质调查研究院的大力支持，特别是土地利用规划所的施玉麒所长、代兵博士、张玮博士、高魏博士等人的宝贵建议。

衷心感谢中国建筑工业出版社吴宇江先生的鼎力支持与辛勤编辑。

本书是课题组集体劳动的结晶。全书由石忆邵拟定写作提纲并统稿和最后修订。各章的具体分工如下：第1章——石忆邵；第2章——范华；第3章——陈永鉴；第4章——陈华杰；第5章——蒲晟；第6章——彭志宏；第7章——彭志宏；第8章——靳瑞萍；第9章——黄银池；第10章——范华；第11章——陈永鉴；第12章——范胤翡；第13章——徐宏亮；第14章——周顾盛(华东师大)、蒲晟；第15章——胡建民、彭志宏。

因书中各章出自不同作者之手，加之各城市资料收集的难易程度有别，故有少数城市未能按原写作计划顺利完成，不得已而改换其标题。尽管我们旁搜远绍，爬罗剔抉，但终因款学寡闻，而难以钩深致远，罅漏之嫌与遗珠之憾兼而有之。权且存此岁月之履痕，祈望同仁不吝珠玉。

石忆邵

2008年11月16日于同济大学浅碧斋

目　录

第1章 国际大都市建设用地变化特征及影响因素分析

1.1 引言

国际大都市是指那些具有较大人口规模、较强集聚扩散能力和影响力的城市。它们的影响和辐射功能往往超越国界和地域边界，广涉全球，甚至成为国际经济活动的控制、协调和指挥中心。

按其国际地位和城市发育状况，可将国际大都市划分为如下四类：①全球性大都市，如纽约、伦敦、东京、巴黎；②区域性大都市，如洛杉矶、法兰克福、悉尼、多伦多等；③新崛起大都市，如香港、新加坡、台北、首尔等；④崛起中大都市，如约翰内斯堡、圣保罗、曼谷、吉隆坡、孟买、墨西哥城、开罗等(屠启宇，金芳等，2007)。按经济功能强度和市场辐射范围的差异，可将国际大都市划分为三个层次：①全球性国际大都市，是全球经济活动的控制、协调和指挥中心；②区域性国际大都市，是世界经济循环网络的重要空间节点；③地区性国际大都市，是国家最主要的经济中心城市，是潜在的和正在崛起的国际经济中心城市。

结合上海城市的功能定位、发展特点和未来目标，为增强其横向可比性，本报告在进行国际大都市的个案对象选择时，主要参考国际金融中心城市、国际制造业中心城市、国际重要海港或国际重要空港(蔡来兴，1995)。从中筛选出同时兼具上述主要功能的国际大都市作为研究对象。同时城市人口规模一般应在500万人以上(新加坡除外)。这些大都市主要是：纽约、伦敦、东京、巴黎、香港、新加坡、开罗、孟买、悉尼、芝加哥等。同时还参考了圣保罗、布宜诺斯艾利斯、首尔、多伦多等其他大都市。

目前，上海城市建设用地比例已超过30%。与其他国际大都市相比，其建设用地规模和结构如何？其极限规模是多少？围绕这些问题，展开国际大都市建设用地规模和结构比较研究，廓清不同空间发展模式、不同经济发展阶段国际大都市建设用地演变特征与规律，从而为上海市建设用地规模和结构发展及极限测算提供参考依据。

1.2 国际大都市的空间范围及建设用地内涵界定

1.2.1 国际大都市的空间范围界定

国际大都市的空间范围较大，一般包括内圈层(核心圈层)、中间圈层和外圈层(扩展圈层)三个圈层。但不同国家或区域的国际大都市，由于其发展的历程不同，其空间范围也存在一定的差异，进而又影响到建设用地规模和结构的差异(表 1-1)。

部分国际大都市的空间范围界定　　表 1-1

		土地面积(km^2)	人口(万人)	人口密度(人/km^2)	范围界定
伦敦 *	内伦敦	321	300	9346	相当于历史上的“伦敦郡”，在伦敦城的周围，共 12 个区
	外伦敦	1263	457	3618	在内伦敦外围的 20 个区
	大伦敦	1584	757	4779	包括伦敦城和内、外伦敦的 32 个区
	“大伦敦规划”区域	6731	1000	1486	包括大伦敦及其外面的绿化环带
东京	东京都区部	621.8	857.8	13800	东京都区部(23 个区)
	东京都	2187	1279	5848	东京都(23 区、26 市、5 镇、8 村)
	东京圈	13368	3463	2591	东京都及埼玉、神奈川、千叶 3 县
	首都圈	36436	4252	1167	东京都及埼玉、神奈川、千叶、群马、枥木、茨城、山梨 7 县
纽约	纽约市	1214.4	827.1	10528	纽约市 5 区(其中水面 428.8km^2)
	纽约都会区	17405	1881.6	1081	纽约大都会标准统计区
	纽约大都市区	30671	2196.2	716	包括纽约市 5 区及其周边的 26 个县
巴黎 *	巴黎市	105	215	20433	巴黎市区(20 个区)
	内环	657	426	6477	3 个近郊省
	外环	11249	499	426	4 个远郊省
	大巴黎地区	12011	1140	949	大巴黎地区(1 市 7 省)
香港	香港岛	80.5	333.7	26193	香港岛、九龙半岛和新界三大部分
	九龙半岛	46.9			
	新界	976.9	361.6	3702	
悉尼 *	悉尼城	26.15	16	6118	由悉尼市议会管理的地理区域
	内悉尼	1687	—	—	悉尼城与邻接的 10 个地方政府
	悉尼大都市区	12145	420	346	包括内悉尼和附近 43 个小城市
芝加哥	芝加哥市	606.1	283.33	4757	芝加哥市区
	芝加哥大都市区	9598	830	865	包括芝加哥市及其周边的 6 个县

注：① * 伦敦、悉尼为 2006 年数据；巴黎为 2005 年数据；芝加哥市人口为 2006 年数据，芝加哥大都市区为 2004 年数据. ②资料来源：上述各大都市政府的相关网站.

1.2.2 国际大都市的建设用地类型

由于不同国际大都市的土地利用分类系统存在细微的差异，因而其建设用地的内涵和分类也具有细微的区别。如纽约将住宅用地细分为独立式或并立式住宅用地、联立式公寓用地、商务公寓用地；巴黎将道路交通用地细分为对外交通用地和道路广场用地；东京的建设用地则包括建筑用地、室外用地、公园、道路用地。一些国际大都市列出休憩娱乐用地、公共事业用地，而在另一些国际大都市，则分别称之为绿地或公园、机构用地(表 1-2)。

部分国际大都市的建设用地类型　　表 1-2

城市	建设用地类型
伦敦	居住用地、交通和公共事业用地、工业和商业用地、社区服务用地、闲置土地
东京	建筑用地(商业用地、工业用地、住宅用地、其他建筑用地)、室外用地、公园、道路用地
纽约	独立式或并立式住宅用地、联立式公寓用地、商务公寓用地、商用用地、停车设施用地、工业用地、交通运输及公用事业用地、休憩娱乐用地、公共设施和机构用地、闲置土地、其他用地
巴黎	居住用地、商业用地、工业用地、仓储用地、公共设施用地、对外交通用地、道路广场用地、市政公用设施用地、绿地和特殊用地
香港	住宅用地、商业用地、工业用地、机构用地、休憩用地、运输用地、其他都市或已建设土地
新加坡	工业用地、居住用地、交通用地、中央商务区用地、休闲用地等
开罗	居住用地、公共设施用地(包括交通、教育、医院等用地)、商业用地，工业用地等
孟买	建筑用地(包括城市绿化用地、交通用地、居住用地以及商业仓储用地)、工业用地及其他非农业用地
悉尼	工业用地、居住用地、服务业用地、基础设施用地、交通和通信设施用地
芝加哥	居住用地、工业用地、商业服务用地、交通通信设施用地、公共事业用地、公共绿地等

1.3 国际大都市建设用地规模与结构变化的主要特点

从纽约、伦敦、东京、巴黎等处于第一层次的国际大都市来看，其建设用地规模和结构变化具有以下共同特点：

1.3.1 建设用地的总规模一般都经历了“缓慢增长→加速增长→低速增长→基本稳定”的变化轨迹

由于工业化和人口城市化是影响建设用地规模变动的基础因素，因此，建设用地总规模的变化过程与工业化和城市化进程基本一致(表 1-3、图 1-1)。

不同发展阶段城市建设用地总规模变化特征　　表 1-3

发展阶段	建设用地总规模变化
工业化和城市化初期	缓慢增长
工业化和城市化中期	加速扩展
工业化和城市化后期	低速增长
后工业化和信息化时期	基本稳定

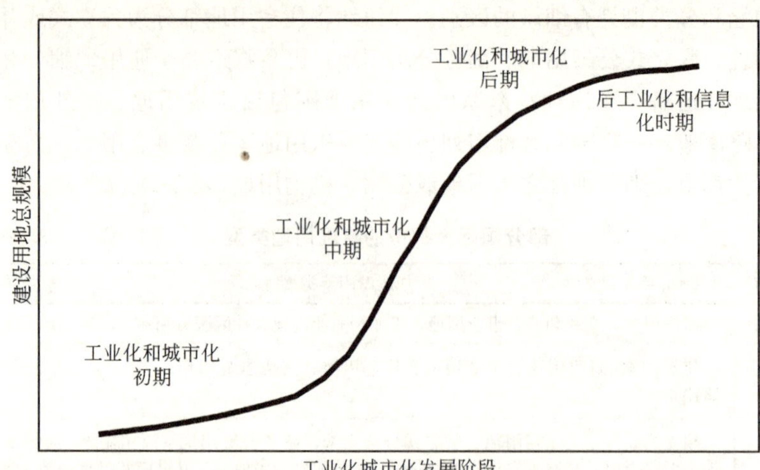

图 1-1　工业化和城市化发展阶段与城市建设用地总规模变化

(1) 在工业化和城市化初期，以小规模轻工业为主导，人口城市化进展较为缓慢，建设用地的需求增长同样缓慢。

(2) 到了工业化和城市化中期，重工业加速扩张，人口城市化快速推进，对工业用地、居住用地、交通用地等的需求剧增，建设用地规模亦加速扩展。

(3) 进入工业化和城市化后期，服务经济占据主导地位，高新技术产业逐步崛起，工业用地萎缩，第三产业用地增加。土地利用的集约度不断提高，同时由于地价上涨，导致建设用地需求减少。

(4) 进入后工业化和信息化时期，建设用地总规模基本趋于稳定，由于人们对生活质量和居住环境的追求，建设用地内部结构调整和优化仍在进行。商务办公用地、公共服务设施用地、休憩娱乐用地、公园绿地等有所增长。

1.3.2　建设用地规模占都市区的比重一般介于 20%～30%之间

由于伦敦、东京、巴黎等国际大都市的建设用地规模已基本趋于稳定，因此，我们可以根据其建设用地占大都市区总面积的比例来推算建设用地的极限规模。2005 年大伦敦建设用地面积为 1596.2km^2，约占大伦敦规划区域总面积的 23.7%。大巴黎地区建设用地面积为 2723km^2，约占大巴黎地区总面积的 22.7%。东京圈建筑用地(即商业、工业、住宅和其他建筑用地)面积为 2854.95km^2，约占东京圈总面积的 21.4%；若加上道路和交通设施用地面积，所占比例约为 29.4%。香港建设用地面积占全港土地总面积的 23.4%。由此可见，国际大都市建设用地面积占都市区总面积的比例一般介于 20%～30%之间。

只有大开罗地区和孟买大都市区建设用地占土地总面积的比例超过 30%。1999 年大开罗地区这一比例为 31.7%；预计 2011 年孟买大都市区该比例为 31%。

1.3.3　人均建设用地规模经历先减后增、再减复增、最后渐趋稳定的演变过程，但城市之间和城市内部的差异均较显著

一般而言，在工业化和城市化的初期，人们出于对城市的向往而大量涌入

城市，致使人口城市化的速率快于土地非农化的速率，因而人均建设用地规模大体呈现逐步减少的态势。进入工业化和城市化的中期，在经济扩张的驱动下，一定时期内土地非农化的速率将超过人口城市化的速率，人均建设用地规模又呈现增长趋势。到了工业化和城市化的后期，中心城区人口接近饱和，人均建设用地规模又将出现下降态势。进入后工业化和信息化社会，郊区城市化逐步推进，郊区建设用地规模扩展，故人均建设用地又会出现上升趋势；但随着中心城区的改造和复兴，服务业将向中心城区集中，部分高收入人口又逐渐回归市中心区，由于这两方面的相互作用，最后使得人均建设用地规模逐渐稳定在一个较为合理的水平上。

但是不同城市之间人均建设用地规模的差异仍较明显。如 2005 年大伦敦人均建设用地高达 214.08m²；而纽约市 2006 年人均建设用地只有 105m²(计入道路用地)，不足伦敦的一半。

另外，在都市圈内部，差异同样显著。如日本东京都 2007 年人均建设用地只有 44.12m²，而东京圈的人均建设用地达 83.91m²，后者约为前者的 1.9 倍。在内伦敦，2005 年人均建设用地为 109.02m²，而外伦敦则达 279.93m²，后者约为前者的 2.6 倍。

1.3.4 建设用地中一般以居住用地、交通用地和绿地所占比例最高，充分体现了以人为本的用地结构特色

在国际大都市建设用地中，居住用地和绿化用地不仅规模扩张，而且所占比重明显上升。再加上交通用地，则三者合计所占比重高，凸显了以人为本的用地结构特色。

如在大伦敦，2005 年居住用地、绿化用地和交通用地三类用地的规模合计达 1355.2km²，约占其建设用地总量的 84.9%。在东京都区部，2006 年上述三大类用地合计约占建设用地总量的 86.3%。在纽约市，2006 年上述三大类用地合计约占其建设用地总量的 85.6%。在大巴黎地区，上述三大类用地合计约占其建设用地总量的 69%(表 1-4)。

国际大都市居住用地、绿地、交通用地占建设用地比重 **表 1-4**

	居住用地比重(%)	绿地比重(%)	交通用地比重(%)	三者合计(%)	备注
大伦敦	32.56	38.23	14.12	84.9	2005 年
纽约市	42.15	25.37	18.08	85.6	2006 年
东京都区部	58.2	6.3	21.8	86.3	2006 年
大巴黎地区	30	12	27	69	1996 年

1.3.5 居住用地呈现由市区向郊区增大的趋势；人均建设用地较少的城市，居住用地所占比例越高

一方面，由于市区房地产价格远高于郊区，推动了居住郊区化的发展，因而市区人均居住用地面积一般小于郊区；另一方面，安居又是城市的第一

需要，故人均建设用地较少的城市，居住用地所占比例越高。如首尔人均建设用地只有 57m²/人，但居住用地占总建设用地的比重达 42.8%；东京人均建设用地只有 76m²/人，但居住用地占总建设用地的比重达 42.5%；而巴黎人均建设用地达 119m²/人，居住用地占总建设用地的比重却只有 30%；阿姆斯特丹人均建设用地达 178m²/人，居住用地占总建设用地的比重也只有 32.8%。

1.3.6 工商业用地规模小、比重低，但产出绩效高，表明其利用的集约化程度高

在国际大都市的建设用地中，工业用地不断萎缩，商务办公用地虽然平稳增加，但工商业用地的规模并不大，占建设用地的比例也不高；由于工商业用地是城市经济产出的源头，其产出绩效高，利用的集约化程度也高。

如在大伦敦，2005 年工商业用地面积只有 75.3km²，仅占建设用地总面积的 4.7%，但其单位面积产出却达到 38.64 亿美元/km²，足见其利用的集约化程度之高。

在纽约市，2006 年工业用地面积为 23.19km²，仅占建设用地总量的 3.75%；商用用地也只有 23.8km²，占建设用地总量的比重为 3.84%，但却提供了 360 万个就业岗位。

在东京都，2007 年工业用地仅占总建设用地的 6.45%，商业用地仅占 4.83%，但工商业用地单位面积产出高达 128.07 亿美元/km²(表 1-5)。

国际大都市工商业用地比重及其产出　　表 1-5

	工商业用地比重(%)	工商业用地产出(亿美元/km²)	备　注
大伦敦	4.7	38.64	2005 年
纽约	7.59	—	2006 年
东京都	11.28	128.07	2007 年
大巴黎地区	12	—	1996 年

在大巴黎地区，1996 年工业用地占建设用地总量的 8%，商业用地仅占 4%。

1.3.7 建设用地的开发率从市中心向外一般呈现递减趋势

开发率最高的建设用地多集中于市中心区；新城中心和主要交通干道附近次之；边缘地区最低。一般来说，市中心区高于近郊区，近郊区又高于远郊区。

1.4 国际大都市建设用地规模与结构变化的主要影响因素分析

从若干典型国际大都市的发展历程来看，城市建设用地规模与结构的变化

受下列多种因素的综合影响。

1.4.1 城市人口增长和工业化是建设用地规模扩张的基础动力

城市人口是城市规模的最根本决定因素，也是衡量城市规模的标准和预测城市发展的主要指标。一般来说，人口总量与用地需求是密切相关的，当人口增加时，满足人们日常生活的各项设施就必须相应增加，由此引发的土地需求也会不断增加。但由于土地的非农化是不可逆的，再加上其他特殊因素的影响，故城市人口的增减与建设用地规模的变动两者之间并非呈现出完全对应的关系。不过，从大都市区来看，市区人口向郊区迁移将导致郊区建设用地规模的增加。如东京都的人口1945年为348万人，1955年为455万人，10年增长了30%以上。由于人口增长迅速，城市也急速扩张。

工业化不仅增加了就业机会，也促进了城市规模的扩大。20世纪50年代末至60年代初日本经济进入高速增长期，由于工业的快速发展以及城市化进程加速创造了大量就业机会，人口向城市急速流入和集中，1966年东京人口比1955年又增长了20.5%，带动工业用地和住宅用地需求的增加，使得城市规模继续扩大。1973年的中东石油危机，成为日本城市化水平逐渐稳定的转折点，同时也是日本经济发展与国土资源保护由相互冲突到互相促进的转折点。从20世纪70年代初期到90年代初期，东京城市扩张速度渐缓(Takashi Todokoro，1999)。

再从芝加哥历年城市人口增长与城市用地规模扩张情况来看(表1-6)，19世纪30～70年代，城市人口增量相对较小，故城市用地增量也相对较少；19世纪80年代至20世纪30年代是其城市人口快速增长时期，因而城市用地增量也相对较大；20世纪40年代以后，其城市人口增量减少甚至出现负增长，城市用地则基本稳定。

芝加哥历年城市人口增长和城市用地规模扩张情况　　表1-6

年份	城市人口(人)	城市人口增量(人)	城市用地(km^2)	城市用地增量(km^2)	人均城市用地(m^2/人)
1830	100	—	1.080	—	10800
1840	4470	4370	26.382	25.302	5902
1850	29963	25493	24.115	−2.267	805
1860	109260	79297	45.304	21.189	415
1870	298977	189717	91.044	45.740	304
1880	505185	206208	91.044	0	180
1890	1099850	594665	461.155	370.111	419
1900	1698575	598725	490.849	29.694	289
1910	2185283	486708	492.628	1.779	225
1920	2701705	516422	513.519	20.891	190
1930	3376438	674733	536.658	23.139	159
1940	3396808	20370	551.315	14.657	162

续表

年份	城市人口（人）	城市人口增量（人）	城市用地（km^2）	城市用地增量（km^2）	人均城市用地（m^2/人）
1950	3620962	224154	551.315	0	152
1960	3550404	−70558	551.315	0	155
1970	3366951	−183453	588.580	37.265	175
1980	3005072	−361879	590.820	2.24	197

资料来源：世界大城市规划与建设编写组．世界大城市规划与建设［M］．上海：同济大学出版社，1989：94.

1.4.2 不同经济发展阶段导致了城市建设用地集约程度的差异

国际大都市发展的经验表明，在不同的经济发展水平和阶段，土地利用的集约度呈现出如下有规律的发展趋势(厦门房产网，2007-07-13)：

(1) 在工业化初期，由于资本短缺，投资者往往倾向于以土地替代资本，因而土地利用呈现粗放的平面扩张态势。

(2) 进入工业化中期后，随着资本短缺问题的缓解，尽管由于工业快速发展，建设用地呈快速增长趋势，但土地利用方式会逐步从粗放利用型向集约利用型转变。

(3) 在工业化后期，资本已相对充裕，而土地稀缺问题日益严重，投资者则又倾向于以资本替代土地，土地集约利用程度逐步提高。

(4) 进入后工业化时期，服务业尤其是生产者服务业成为国际大都市的主导部门，多数企业位于人口较为密集的都市区，企业用地价格较高，因而土地的利用将更加集约。

以芝加哥的发展历程为例，1880 年以前为其工业化初期阶段，城市用地的绝对增量较小，1830～1880 年，城市用地从约 1.04km^2 增至 90.65km^2 左右，50 年内仅净增 89.61km^2；1880～1930 年为其工业化中期阶段，城市用地快速扩张，从约 90.65km^2 增至 536.13km^2 左右，50 年内净增了 445.48km^2，增速约为上一阶段的 5 倍；1930～1970 年为其工业化后期阶段，城市用地增量明显减缓，40 年内仅净增了 51.8km^2；20 世纪 70 年代以后为其后工业化阶段，城市用地大体趋于稳定，1970～1980 年的 10 年内净增量仅为 2.24km^2。

1.4.3 工业生产的地域组织形式形成了工业用地规模的差异

国际大都市工业生产的地域组织形式主要有分散布局模式和集中布局模式两种(屠启宇、金芳等，2007)。如德国拥有的大公司数量曾居第四位，但由于德国的工业布局比较分散，故德国没能形成规模很大的国际大都市，这些大公司总部分布于各个城市，没有形成明显的集中现象。同样，在人少地多的美国，工业大公司的分布也相对比较分散。这种工业企业分散布局模式占用的建设用地规模也相对较大。

而在人多地少的日本，工业大公司则高度集中于东京、大阪等国际大都市；在东京南部，几乎所有制造业企业的占地面积都小于 50hm²。在韩国，工业大公司也高度集中于国际大都市首尔。这种工业企业集中布局模式平均占用的建设用地规模则相对较小(表 1-7)。

部分国际大都市人均建设用地及工业用地面积比较　　表 1-7

城市名称	人均建设用地(m²/人)	工业用地面积(km²)	工业用地比例(%)
纽　约	113(1992)	71.31(1988)	7.48(1992)
芝加哥	—	40.76(1982)	6.90(1992)
柏　林	256(1992)	—	—
东　京	76(1992)	30(1990)	3.0(1992)
大　阪	67(1992)	31.4(1987)	13.1(1992)
首　尔	55(1992)	—	4.1(1992)

1.4.4　城市扩张模式的不同产生了建设用地规模和绩效的差异

从国际范围看，城市扩张主要有两类模式：一类是美国的城市扩张模式，即蔓延式、郊区城市化扩张模式。美国郊区城市化是平面扩张、外延型的。有资料显示，美国郊区城市化过程中，每年均有 40 万 hm² 良田被占用，以至于人少地多的美国都感到了耕地减少的威胁，从而提出要加强对耕地的保护(厦门房产网，2007-07-13)。但值得注意的是，纽约市走的却是“竖向增长”的紧凑式城市发展道路，因而其土地利用的集约度高，建设用地的产出绩效也很高。

另一类是日本的城市扩张模式。日本在城市扩张过程中，千方百计提高土地的集约度，走立体化、高密度、紧凑式的发展道路，使得城市化的提高过程中，耕地的占用率很低。

由表 1-8 可知，紧凑扩张模式与郊区新城扩张模式的产出绩效存在明显差异。

部分国际大都市扩张模式及其建设用地绩效比较　　表 1-8

	扩张模式	人均建设用地(m²/人)	建设用地绩效(亿美元/km²)
大伦敦	郊区新城扩张模式	214	1.82(2005)
大巴黎地区	郊区新城扩张模式	219	2.31(2006)
纽约市	紧凑扩张模式	105	7.72(2006)
香　港	紧凑扩张模式	37	7.98(2007)
东京都	紧凑扩张模式	84	14.79(2007)

1.4.5　城市用地规划与控制政策

城市用地规划主要从土地用途、建筑密度、容积率等方面对城市建设用地进行控制。运用法律手段控制大城市用地的开发，是许多国际大都市的普遍做法。如德国汉堡在 1947～1960 年的重建规划中，以有计划地向外疏散过去建筑密集的居住区为主要目标之一，城市发展采取分区与疏散的布局形式，控制居住密度(如规定人口密度每公顷不得超过500人)与建筑密度，分级布置中心点，开拓适应交通发展的快速有轨交通网、城市交通干道网与高速道路系统；预留足够的港区与工业发展用地；布置便于到达的绿地系统、公园与休养地等(世界大城市规划与建设编写组，1989)。

在法国巴黎，1965年以前的三次区域规划，均提出以抑制巴黎市区人口和产业过分集中和膨胀以及城市建成区蔓延为核心的城市发展政策，从巴黎市区迁出一些工业企业和人口，促进工业分散和人口合理布局。1965年以后的三次区域规划实施的则是以推动巴黎地区整体均衡发展为核心的积极的城市发展政策，从人为地限制城市建成区扩展转变为有意识地为城市建设寻找新的发展空间，提高大巴黎地区整体的吸引力和竞争力。一方面，在全国范围内重点发展8个平衡大城市(里昂、里尔、南特、斯特拉斯堡、马赛、南锡、图卢兹、波尔多)；另一方面，在巴黎郊区，沿城市主要发展轴和城市交通轴建设5个卫星新城，以分散巴黎市的功能与作用(米歇尔·米绍，2007)。这样既扩大了城市发展的空间，保持了巴黎在国际竞争中的领先地位，又促进了全国的均衡发展，增加了解决城市问题的新途径。

日本东京则以用地规划作为控制城市发展方向的重要手段之一。如东京都政府早在1970年就把全城划分为“发展区”、“控制区”和“保护区”三大类。在城市发展区内，又细分为一般用地、可用地区(如卫星城开发区)、建筑高度控制区、防火区、准防火区等10种地段。其中一般用地通过规定建筑物用途、容积率、建筑密度等因素来控制土地利用。在控制区内，则禁止无政府地扩展用地。保护区主要包括原生自然保护区、自然环境保护区、植被保护区、近郊绿地保护区、海滨保护区、岛屿自然保护区等(世界大城市规划与建设编写组，1989)。

为了保护城市开敞空间，一些城市甚至授予政府土地征用权，允许政府通过购买私有土地来获得开敞空间，以维护城市健康发展。

1.4.6 地下空间的开发与利用减少了对城市建设用地的占用

地下空间的开发利用，减少了对地表土地的占用，节约了土地资源。许多国际大都市的地下商场、地下停车场、地下交通网、地下仓库、地下公用管线系统等有效地节约了地面土地资源，减少了对城市建设用地的占用。

如在法国巴黎，其地铁由14条主线、2条支线组成，总长221.6km，380个地铁站，形成一个密集的地下交通网，年载客量达12亿人次。英国伦敦有12条地铁线路，总长度超过400km，共有273个地铁车站，站间距离平均为1.5km，年载客量达8.5亿人次。

1.4.7 交通条件的改善促进了城市建设用地的规模扩张

交通条件的改善大大加速了城市周围地区的城市化进程，从而扩大城市建成区的地域范围。据西方学者研究，马车时代的城市用地范围从未超过3英里

(约 4.8km)半径(阿瑟·奥沙利文，2003)。有轨电车使居民的出行距离增加，城市边界向外扩展。如 1850～1890 年间，电车取代步行后，使波士顿的城市半径扩大了 3 倍，土地面积增长 9 倍(杨青山，赵景海，于亚滨等，2007)。1901 年铁路在英国兴起，伦敦的建成区范围便扩大到周围 13～14km 的农村范围。1920～1930 年间，伦敦建成区扩大了 4 倍，郊区延伸到 20km 之远。到 1939 年，伦敦地下铁道和郊区电气火车已延伸到离市中心 24km 的郊区，交通干道沿线及郊区兴建了大批新住宅。到 1966 年，伦敦市区范围又扩大至 40km 之远。

在日本东京，随着铁路新干线的建成通车，东京大都市一日交流圈的空间范围便从过去的 100km 扩大到目前的 200～300km 之远。

1.4.8 城市总体发展水平的提升导致建设用地结构的优化

在国际大都市崛起和成长的初期，工业发展为其主要动力，随着人口迅速膨胀，中心城区出现住房紧张、交通拥挤、环境污染等突出问题。这些问题与建成区的用地结构直接相关，表现为工业用地比例偏高，而居住用地、交通用地、公共设施用地、绿化用地等所占比例偏低(曹建海，2002)。随着国际大都市居民物质和文化生活水平的提高，休闲时间增多，人们开始越来越追求生活质量与人居环境质量。因此，他们不但要求扩大住宅面积，而且产生了对文化和教育设施用地、公园绿地、休闲娱乐用地、交通用地、停车场等日益增长的需求，进而导致城市建设用地结构的调整与优化。

如在德国汉堡的土地利用规划中，特别考虑了开敞空间的规划，以满足居民业余时间、休养和度假的各种设施和用地的需求，如公园、广场、绿地、林地、水面、农地、农林混用地等，并使人们易于到达和使用(世界大城市规划与建设编写组，1989)。因为，开敞空间可以降低城市热岛效应、净化空气与水面、防止噪声以及调节气候，对环境保护具有重要作用。

1.4.9 城市产业结构升级与功能转型改变了建设用地的内部结构

城市是一个动态的系统，其功能定位也会随着城市产业结构升级而转型，从而对城市用地结构产生明显的影响。随着国际大都市从物质产品生产中心转变为服务中心和信息中心，城市主要职能将转向经济、金融、信息、文化的交流，城市产业结构也逐渐从劳动密集型产业向资本密集型产业转变，再向知识密集型产业转变，第三产业用地比重趋升(屠启宇、金芳等，2007)。尤其在市中心区，商务办公活动的用地需求日益增长，市中心商务办公地带日益扩大，商住用地和公共服务用地相对扩张，现代服务业集聚区逐渐形成。而工业用地相对收缩，工业企业不断向郊区迁移，只有部分都市型工业被保留下来。

如城市功能转型使新加坡市中心区的土地利用结构发生了根本变化，第三产业用地占绝对优势，约占已建成区用地的 77%，其中商业和商务办公活动用地占 21%，交通运输用地占 31%，而居住用地所占的比重不足 15%。

1.4.10 郊区化重塑了国际大都市中心城区和郊区建设用地的布局结构

工业和人口向国际大都市中心区集中，造成了市中心区的住宅紧张、交通拥挤、地价高涨、环境污染和犯罪率上升等弊端。为了消除这种过于集中的现象，一般都采取下列两种途径：一是扩大城市建成区范围，摊大饼式向外扩张城市建设用地；二是限制中心城区人口和产业过于集中，通过郊区新城建设向外疏散人口和产业，变单中心城市结构为多中心城市结构，即走郊区城市化道路。就国际大都市而言，采用后一途径者居多。

郊区化发展使郊区面积扩大，郊区的建成区大为增加，并由此改变中心城区和郊区建设用地的布局结构。在法国巴黎，1921 年市区人口曾达 290 万人，但自 1954 年以来，在市区的去工业化、高租金、内城的中产阶层化、居住空间向办公楼转换、工薪家庭收入增加等多种因素的作用下，市区人口逐渐向郊区迁移，尤以 1962～1975 年最为明显。直至 2004 年，在政府的多方努力下，市区人口才又开始缓慢回升(米歇尔·米绍，2007)。因此，巴黎的城市扩张模式主要为郊区新城扩张模式。

郊区发展是以新城建设为主要方式的。如日本多摩新城总用地为 30km^2，其中 47%为住宅用地，15.9%为道路用地，11.3%为公园绿地，10.4%为教育设施用地，3.7%为商业设施用地，11.7%为其他公共福利设施用地。由此可见，多摩新城是一个具有教育、科研倾向的卧城。

1.4.11 地价的高低形成了建设用地结构的明显空间差异

随着国际大都市产业和人口的高度集中，地价将大幅度上涨，国际大都市中心城区与郊区之间，以及国际大都市与中小城市之间的地价差异均会扩大。伴随国际大都市中心城区地价的不断上涨，其商务成本也大幅攀升，导致各类建筑向高层发展。

一般地，由于地价因素的作用，国际大都市的中心城市和郊区的用地结构存在显著差异：前者的住宅用地、商业用地、交通用地、公共建筑用地所占比例高于后者，而后者的工业用地、绿化用地所占比例要高于前者。如在英国伦敦，作为市区的内伦敦和作为郊区的外伦敦，两者在用地结构上就存在明显差异：内伦敦商业用地占其总用地的 5.2%，外伦敦仅占 2.6%；内伦敦交通用地占其总用地的 22.2%，外伦敦只占 13.4%；内伦敦的公共建筑用地占其总用地的 3.9%，外伦敦仅占 1.5%；内伦敦工业用地占总用地的 3.9%，外伦敦则占 4.9%；内伦敦绿化用地占总用地的 16.9%，外伦敦则占 33.2%(Land Use Statistics，2005)。这种显著的用地结构差异与地价高低存在一定的关系。

在法国巴黎，曾经规划在市区增加公共绿地，但因市区用地紧张，地价昂贵，公共绿地的规模较小，对改善巴黎市区的绿地状况作用不大。因此，决定在郊区的居民点之间建立大片的森林带。虽然距离市区较远，但由于有着便捷的交通条件，市区居民在节假日可驱车到郊区森林地带休假，同样起到了弥补巴黎市区公共绿地的不足和保护巴黎地区生态平衡的作用。

1.4.12 特殊因素的影响

如日本的地震避难所和避难基地用地。由于日本是一个地震多发的地区，为了防御与减轻震灾之害，日本非常重视提高城市防震能力。为此，专门在城市指定了121个避难所，其中37个为主要避难所，同时又指定了206条避难道路，总长307km。日本的避难基地以一个避难广场或公园为中心，总用地约数十公顷，周围往往是高层公寓，以切断火势，或修筑人工高地，以预防洪水(世界大城市规划与建设编写组，1989)。

又如金融危机的影响。1999～2002年间，布宜诺斯艾利斯的城市建设受到金融危机的严重影响，城市新增的建设用地大幅下降，1998年城市新增建设用地面积为223.6万m^2，1999年新增建设用地面积减至173.7万m^2，2002年仅新增29.8万m^2，城市发展几乎陷于停顿。经济危机过后，城市又迅速发展起来。2003年城市新增建设用地面积为128.5万m^2，2006年增至310.3万m^2。

再如重大工程项目用地。奥运会、世博会等重大事件已被公认为区域经济发展的重大引擎，它们对举办地城市建设用地的规模和结构具有明显的影响效应，尤其是加速各种城市公共基础设施——包括道路、交通、通信、绿化、环保、给排水等的扩建和改造，从而大大提高公共基础设施的便捷程度和舒适程度。日本1964年的东京奥运会和1970年的大阪世博会，两者均是在日本高速成长期举办的国家级项目，不仅缓解了东京、大阪面临的居住密度过高和城市膨胀的问题，而且促进日本兴建了遍及全国的高速公路网和新干线高速铁路，破解了城市交通严重滞后的矛盾。

其中，东京以举办奥运会为契机，实施了城市高速道路的建设和以城区西半部区域为主的城市改造，新建和改造与奥运会相关的主要道路22条，工程延伸达54.6km；规划建设了8条路线、总长71km的首都高速道路网(至2005年3月底，首都高速道路共有29条路线、总长达283.3km)；规划建设了8条线路、总长177.5km的城市高速铁道网，大大提升了地铁的输送能力，并有效促进了国营铁路和私营铁路之间的相互直通运营(三宅博史，2007)。

大阪则以大阪北部地区作为世博会会场，筹划了整个大阪圈交通网络的建设。1967～1969年，日本为大阪世博会投入的相关建设费用总额达到了6500亿日元，其中大部分主要用于修建大阪周围的高速公路、地下铁道、国际机场等。到20世纪60年代末，大阪市内的地铁长度便由1964年初的27km迅速增至84.2km(诸大建、姜富明，2004)。大阪世博会不仅促进了阪神之间高速道路的修建，完成了国营铁路、私营铁路之间的联结和相互换乘，而且推动了近郊卫星城市建设，完善了大阪中心部—新大阪—千里副中心的城市体系结构。

2005年的爱知世博会也促进了日本中部国际机场、伊势湾公路、东海环状公路、名古屋城市高速公路等高速道路网的整合以及磁悬浮东部丘陵线

“RINIMO”的开通，在名古屋和爱知县东部丘陵地带建立了日本最先进的高速交通体系。

1.5 主要启示与政策建议

1.5.1 城市建设用地规模的变化与经济发展阶段存在密切联系

研究认为，城市建设用地总规模的变化过程与工业化和城市化进程基本一致。在工业化和城市化初期，建设用地规模增长缓慢，人均建设用地趋减；进入工业化和城市化中期，建设用地规模加速扩展，人均建设用地趋增；在工业化和城市化后期，建设用地规模增长趋缓，人均建设用地趋减；进入后工业化和信息化社会，建设用地规模基本稳定，人均建设用地经过一段时间的回升后将逐步稳定在一个较为合理的水平上。

上海目前正处于工业化后期向后工业化和信息化社会转型时期，郊区城市化进程尚未完成。预计从现在至2020年前后，上海城市化的重点将集中在郊区新城和新市镇的开发建设上。因此，这段时期内沪郊建设用地规模仍将缓慢增长，人均建设用地也将略有增加，但两者最后将渐趋稳定。

1.5.2 积极倡导紧凑型城市用地发展模式

研究表明：国际大都市建设用地占都市区总面积的比重一般介于20%～30%之间。目前上海城市建设用地占比超过30%，已逼近极限规模。因此，上海城市建设用地发展亟须实施战略转型，逐步扭转城市外延扩张模式，走立体化、紧凑型的内涵发展道路。一是在郊区新城和新市镇开发建设过程中，既要坚持集约用地原则，又要与现有城镇改造紧密结合，注重凸显其功能与特色，营造优美的生态环境与和谐的生活氛围，严格控制新增建设用地规模。二是要逐步加快中心城区的改造和更新，坚持“竖向增长”模式，实现内涵发展。三是要加快对地下空间的开发，以节约地面土地资源。四是适当开展滩涂围垦，新增用地资源。

1.5.3 着力加强现有建设用地的内部结构调整和优化

随着后工业社会和信息化社会的来临，工业用地比重将不断下降，而商务办公用地、公共服务设施用地、休憩娱乐用地的比重会有所上升。国际大都市的工业用地比重一般低于10%，有的甚至不足5%；而道路和广场用地一般高于15%，绿地面积一般也高于15%；人均道路面积一般大于10m^2，人均绿地面积一般大于20m^2(叶贵勋，2003)。

目前，上海建设用地结构仍不尽合理，主要是工业用地和居住用地比重偏高，而交通用地、绿地等所占比重偏低。如2004年上海工业用地比重为23.99%，而纽约、伦敦、巴黎分别只占5.89%、6.45%和7.96%；上海居住用地比重为46.18%，而纽约、伦敦、巴黎分别只占23.30%、36.52%和

30.10%；上海交通用地比重为16.75%，而纽约、伦敦、巴黎分别为34.71%、20.12%和27.50%；上海绿地面积比重仅为3.51%，而纽约、伦敦、巴黎分别达到17.28%、18.21%和12.10%(张学文，2008)。

1.5.4 注重推进城市产业转型，着力提高建设用地的产出绩效

研究表明：城市功能定位和主导产业选择是影响建设用地结构变化和产出绩效的重要因素。城市发展的过程是产业结构和用地结构优化相结合的过程(郝娟等，2005)。在国际大都市的产业转型中，一般都经历了从区域性制造业中心到国家制造业中心，再到高科技产业和服务业为主导的全球性经济中心的两次大跨越。现在，知识密集型服务业和高科技制造业已成为国际大都市的主导产业，因而其产出绩效也很高，如大伦敦1998年单位建设用地的产出为1.39亿美元/km^2，大巴黎地区2006年为2.31亿美元/km^2，纽约市2006年为7.72亿美元/km^2，香港2007年为7.98亿美元/km^2，东京都2007年高达14.79亿美元/km^2。

当今，上海城市产业结构也正在向现代服务业和高新技术制造业升级和转型，但单位建设用地的产出绩效与伦敦、巴黎、纽约等国际大都市相比，仍有较大差距，需要进一步挖掘其潜力。2004年，上海单位建设用地的平均产出仅为0.5993亿美元/km^2，浦东新区较高，达到了2.0396亿美元/km^2。

1.5.5 强化城市规划和土地利用规划对建设用地规模和结构的调控功能

科学的城市规划和土地利用规划是城市空间合理扩张的重要保障，适宜的土地供应计划则是控制城市空间扩张速率和效率的有效手段。一方面，上海市政府要积极组织各方力量，编制科学的城市规划和土地利用规划，合理确定城市功能定位和用地标准，引导人口和产业的合理分布，优化城市建设用地的规模和结构。同时要依靠法律手段控制城市的无序扩张；另一方面，又要确保公共基础设施和服务设施的用地需求，尤其是交通设施用地、公共住宅用地、公园和绿地等。

1.5.6 严格控制城市扩张对农业用地的侵占

从1971～2001年的30年间，加拿大有超过74000hm^2的传统农业用地被城市侵占，其中尤以多伦多和蒙特利尔两个最大的城市为盛。自1994年以来，仅蒙特利尔周边就有超过50000hm^2的农田被划为城市发展用地。这种无节制的城市扩张不仅极大地破坏了农业生态区的自然环境，冲击了传统的田园社区生活方式，而且造成了严重的土地浪费现象，仅蒙特利尔市域内就有20000～30000hm^2的非农用地闲置(刘士林，2008)。这一教训同样值得我国许多城市化高歌猛进的大城市郊区引以为戒。据统计，上海城市化程度每提高1个百分点，需要占用耕地1.66万hm^2。郊区城市化进程中浪费土地资源的倾向亟须得到遏制。上海必须走用地少、就业多、要素集聚能力强、人口合理分布、中心城区更新改造与郊区新城建设互动推进的新型城市化道路。

1.6 关于上海建设用地极限规模的估算

根据对国际大都市建设用地总规模及人均建设用地规模的分析，我们认为可采用人均建设用地来估算上海建设用地的极限规模。鉴于国际大都市的人均建设用地差异悬殊，难以形成相对统一的标准。但总体而言，其人均建设用地与各自的土地国情密切相关。

结合上海的市情以及《全国土地利用总体规划》(2006～2020)分配给上海的城镇工矿用地指标(全国土地利用总体规划纲要，2008)，我们对2010年上海的人均建设用地规模作如下测算：国家分配给上海的人均城镇工矿用地指标为106m²，2010年上海城镇人均居住用地预计为20m²，人均交通用地预计为7m²，人均公共绿地预计为15m²。因此，人均建设用地合计为148m²。

然后对上海的人口增长进行估算。根据近年来上海人口变化状况，预计到2010年全市户籍人口为1410万人左右，半年以上暂住人口可能达到590万人左右，因此，上海常住人口总量将达2000万人左右。在户籍人口中，农业人口预计为140万人左右，非农业人口预计为1270万人左右。

根据公式(左玉辉、张涨、柏益尧，2008)：

人均建设用地＝城市建设用地面积/(城市非农业人口＋暂住人口×0.6)

推算出2010年上海的城市建设用地面积预计为24.04万hm²，未超过国家限定的25.90万hm²的建设用地控制规模。

2005年上海城市建设用地面积已达24.01万hm²，但由于上海的城市化过程尚未完成，因此适当增加建设用地面积在所难免。但因为受到扩张规模的限制，上海未来城市建设用地仍应以节约利用和集约利用为主。

本章参考文献

[1] 屠启宇，金芳等. 金字塔尖的城市：国际大都市发展报告［M］. 上海：上海人民出版社，2007.

[2] 蔡来兴主编. 国际经济中心城市的崛起［M］. 上海：上海人民出版社，1995.

[3] Takashi TODOKORO. 近代化による都市的土地利用の变化と地域政策［J］. 地域政策研究(高崎経済大学地域政策学会)第1卷　第3号，1999，3：267-284.

[4] 世界大城市规划与建设编写组. 世界大城市规划与建设［M］. 上海：同济大学出版社，1989.

[5] 厦门房产网. 中小城市遍地开花就等于分散浪费国家土地资源［EB/OL］. 2007-07-13 http：//www.xmfc.com/html/2007-7/17/200707171815489816.html.

[6] 米歇尔·米绍，张杰，邹欢主编. 法国城市规划40年［M］. 北京：社会科学文献出版社，2007.

[7] 阿瑟·奥沙利文. 城市经济学［M］. 北京：中信出版社，2003：87.

[8] 杨青山，赵景海，于亚滨等. 都市圈规划——理论·方法·案例［M］. 北京：中国建筑工业出版社，2007：10.

[9] 曹建海. 中国城市土地高效利用研究［M］. 北京：经济管理出版社，2002.

[10] Land Use Statistics(Generalised Land Use Database)2005.

[11] 叶贵勋. 上海城市空间发展战略研究 [M]. 北京：中国建筑工业出版社，2003.

[12] 张学文. 新一轮产业结构调整中的土地集约利用研究——以上海浦东新区为例 [M]. //王克强等编著. 城市经济与土地政策：发展·绩效·改革. 上海：上海财经大学出版社，2008：205-215.

[13] 郝娟，雷鸿君，冉凌风，李战军. 浦东新区土地使用结构研究 [R]. 上海市浦东新区规划设计研究院和浦东改革与发展研究院，2005.7.

[14] 诸大建，姜富明主编. 世博会对上海的影响和对策 [M]. 上海：同济大学出版社，2004.

[15] 三宅博史. 奥运会、世博会的举办与城市构造的变化 [M]. //郭定平主编. 世博会与国际大都市的发展. 上海：复旦大学出版社，2007：249-273.

[16] 刘士林主编. 2007中国都市化进程报告 [M]. 上海：上海人民出版社，2008.

[17] 中华人民共和国国土资源部. 全国土地利用总体规划纲要(2006～2020) [R]. 2008.

[18] 左玉辉，张涨，柏益尧. 土地资源调控 [M]. 北京：科学出版社，2008.

第2章
伦敦大都市建设用地规模与结构变化分析

2.1 伦敦大都市空间范围及建设用地内涵的界定

2.1.1 伦敦大都市的空间范围界定

伦敦位于英国东南部，靠近英吉利海峡，是英国最大的城市，是英国的政治、商业、金融、文化和旅游中心，也是世界三大金融和贸易中心之一。众多国际组织总部、世界级历史文物博物馆、著名新闻机构都集中于此。同时，伦敦港是英国最大的港口，也是仅次于鹿特丹、纽约、横滨和新加坡的世界著名港口之一。

由于伦敦发展历史悠久，“伦敦”一词被赋予了不同的含义，按照空间范围从小到大排列，可以分为如下七种空间尺度(表2-1)。

“伦敦”的空间范围界定　　表2-1

名　称	范围界定	面积 (km^2)	人口 (万人)
伦敦城 (City of London)	历史上的旧城区	27	—
内伦敦 (Inner London)	相当于历史上的“伦敦郡”，在伦敦城的周围，共12个区	321	300
外伦敦 (Outer London)	在内伦敦外围的20个区	1263	457
大伦敦 (Greater London)	包括伦敦城和内、外伦敦的32个区	1584	757
“大伦敦规划”区域 (the Greater London Planning Region)	包括大伦敦及其外面的绿化环带，即1944年作“大伦敦规划”的规划区域界线	6731	1000
伦敦区域 (the London Region)	包括以“伦敦城”为中心、半径达79km范围内的建成区，以及众多的小城镇	13800	1394.5
伦敦城市群 (the London Megalopolis)	包括伦敦—伯明翰—利物浦—曼彻斯特城市群	45000	3650

资料来源：人口数据来自Mid Year Estimate and GLA Projection 2006.

以上概念中，一般最常见的是“大伦敦”、“大伦敦规划区域”和“伦敦区域”三个概念(图2-1、图2-2)。

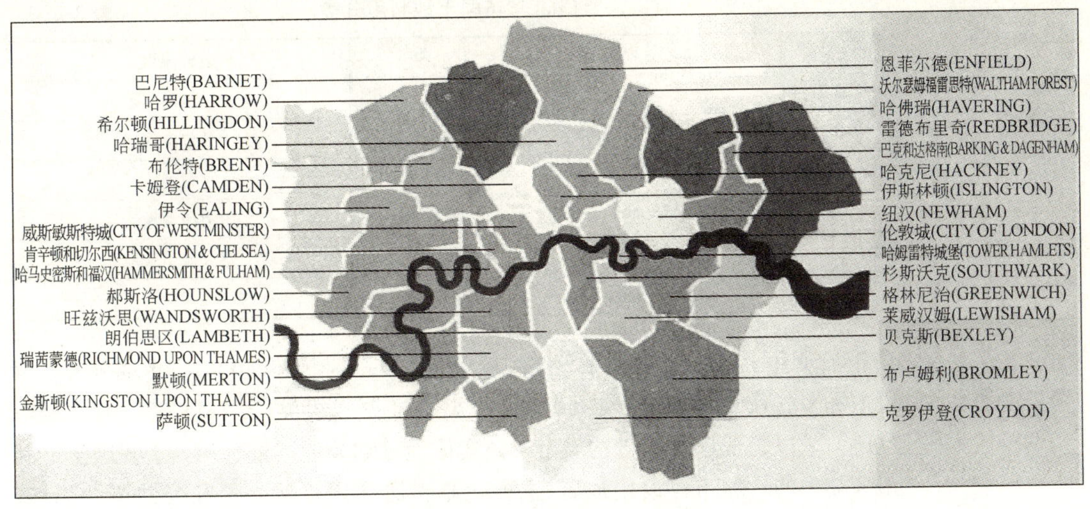

图 2-1 大伦敦行政区划

资料来源：张险峰. 大都市区：空间规划与多中心治理——来自伦敦及英格兰东南部的报告.

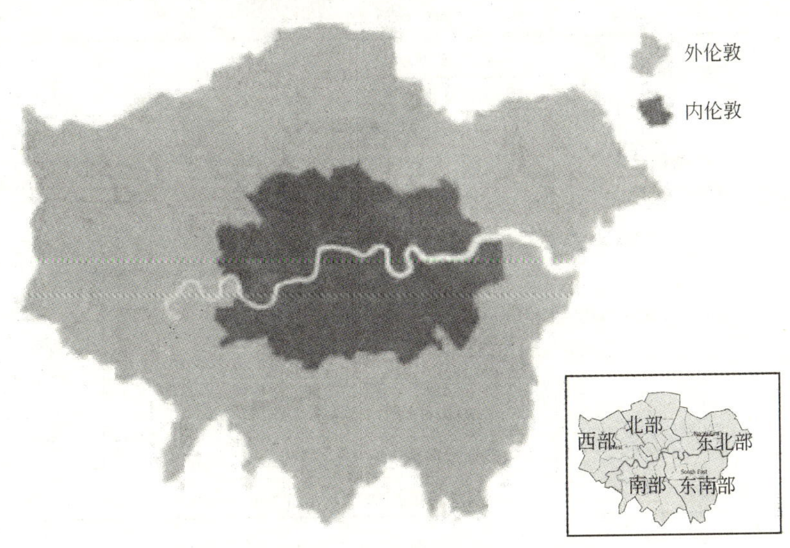

图 2-2 内外伦敦示意图

资料来源：London Plan Annual Monitoring Report 2008.

2.1.2 伦敦大都市建设用地内涵界定

英国是世界上最早进行土地利用调查的国家，1939 年完成第一次全国土地利用调查，当时的“非农业用地”相当于“城市建设用地”的概念。1960 年，英国进行了第二次全国土地利用调查，将土地利用分类增加为 13 大类 39 小类。其中，“聚落”、“工业用地”、“运输用地”、“废地”和“开放空间”都包含于“城市建设用地”的概念中(表 2-2)。

1960 年英国土地利用分类 **表 2-2**

1	聚落	8	运输用地
2	工业用地	9	废地
3	花圃、菜圃	10	开放空间
4	果园	11	荒地
5	草地	12	沼泽池塘
6	林地	13	草火能生长地
7	耕地		

2005 年，英国土地利用分类系统(Land Use Classification)将土地分为城市用地和乡村用地两部分，共 10 个一级类，24 个二级类(表 2-3)。其中，“城市用地”是以建成区为基础的城市市镇实体地域划分的，概念相当于我国土地利用分类中的“城市建设用地”，主要包括：居住用地、交通和公共事业用地、工业和商业用地、社区服务用地以及闲置用地。

2005 年英国土地利用分类 **表 2-3**

城市用地		乡村用地	
一级	二级(代码)	一级	二级(代码)
居住用地	住宅用地(R)	闲置用地	被弃土地(Z)
	社区公共设施用地(Q)		城市未开发土地(X)
交通和公共事业用地	公路、高速公路(H)	农业用地	耕地(A)
	其他道路(T)		农用设施用地(B)
	公共设施(U)	森林、荒地和水域	森林、林地(F)
工业和商业用地	工业用地(I)		灌木草地(G)
	办公用地(J)		荒地、半荒地(N)
	零售业用地(K)		水域(W)
	仓储用地(S)	矿业和垃圾填埋用地	矿业用地(M)
社区服务用地	社区用地(C)		垃圾填埋用地(Y)
	休闲娱乐用地(L)	户外娱乐用地	户外娱乐用地(O)
闲置用地	已开发的闲置用地(V)	防卫用地	防卫设施用地(D)

资料来源：Generalised Land Use Database Statistics for England 2005.

2.2 伦敦建设用地规模的变化特征及影响因素分析

2.2.1 伦敦建设用地规模的变化特征

1971 年伦敦建设用地面积为 1640.8km²，其中，住宅用地 538km²，占城市建设用地总量的 32.79%，比重最高；城市绿地及公共体育设施用地，占 29.1%；市政用地 287.5km²，占 17.52%；公用建筑用地和医疗保健用地只占 2.95%，明显不足。

2005 年，绿化用地达到 610.2km²，超过建筑用地，占城市建设用地的 38.23%。住宅用地被分为住宅建筑和住宅庭院，两者之和达到 519.6km²，占城市建设用地的 32.56%。交通用地(包括铁路、公路和道路)达到 225.4km²，占 14.12%。

虽然 1971 年和 2005 年伦敦建设用地平衡表中的用地分类略有不同(表 2-4)，但是根据两者的可比数据，我们仍可进行如下比较：

1971 年、2005 年伦敦建设用地平衡　　表 2-4

<table>
<tr><th colspan="4">1971 年</th><th colspan="4">2005 年</th></tr>
<tr><th colspan="2">用地项目</th><th>面积(km²)</th><th>比重(%)</th><th colspan="2">用地项目</th><th>面积(km²)</th><th>比重(%)</th></tr>
<tr><td rowspan="7">1. 建筑用地</td><td>小计</td><td>766.5</td><td>46.72</td><td rowspan="4">1. 建筑用地</td><td>小计</td><td>594.9</td><td>37.27</td></tr>
<tr><td>工业及公共事业用地</td><td>76.9</td><td>4.69</td><td>住宅用地</td><td>138.9</td><td>8.7</td></tr>
<tr><td>住宅用地</td><td>538</td><td>32.79</td><td>住宅庭院</td><td>380.7</td><td>23.86</td></tr>
<tr><td>教育用地</td><td>52.6</td><td>3.2</td><td>非住宅用地</td><td>75.3</td><td>4.72</td></tr>
<tr><td>商业用地</td><td>50.6</td><td>3.08</td><td rowspan="4">2. 交通用地</td><td>小计</td><td>225.4</td><td>14.12</td></tr>
<tr><td>公共建筑用地</td><td>32.3</td><td>1.97</td><td>铁路</td><td>17.1</td><td>1.07</td></tr>
<tr><td>医疗保健用地</td><td>16.1</td><td>0.98</td><td>公路</td><td>196.0</td><td>12.28</td></tr>
<tr><td rowspan="3">2. 市政用地</td><td>小计</td><td>287.5</td><td>17.52</td><td>道路</td><td>12.3</td><td>0.78</td></tr>
<tr><td>交通用地</td><td>247</td><td>15.05</td><td colspan="2">3. 绿化用地</td><td>610.2</td><td>38.23</td></tr>
<tr><td>供水用地</td><td>40.5</td><td>2.47</td><td colspan="2">4. 水域</td><td>45.3</td><td>2.84</td></tr>
<tr><td colspan="2">3. 城市绿地及公共体育设施</td><td>477.5</td><td>29.1</td><td colspan="2">5. 其他用地</td><td>120.4</td><td>7.54</td></tr>
<tr><td colspan="2">4. 其他闲置用地</td><td>109.3</td><td>6.66</td><td colspan="2">6. 未分类用地</td><td>0.02</td><td>0</td></tr>
<tr><td colspan="2">总和</td><td>1640.8</td><td>100</td><td colspan="2">总和</td><td>1596.2</td><td>100</td></tr>
</table>

资料来源：1971 年用地数据由 1972 年《大伦敦议会》整理而得；2005 年用地数据由 Land Use Statistics(Generalised Land Use Database)2005 整理而得.

(1) 城市建设用地规模总量基本维持不变，大致为 1600km²，约占大伦敦规划区域总面积的 23.7%，约占伦敦区域总面积的 11.6%。20 世纪 40～70 年代是伦敦进行大规模的新城建设阶段，伦敦市政府根据大伦敦规划对城市建设用地规模进行了较大的调整。此后，城市规划已近成熟，城市空间组织也已成形，受到城市规划的限制，尤其是绿化环带的作用，城市横向扩张的可能性近乎为零，城市建设用地规模总量基本保持不变。

(2) 人均建设用地规模先上升后下降(表 2-5)。2005 年伦敦人均建设用地为 214.08m²/人，与 1971 年人均建设用地规模相当。由于城市建设用地规模总量

伦敦人均建设用地　　表 2-5

年　份	人口规模(万人)	人均建设用地(m²/人)		
		内伦敦	外伦敦	大伦敦
1971	752.9	101.73	297.43	217.93
1981	680.6	122.00	312.46	240.96
1991	682.9	119.78	314.30	240.15
2005	745.6	109.02	279.93	214.08

大致不变，引起人均建设用地规模变化的主要因素为人口总量的变化。20 世纪 70～80 年代，人口不断向郊区迁移；20 世纪 90 年代后，旧城改造和复兴又导致人口回归市中心区，至 2005 年，伦敦人口逐步接近 1971 年的规模。

(3) 住宅用地面积占建筑用地面积的比例明显上升。从 1971 年的 70.2% 增加到 2005 年的 87.3%。住宅用地是城市建设用地的重要组成部分，为了满足人们日益增长的住房需求，伦敦每年都需提供大量的新建住宅，故城市住宅用地规模也随之增长。

(4) 绿化用地面积增长较快。1971～2005 年，伦敦绿地面积增加了 132.7km^2，增幅达 27.8%。表 2-4 中，绿化用地规模的变动最为显著，可见人们越来越重视城市生态环境和公共开敞空间的营造。

2.2.2 伦敦建设用地规模的影响因素分析

分析表明，影响伦敦建设用地规模及其变动的因素主要有：人口增长、经济发展水平提升、城市规划和政策控制等。

2.2.2.1 人口增长

人口是城市规模的最根本决定因素，在当前的城市规划以及土地利用规划中，人口是衡量城市规模的标准和预测城市发展的主要指标。一般来说，人口总量与用地需求是密切相关的，当人口增加时，满足人们日常生活的各项设施就必须相应增加，由此引发的土地需求也不断增加。

1985 年起，经济全球化趋势加剧了世界级城市迁入人口的增加。据预测，伦敦城市人口将从 2006 年的 757 万增长到 2026 年 870 万(图 2-3)，同时，伦敦的就业人口将从 2006 年的 460 万上升到 2026 年的 510 万，增加 50 万人(图 2-4)。其增长除了人口的自然增长和国内人口的自然迁徙之外，在较大程度上受到国外移民大量涌入的影响。近年来，内伦敦的人口密度已接近 1 万人/km^2，市中心日益膨胀的人口，需要城市提供相应的基础设施、住宅和就业岗位等满足其生活需求。2006 年，伦敦新建住宅 22000 套，预计每年需提供约 33600 套住宅，才能满足人口增长和家庭增长的需求。

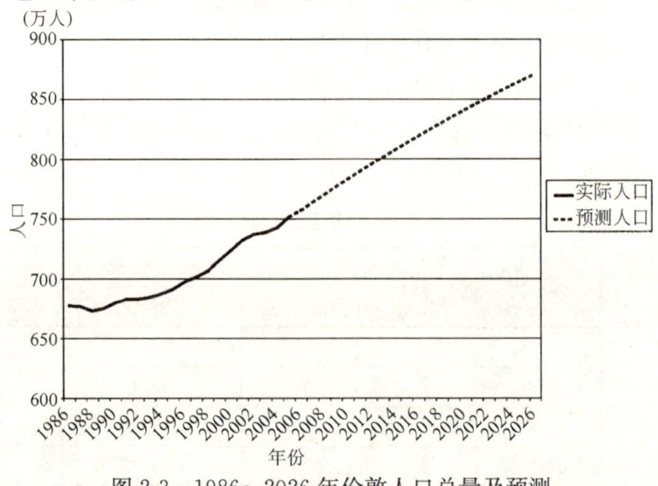

图 2-3　1986～2026 年伦敦人口总量及预测

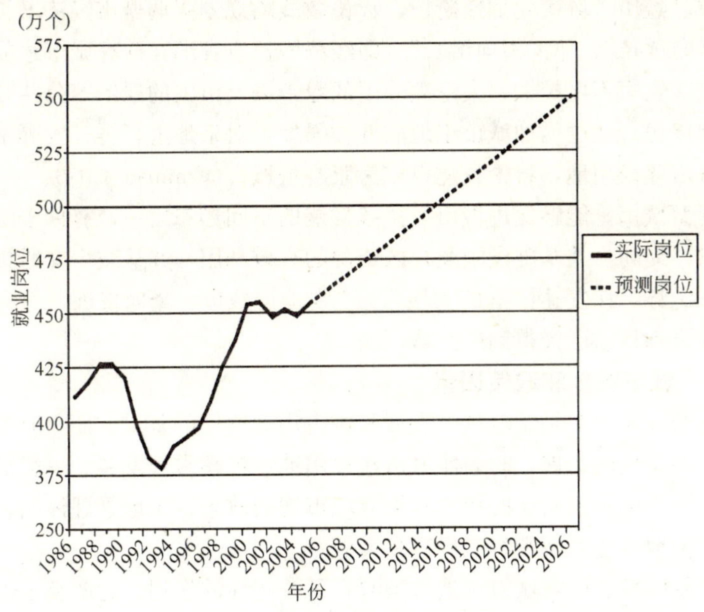

图 2-4　1986～2026 年伦敦就业岗位总量及预测

资料来源：ONS 2006-based Subnational population projections.

由此可见，人口增长是影响城市建设用地的重要因素。在已处于后工业化时期的伦敦，人口的增长虽然没有导致城市建设用地总量的增加，却引起了住宅用地和商业用地规模的扩大。

据《2006 年伦敦规划：子区开发框架》中预测，2007～2016 年间，伦敦将在住宅、就业岗位、零售业、文化、娱乐、旅游等方面有着较大的用地增长需求，具体包括：平均每年新增 6260 套住宅和 14800 个就业岗位、共增加 260000～400000m^2 的零售业用地和 11000 间客房，以及教育、医疗用地的增加；规划将进一步增强工业用地的集约利用程度，其面积基本保持不变；城市开敞空间和基础设施将视投资情况而定。这些用地需求最终将在各类用地规模的变动中得以反映。

2.2.2.2　经济发展水平提升

城市经济发展水平对城市建设用地规模有着决定性影响：一方面，城市的经济增长影响城市建设用地变动的速率；另一方面，城市经济的增长方式影响城市建设用地的空间布局。

1. 经济增长速度的变化

伦敦是世界上少数拥有全球主导地位的城市之一，集聚了国际性的金融、商务和专业服务产业，也是世界的交通枢纽，被认为是世界经济的强大“动力源”之一。一方面，这种强有力的集聚效益吸引了诸多跨国公司入驻，带动了城市的经济活力，促进了伦敦市中心办公和商业用地的增长。另一方面，经济增长对基础设施、经济活动空间、住房、就业等用地提出增长需求，故而直接影响了城市用地规模变动的速率。

2. 经济增长方式的转变

伦敦已经历了城市化加速阶段，大伦敦战略规划强调城市经济增长的方式应是“竖向增长”，非“横向增长”。即经济增长应容纳在现有城市建成区范围内，建成区规模不再扩大，大伦敦外围的绿带以及市内的绿地等公共开敞空间不能受到侵犯。通过增加城市土地的开发强度，对宗地进行再开发等手段，集约利用城市建设用地，将伦敦建设成为紧凑型城市(Compact City)。

紧凑型城市是能够促进城市可持续发展的空间形态之一，有助于防止城市过度扩张，提高公共基础设施及社区资源的有效利用，并从减少交通量等角度发挥环保优势。在发达国家的大城市，“紧凑型城市、竖向发展、综合性功能开发”等原则目前已经得到广泛认同。

2.2.2.3 城市规划和政策因素

政府的政策导向是影响城市发展和城市用地规模的重要方面，时而限制城市建设用地规模的扩展，时而使城市建设用地规模超常规发展。一般而言，影响城市建设用地规模变动的相关政策有城市规划政策、土地管理体制、行政区划调整、房地产业政策和特殊优惠政策等。

在伦敦的发展中，城市规划政策起到了关键性的作用，它调整了伦敦的行政区划，并确定了城市用地规模和各类用地的空间布局。伦敦的规划经历了以下三个阶段(表 2-6)：

伦敦历次规划的主要内容 **表 2-6**

	编制时间	规划背景	规划思路
第一次	1942～1944 年	人口过于集中，出现大城市问题，城市空间无序向外扩张	疏散伦敦中心地区工业和人口，非常重视城市的区域规划和建设田园城市
第二次	1976～1978 年	人口疏散明显，中心城区两极分化，旧城环境恶化	改变控制和疏散大城市及建造卫星城的相关政策，从新城建设转向旧城改建和保护
第三次	2000～2004 年	城市发展的零散与不协调，出现明显的东西部不平衡	将伦敦定位于世界级城市，将伦敦都市圈区域划分为三类不同地区，制定不同发展策略，全面关注居住、就业、交通和休闲等专项问题

1. 大伦敦规划

大伦敦规划于 1944 年完成轮廓性规划报告，其后又陆续制订了伦敦市和伦敦郡规划。该规划的主导思想是分散中心城区的人口、工业和就业，规划结构是以伦敦市区核心地带为中心的同心圆封闭式系统，将伦敦区域分成四层：城市内环、郊区环带、绿化带和乡村外环，并采取放射路与同心环路直交的交通网路连接(图 2-5)。1946 年《新城法》通过后，掀起了新城建设运动，到 20 世纪 50 年代末，在离伦敦市中心 50km 的半径内建成 8 个被称为伦敦新城的卫星城，以吸收内城分散出来的 100 万人口和相应的工业。

2. 大伦敦发展规划

因大伦敦规划的影响，中等收入人口大量迁出，就业人员通勤时间大大增加，伦敦市中心两极分化现象日趋明显。于是从 20 世纪 60 年代中期开始，在大伦敦规划的基础上编制了“大伦敦发展规划”。该规划试图改变同心圆封闭

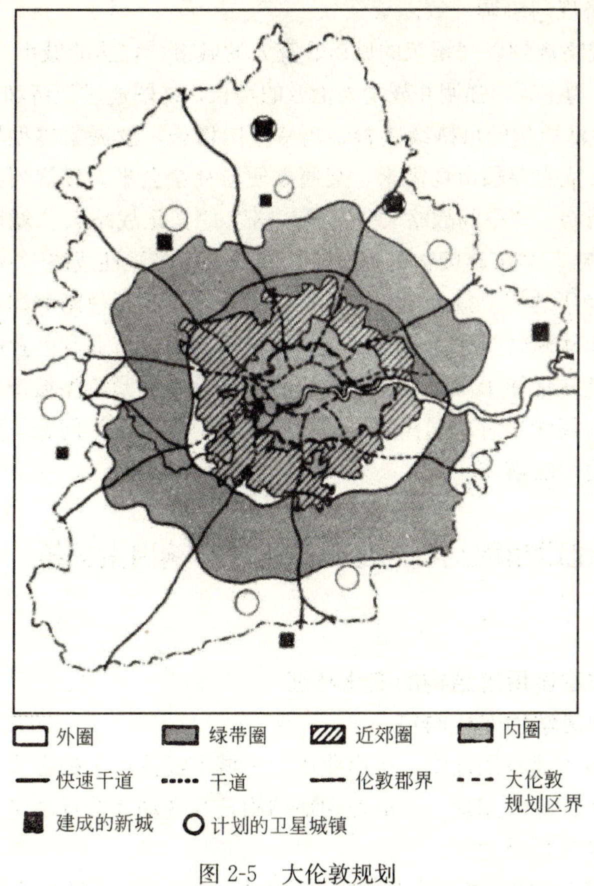

图 2-5　大伦敦规划

资料来源：1944 年大伦敦规划.

布局模式，使城市沿着三条主要快速交通干线向外扩展，形成三条长廊地带，在长廊终端分别建设三座具有“反磁力吸引中心”作用的城市，以期在更大的地域范围内解决伦敦及其周围地区经济、人口和城市的合理均衡发展问题。20 世纪 70 年代，英国政府调整了疏散大城市及建设卫星城的有关政策，1978 年通过《内城法》，开始注重旧城改建和保护。

3. 大伦敦战略规划

1994 年，伦敦战略规划委员会发表了伦敦战略规划建议书，强化伦敦作为世界城市的作用和地位，明确了伦敦都市圈和地方规划圈之间的关系和发展战略。1997 年，民间规划组织“伦敦规划咨询委员会”发表了大伦敦战略规划。该战略规划涵盖伦敦经济、社会、空间和环境的发展，旨在确定伦敦如何面对挑战、抓住机遇。规划提出了由四重目标组成的指导思想，包括“强大的经济、高水准的生活质量、可持续发展的未来、为所有人提供机遇”。

英国在 1999 年通过了《大伦敦市政府法》，并根据该法在 2000 年选举成立了大伦敦市政府(Greater London Authority)，统辖 32 个自治区及伦敦市开发公司，目的是进行整个都市区范围的战略管理。该法赋予市长较大的行政权力，并要求市长组织编制大伦敦发展战略规划，编制完成后，各城区的发展规划应与该战略规划协调一致。

大伦敦战略规划以“繁荣的城市、宜人的城市、宜达的城市、公平的城市、绿色的城市”为主题，强调并鼓励大伦敦的增长，试图通过经济和人口的增长来促进环境和生活质量的可持续改善，坚持竖向增长，发展紧凑型城市，并实施非均衡发展，优先照顾市场需求、交通方便与社会公平。该规划具体包括“伦敦经济发展战略”、“空间战略”、“交通战略”、“文化战略”、“城市噪声战略”、“空气质量战略”、“市政废物管理战略”和“生物多样性战略”八大战略。

由伦敦经历的三个规划阶段可见，城市规划首先通过新城建设使城市建设用地规模产生跳跃性扩张，从空间上引导城市人口、产业和就业的疏散，然后在城市化后期从法律上限定其用地规模，引导伦敦向紧凑型城市方向发展。

另外，市场无法解决居民收入两极分化、福利住房等问题，只有通过政策的作用才能得以缓解。

2.3 伦敦建设用地结构的变化特征及影响因素分析

2.3.1 伦敦建设用地结构的变化特征

2.3.1.1 数量结构变化特征

在各类城市建设用地中，工商业用地是城市经济产出的源头，也是受市场影响程度最大的建设用地。工商业用地结构及其变动直接反映了一个城市的经济发展水平和发展潜力。

1974～1985 年间伦敦工商业用地情况如表 2-7 所示，呈现出了以下变化特点：

1974～1985 年伦敦工商业用地情况　　表 2-7

年份	工业（hm^2）	封闭式仓储（hm^2）	露天式仓储（hm^2）	旅馆、酒店（hm^2）	商店、餐饮（hm^2）	商务办公（hm^2）	市政办公（hm^2）	总和（hm^2）	增幅（%）
1974	2420	1430	100	190	1090	1410	230	6870	—
1977	2380	1530	140	180	1140	1530	220	7120	3.64
1978	2340	1550	140	180	1140	1540	220	7110	−0.14
1979	2310	1570	160	180	1150	1580	220	7170	0.84
1980	2290	1600	160	180	1140	1640	—	7010	−2.23
1981	2250	1660	170	180	1150	1670	—	7080	1.00
1982	2210	1730	180	170	1170	1710	—	7170	1.27
1983	2150	1760	180	170	1180	1750	—	7190	0.28
1984	2090	1820	180	170	1190	1800	—	7250	0.83
1985	2050	1830	190	170	1200	1830	—	7270	0.28

注：用地数据由 Commercial and Industrial Floorspace Statistics 1974～1985 整理而得.

1. 工业用地逐年减少

1985 年工业用地为 2050hm^2，比 1974 年下降了 15%（图 2-6），这是大都

市发展到后工业化时期的必然结果。在 1985 年的统计数据中，逐年下降的工业用地仍占工商业用地总和的 28%，在各类用地中比重最大。预计在若干年后，办公用地的比重将超出工业用地。

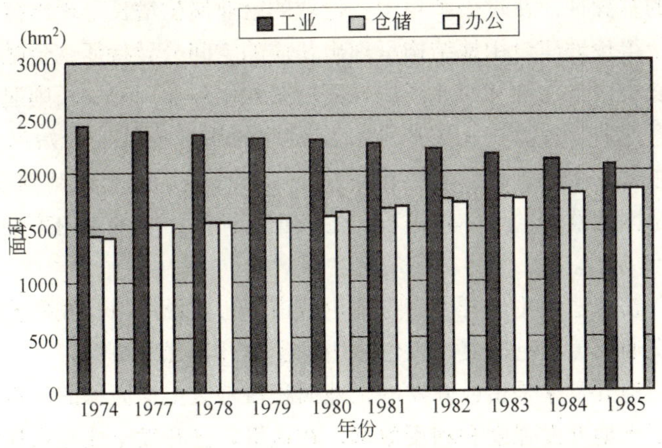

图 2-6　1974～1985 年伦敦工业、仓储、办公用地情况

2. 仓储和办公用地逐年增加

两类用地在 1985 年都达到 1830hm^2，各占工商业用地总和的 25%，而且这两类用地每年的增长都较为稳定。因伦敦是世界著名的港口，随着国际物流业务的日益增加，其仓储需求逐年增长。伦敦也是世界三大金融和贸易中心之一，诸多知名金融机构、跨国公司聚集于此，其办公需求同样与年俱增。

3. 其他用地规模保持平稳

从表 2-7 可知，旅馆酒店、商店餐饮、市政办公等用地基本未变动，可见这类服务行业在伦敦已发展得较为成熟，已经能够满足人们生活、消费、娱乐的需求。

4. 工商业用地总量趋升，但增幅平缓

由于 1980 年取消了 220 万 m^2 的市政办公用地(可能只是改变了其类别)，工商业用地总量降低了 2%。之后，其增幅保持在 1.5%以内，增长平稳(图 2-7)。

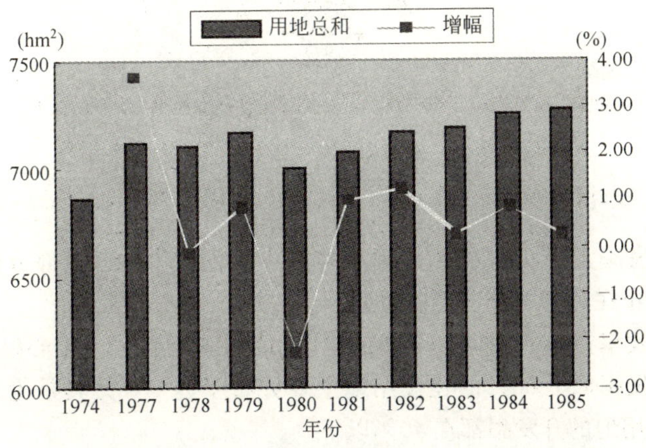

图 2-7　1974～1985 年伦敦工商业用地总和及增幅

2.3.1.2 空间结构变化特征

首先，按照用地类型分，伦敦建设用地具有鲜明的空间分异特征。

伦敦是一个低密度的开放城市，拥有良好的城镇中心体系，各个区域空间具有明显的差异性。在过去十年中，伦敦的就业岗位增长呈现出持续的空间分异模式，使得伦敦建设用地结构呈现出相应的空间分异特征：金融和商务服务业用地增长集中在中部和西北区域，而消费性服务业用地增长则遍布伦敦；零售业、创意产业、计算机相关产业和旅游业的用地增长也开始出现在伦敦郊区；伦敦东部和南部近来发展势头很快，一方面是由于交通基础设施的建设，另一方面是因为欧洲的一体化进程，伦敦正从面向西北的国内市场转到面向东南的欧盟市场。

其次，按照建设用地开发率分，伦敦市中心建设用地开发率普遍较高，新城中心和交通干道附近次之，大伦敦边缘土地开发强度最低。

建设用地开发率是指已开发的土地面积占辖区土地面积的比例，从一定程度上反映了土地开发强度和利用效率。在这里，已开发土地是指住宅用地、住宅庭院、非住宅用地、交通用地及其他用地之和。

根据土地开发率区分(图 2-8)，2005 年伦敦建设用地结构的空间特征如下：

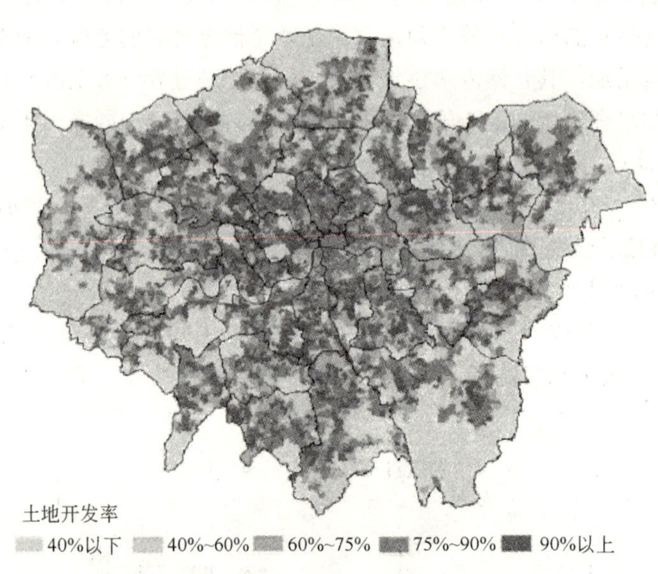

图 2-8　2005 年伦敦土地开发率

资料来源：Generalised Land Use Database Statistics for England 2005.

(1) 开发率大于 90%的建设用地多集中于伦敦市中心，部分位于新城中心，少量分布在远郊的交通干道附近；

(2) 开发率在 60%～90%之间的建设用地主要分布于市中心以及近郊；

(3) 开发率低于 60%的建设用地主要分布于远郊，尤其是伦敦的边缘地区，大部分用地的开发率都在 40%以下。

2.3.2 伦敦建设用地结构的影响因素分析

2.3.2.1 城市职能和发展方向

城市职能和发展方向是政府制定城市发展战略、编制城市规划的基本依据。大伦敦战略规划将伦敦定位于世界级的可持续城市，并充分认识到随着全球经济一体化的进一步发展，伦敦经济和人口的增长不可避免，尊重这一市场趋势将增进城市的竞争力，所以提出了优先发展中央活动区的战略，巩固和提升其经济中心的地位。这样，势必影响伦敦建设用地结构在数量和空间上的变动。

2.3.2.2 城市产业结构调整

城市产业结构的调整直接影响用地结构的变化。一般而言，当进入工业化后期以后，第三产业超越第二产业成为城市经济发展的主要动力，并直接影响城市建设用地结构的变化。第三产业不仅吸引大量的劳动力就业，使得配套的生活和服务设施用地增加，也占据了城市的黄金地段，使得城市中心建设用地的利用率得以提高。

在过去的30年中，伦敦的传统工业渐渐衰弱，而金融和商务服务业在伦敦和全英国经济发展中起到了重要作用，其创造的GDP占伦敦GDP的40%，提供的新增就业岗位占了过去30年间的60%。预计金融和商务服务业将在2001～2016年间提供40万个就业岗位。

消费性服务业也有明显增长，包括休闲业、零售业以及与旅游相关的旅馆业和餐饮业。与金融和商务服务业集中在市中心不同，消费性服务业则遍布伦敦。城市产业结构向金融和商务服务业、消费性服务业转型，对原有的工业用地造成了冲击。对于经历结构重组的地区，高附加值的设计、创意和绿色产业将是重点发展方向。相对而言，公共管理、公用事业和工业用地将会有一定的减少。

2.3.2.3 城市居民生活水平的提高

城市居民生活水平的提高也在一定程度上改变着城市建设用地结构。随着生活水平的提高，城市居民的生活方式、消费理念发生变化，人们开始向往舒适、现代的生活方式。城市已是融工作、居住、休憩、交通等多种功能的综合体。各种大型公建设施(如大型超市、公立医院等)的兴建增加了城市公共设施及市政公用设施用地；越来越多的商业广场使商业用地面积增加；私人交通的发展对道路的使用条件提出了更高的要求，城市立体交通的发展和停车场的建设都导致了交通用地规模的增大。

2.4 伦敦建设用地绩效分析

城市是创造经济产出的主体，支撑着国家和区域的发展。城市的规模效益是指城市的经济产出能力和产出效益，是城市扩张的根本动因；反之，城市的建设用地规模也直接影响了城市的规模效益，两者存在着互动的关系。

城市建设用地单位面积产出是指单位面积上城市建设用地的经济产出能

力，用以衡量建设用地的经济效益。

1998年，伦敦的GDP为1330.81亿英镑，占当年英国总GDP的17.9%。其中，内伦敦、外伦敦的GDP分别达到了485.91亿英镑和844.88亿英镑，分别占伦敦GDP的36.51%和63.49%。空间范围上的城市建设用地单位面积产出如表2-8所示，其中内伦敦的建设用地单位面积产出为1.51亿英镑/km^2，是外伦敦建设用地单位面积产出的2.25倍，是大伦敦建设用地单位面积产出的1.8倍。由此可见，伦敦中心城区建设用地的经济效益高于城区外围，但相差并不悬殊。从大伦敦范围来看，其建设用地单位面积产出绩效在空间上的差异较为合理。

1998年伦敦建设用地经济产出 **表2-8**

	GDP		建设用地单位面积产出	
	（亿英镑）	（亿美元）	（亿英镑/km^2）	（亿美元/km^2）
内伦敦	485.91	806.61	1.51	2.51
外伦敦	844.88	1402.50	0.67	1.11
大伦敦	1330.81	2209.14	0.84	1.39

注：GDP数据来自Sub-regional Local Area GDP 1998；1998年英镑兑美元平均汇率为1.66.

城市工商业用地单位面积产出是指单位面积上城市工商业用地的经济产出能力，用以衡量工商业用地的经济效益。1985～2005年期间，伦敦GDP增长了近2倍，工商业用地规模从72.7km^2增加到75.3km^2，增幅3.58%，工商业用地单位面积产出从13.37亿美元/km^2上升到38.64亿美元/km^2，增幅达189%(表2-9)。可见，伦敦工商业用地产出绩效的提升不是通过用地规模扩张来实现的，而是主要通过提高现有用地的集约利用程度来实现的。

伦敦工商业用地单位面积产出变化 **表2-9**

	1985年	2005年
GDP(亿美元)	972.00	2909.6
工商业用地单位面积产出(亿美元/km^2)	13.37	38.64

注：1985年与2005年的物价指数为66.8∶100，并以1985年英镑兑美元汇率1∶1.1计算得到1985年GDP.

2.5 结论与启示

2.5.1 小结

首先界定了伦敦的空间范围，回顾了伦敦城市扩张所经历的三个规划阶段，重点研究了大伦敦城市建设用地规模、用地结构及其变动特征，并将影响用地规模的因素归结为人口规模增长、经济发展水平提升、城市规划和政策因素三个方面，将影响用地结构的因素归结为城市职能和发展方向、城市产业结构调整和城市居民生活水平的提升。

主要结论如下：

(1) 城市化发展后期，城市建设用地规模基本保持稳定，用地结构变动小。1944～1971年是伦敦新城建设的主要时期，这一阶段，城市建设用地规模和用地结构受到大伦敦规划的作用，变动较大，在经历城市发展的“集中城市化—分散城市化—郊区城市化—再城市化”四个阶段后，伦敦建设用地总量保持稳定。即城市化发展阶段直接关系到城市建设用地规模的扩张。

(2) 工业用地比重下降，住宅、商务服务业和办公用地日益增加。伦敦市中心金融和商业的重要地位促使伦敦办公和商务服务业用地逐年增加，工业用地随之减少，城市功能逐步转型，城市建设用地开发强度得以提高。

(3) 倡导集约型增长，创建“紧凑型城市”。目前，国内城市的建设用地扩张模式仍是横向的“东征西扩”，交通条件的改善增加了近郊甚至远郊至市中心的通达性，疏散了市中心的人口和产业，一定程度上有助于优化市中心的产业结构、社会环境和投资环境等。但是，横向扩张模式只是城市发展到特定阶段的手段，城市的无序蔓延终究会导致土地产出低下，并产生环境及治安问题。一味地采用横向扩张以满足城市发展用地需求并不是一种可持续的增长方式。而且，市中心的集聚作用是无可替代的，如何通过优化用地结构、增大建设用地开发强度(容积率、开发率、单位面积产出等指标)来集约利用城市建设用地，达到土地可持续发展的目标，是目前关注的重点。紧凑型城市作为能够促进城市可持续发展的空间形态之一，在西方发达国家得到了广泛的支持。

(4) 尊重市场的同时，注重行政和立法部门的有效干预，加强城市规划和土地利用规划工作。在伦敦的城市发展过程中，尤其是新城建设早期，特别强调政府在建设上的投入、政策上的支持及制度上的保障。政府和立法部门的干预是推动新城发展的重要力量。政府通过制定大伦敦战略规划，对城市功能进行定位，引导人口和产业的合理分布，优化城市建设用地的规模和结构，并在投资交通基础设施、提供住宅补贴、建设公共住宅等方面发挥了重要作用。

(5) 城市的发展定位和主导产业的选择是影响城市建设用地结构变化的主要因素。

2.5.2 启示

本章试图通过以上分析为我国现阶段的城市扩张提供参考。值得注意的是，伦敦的城市发展阶段远高于国内城市，并且在管理体制、规划体制等方面与国内不同，所以在借鉴时应充分考虑这些因素差异。

目前，上海正处于新城建设阶段，城市建设用地规模仍然是以外延扩张为主的增长模式，在城市空间的内涵扩展、城市空间利用集约度的提高和城市空间再利用等方面逐渐受到重视。本章基于对伦敦城市建设用地的分析，对上海城市发展的启示如下：

(1) 重视城市三维空间的开发，尤其是中心城区用地应坚持竖向增长的发展模式，倡导“紧凑型城市”；新城建设和各类开发区建设不能过于求快，比追求用地规模和经济利益更重要的是其土地单位产出效益。

(2) 新城建设应结合城市职能，重视突出其功能和特色。城市的空间发展除了关注经济利益，也应当传承城市的社会历史文脉和传统风貌，凸显城市特色与城市品位。

(3) 在编制新城规划和土地利用规划时，需重视市场经济机制，尊重市场力量，同时以政策为辅助。科学的城市规划和土地利用规划是城市空间合理扩张的重要保障，适宜的土地供应计划是控制城市空间扩张速率和效率的有效手段。

(4) 新城建设过程中，注重城市生态环境的维护和改善。城市的开敞空间和自然山水资源是城市的宝贵财富，新城建设初期应结合城市自身的生态环境资源，在规划中充分考虑城市公共开敞空间用地规模与空间分布，营造健康的生存环境，创造和谐的生活氛围。

本章参考文献

[1] 章昌裕. 伦敦都市圈建成经验及规划启示 [EB/OL]. 中国经济时报. http://www.upla.cn/news/_contents/2007/01/52-13491.shtml.

[2] 徐毅松. 迈向全球城市的规划思考——上海城市空间发展战略研究 [D]. 上海：同济大学，2006.

[3] Dave Shaw. 战略规划：大都市地区有效治理的方向盘——大伦敦战略规划的演变与最新发展 [J]. 国外城市规划，2001，5：9-12.

[4] 罗宾·汤普森. 大伦敦战略规划介绍 [J]. 城市规划，2003，27(1)：33-34.

[5] 王红. 借鉴"伦敦规划"改进战略规划编制工作 [J]. 国外规划研究，2004，28(6)：78-87.

[6] 郝娟，雷鸿君，冉凌风，李战军. 浦东新区土地使用结构研究 [R]. 上海市浦东新区规划设计研究院和浦东改革与发展研究院，2005.

[7] 魏晓龙. 我国大城市用地规模影响因素的实证分析 [D]. 杭州：浙江大学，2007.

[8] 向俊波，谢惠芳. 从巴黎、伦敦到北京——60年的同与异 [J]. 北京规划研究，2005，29(6)：19-24.

[9] 董晓峰，成刚. 国外典型大都市圈规划研究 [J]. 现代城市研究，2006，(8)：12-17.

[10] 仲德崑. 小小地球上的城市——紧凑伦敦 [M]. 北京：中国建筑工业出版社，2004.

[11] 李王鸣等. 城市建设用地增长特征分析——以浙江省为例 [J]. 城市问题，2005，(2)：41-50.

[12] 陶希东. 国外新城建设的经验与教训 [J]. 城市问题，2005，(6)：95-98.

[13] Office for National Statistics Center for Demography. ONS 2006-based Subnational Population Projections for England. [EB/OL], 2008. http://www.statistics.gov.uk/downloads/theme_population/SNPP-2006/SNPP_Issues_and_Guidance.pdf.

[14] Great London Authority. Generalised Land Use Database Statistics for England 2005 [EB/OL]. 2007. http://www.communities.gov.uk/documents/planningandbuilding/pdf/154941.pdf.

[15] Office of the Deputy Prime Minister. Commercial and Industrial Floorspace Statistics 1974～1985 [EB/OL]. http://www.communities.gov.uk/archived/publications/planningandbuilding/commercialindustrial.

[16] Office of the Deputy Prime Minister. National Land Use Database: Land Use and Land Cover

Classification [EB/OL]. http://www.communities.gov.uk/documents/planningandbuilding/pdf/144275.pdf.
[17] Greater London Authority. Economics Annual Report 2008 [EB/OL]. http://www.london.gov.uk/gla/publications/economy.jsp#glaecar08.
[18] Office for National Statistics. Sub-regional Local Area GDP 1998 [EB/OL]. http://www.statistics.gov.uk/articles/economic_trends/Sub-regional_&_Local_Area_GDP.pdf.

第 3 章
纽约大都市建设用地规模及结构变化分析

3.1 纽约大都市的空间范围及建设用地内涵界定

3.1.1 纽约大都市空间范围的界定

纽约是个通称，一般存在不同的空间范围界定，如纽约市、纽约州、纽约—北新泽西—长岛都市统计区、纽约大都市区等。但常用的主要是纽约市、纽约大都市区(表 3-1、图 3-1)。

纽约的空间范围界定(2007 年) 表 3-1

		土地面积(km^2)	人口(万人)	人口密度(人/km^2)	范围界定
纽约	纽约市	1214.4	827.1	10528	纽约市 5 区(其中水面 428.8km^2)
	纽约都会区	17405	1881.6	1081	纽约大都会标准统计区
	纽约大都市区	33483	2196.2	656	包括纽约市 5 区及其周边的 26 个县

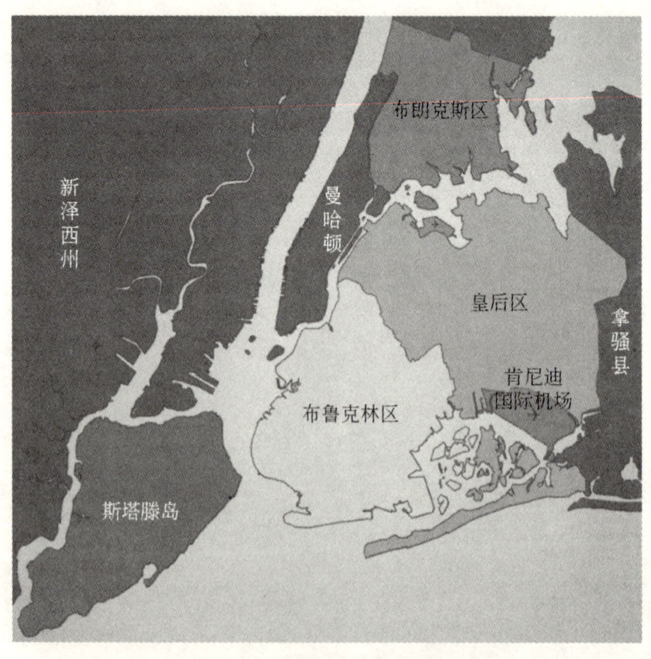

图 3-1 纽约市行政区划图

纽约市(New York City，以下简称纽约)是美国第一大都市和第一大商港，它不仅是美国的金融中心，也是全球金融中心之一。纽约位于纽约州东南哈得逊河口，濒临大西洋。全市总面积 1214.4km²，其中水面 428.8km²。纽约市由五个区组成：曼哈顿(Manhattan)、布鲁克林(Brooklyn)、布朗克斯(Bronx)、皇后区(Queens)、斯塔滕岛(Staten Island)，市区面积 945km²，其中水面 168km²。1686 年纽约建市，到 19 世纪中叶，纽约逐渐成为美国最大的港口城市和集金融、贸易、旅游与文化艺术于一身的国际大都市。纽约是全美人口最多的城市，截至 2007 年 7 月 1 日，纽约人口数超过 827 万，遥遥领先于全美其他城市，人口密度为 10528 人/km²。

纽约大都市区(New York Metropolitan Region)是由包括纽约市 5 区及其周边 26 个县所组成的一个社会和经济区域，区域范围涉及美国康涅狄格州、新泽西州和纽约三个联邦州，人口约 2000 多万，面积约 33483km²，区域内有将近 800 个城市、城镇和村落。早在 20 世纪 50 年代，纽约大都市区就被学者认定为典型的“大都市连绵区”(Megalopolis)。纽约作为大都市带中的核心城市，其对周边地区社会经济影响和辐射范围远远超出了纽约市，甚至纽约州政府管辖的范围。

本次研究中主要针对纽约市这一层面进行研究和分析。纽约市土地面积约占纽约大都市区 2.8%左右，人口却占到了 1/3 以上。

3.1.2 纽约市建设用地的内涵界定

纽约市的建设用地类型主要包括：独立式或并立式住宅用地、联立式住宅用地、商务公寓用地、商用用地、停车设施用地、工业用地、交通运输及公用事业用地、休憩娱乐用地、公共设施和机构用地、闲置土地、其他用地(表 3-2)。

纽约市建设用地类型　　表 3-2

独立式或并立式住宅用地	低密度住宅，纽约市土地利用中比例最大，主要分布在斯塔滕岛，皇后区东部，布鲁克林区南部，布朗克斯东部和西北地区
联立式住宅用地	中高密度住宅大厦(包括三个或三个以上住宅单位)，城市居住单位有 2/3 以上都居住在这类单位中，但仅占据建设用地总面积的 12%左右。居住密度最高的公寓主要分布在曼哈顿，4～12 层的公寓主要分布在布朗克斯、布鲁克林和皇后区
商务公寓用地	最常见的公寓楼混合体，底部为商店或居委会等，同时也包括办公与居住的混合体，但这种形式不太常见
商用用地	这些用地仅占有一小部分城市建设用地(小于 4%)，但密度较高，城市的 360 万就业机会大部分就分布在这些商业区域，主要是曼哈顿的办公大楼，布鲁克林区、长岛市、牙买加湾等处的繁华商业区
停车设施用地	包括公共和私人的离街地段以及车库，不包括从属于住宅或商厦的车库
工业用地	仓库和工厂约占城市建设用地的 4%，主要分布在布朗克斯南部、布鲁克林区和皇后区，布鲁克林和斯塔滕岛的西部海岸等
交通运输及公用事业用地	机场、客运码头、火车站、污水处理设施及发电厂等城市重要基础设施。肯尼迪机场和拉瓜地机场，几乎占据其中一半的土地
休憩娱乐用地	大约占 1/4 的城市建设用地，主要为公共公园、游乐场和自然保留娱乐区、海滩、体育场馆和高尔夫球场等
公共设施和机构用地	包括学校、医院和疗养院、博物馆和表演中心、警署和消防队、法院和拘留中心等
闲置土地	大约 8%的城市建设用地被划为空置土地。斯塔滕岛拥有最多的空置土地，多达 21.45km²，曼哈顿最少，约为 1.62km²

资料来源：纽约市城市规划局(DCP).

从土地分类来看，美国纽约市的建设用地类型的划分十分细致，共分为10类用地，其中居住用地就分出3类，而且将停车设施用地、公共设施和机构用地等都一一区分开来，非常有利于规划部门对土地利用的控制。

3.2 纽约市建设用地规模变化及其影响因素分析

3.2.1 纽约市建设用地规模的变化特点

统计资料显示，1988年纽约市的建设用地总面积(未计入道路用地)约为580km²，当年人口约为735万人，人均建设用地约为79km²/人；2006年纽约市的建设用地总面积增至619km²，人均建设用地约为75km²/人。

与1988年相比，2002年纽约市建设用地总量增长了7.31%左右，年均增长0.52%，这一年均增长率已经十分微小。而相比2002年建设用地规模，2006年则几乎保持不变，仅减少0.47%，年均减少0.12%(表3-3)。减少是由于闲置土地和其他土地的面积变化所致。

1988～2006年纽约市建设用地规模变化(不计道路用地)　　**表3-3**

年份	建设用地总量(km²)	面积变动率(%)	年均变化率(%)
1988	579.77	—	—
2002	622.16	7.31	0.52
2006	619.26	−0.47	−0.12

资料来源：IBS Data(1988)、纽约市城市规划局(DCP).

由此可见，不仅纽约市建设用地总规模在近20年的发展中基本保持一个稳定的状态，特别在近几年更趋于平稳；而且人均建设用地规模也大体稳定在75～79m²/人左右。

3.2.2 纽约市建设用地规模变化的原因分析

建设用地规模的变动主要有下列三个原因。

1. 人口因素

从人口数量上可以看出，1970～1980年之间纽约市人口有一次大幅度下降，之后又重新回升(表3-4、图3-2)。这是因为纽约市的人口一直以来随着移民的增加而飞速增长，当时的治安情况也随着人口增多开始下降，种族冲突、暴力犯罪如同“传染病”一样充斥整个城市，许多中产阶层便不断向郊区迁移。通过之后对地铁系统的整肃工作，纽约市的犯罪率急速下滑，人口重新呈现出惊人的增长，也让纽约成为一座重建品牌形象最好的样板城市。而1990年之后，由于美国对移民政策的收紧，加上城市的发展已经进入一个稳定时期，纽约市人口增长趋于平缓，人口总量保持稳定状态。建设用地的小幅增长与人口的增长也是基本吻合的。

1910～2007 年纽约市历年人口增长率 **表 3-4**

年份	1910	1920	1930	1940	1950	1960	—
人口(人)	4766883	5620048	6930446	7454995	7891957	7781984	—
比上期增长(%)		17.90	23.32	7.57	5.86	−1.39	—
年份	1970	1980	1990	2000	2003	2006	2007
人口(人)	7894862	7071639	7322564	8008278	8085742	8214426	8273222
比上期增长(%)	1.45	−10.43	3.55	9.36	0.97	1.59	0.72

资料来源：美国普查局.

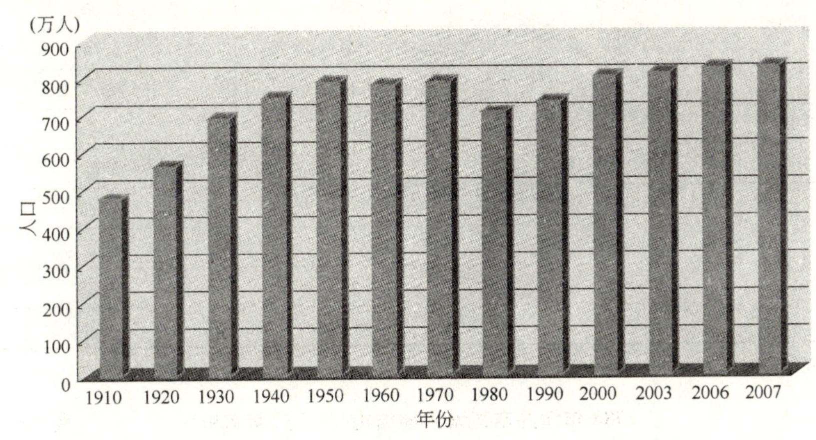

图 3-2　1910～2007 年美国纽约市历年人口数量变化

2. 制度因素

美国是以土地私有制为主的国家，除了政府对土地利用的控制外，私人业主在转让土地时往往也设定一些对土地用途的限制条件，因此土地的用途较局限，使得土地规模的变化不会太大。另外，土地交易主要按市场规律运作，政府进行土地管制主要通过规划和法律手段，来限定土地的用途、建筑类型、高度、密度等。而联邦和州政府不干预各市的规划管理，权限在各个城市，而且规划编制过程中严格遵循“自下而上”的原则，注重民主化决策和公众参与过程。因而在土地使用上可以更有效地保护公共利益，防止市场因追求高利润而在用地上影响公共或他人的利益。土地利用过程在多重监督下，城市向外扩张的难度很大。

3. 经济因素

纽约市高昂的土地价格使得人们在迁入的时候需要负担较重的经济压力。因此，高地价成为约束人口急剧增长的一个有效手段。可以推断，美国纽约市在近几十年的发展中不会有太大的城市扩张，更多的是通过提高内部土地利用效率，来应对较为稳定的城市人口。

3.3　纽约市建设用地结构变化及其影响因素分析

3.3.1　纽约市建设用地数量结构变化特点

从纽约市城市规划局(Department of City Planning)根据税收数据估算的用

地结果来看，住宅用地部分和休憩娱乐用地仍然占比很高，2006 年分别为 40%左右和 25%左右，而商用用地和工业用地均为 4%左右。由于表 3-5 中并未对道路用地进行统计，因此在此无法与表 3-6 中的道路用地比例等进行比较。

1988 年纽约市土地利用结构(不计算道路面积)　　**表 3-5**

土地用途		各类用地面积(km²)	各类用地比例(%)
城建用地	住宅	193.26	33.33
	工商业	46.65	8.05
	公共	50.81	8.76
	小计	293.22	50.57
空地	公园、运动场	144.11	24.86
交通	铁路、港湾等	39.15	6.75
其他	屋外利用暂设建筑	105.79	18.25
	未利用	—	—
	小计	105.79	18.25
	总计	579.77	100.00

资料来源：IBS Data(1988).

1988 年纽约市建设用地结构(计算道路面积)　　**表 3-6**

土地用途		各类用地面积(km²)	各类用地比例(%)
城建用地	住宅	193.26	23.2
	工商业	46.65	5.6
	公共	50.81	6.1
	小计	293.22	35.2
空地	公园、运动场	144.11	17.3
交通	道路	249.90	30
	铁路、港湾等	39.15	4.7
其他	屋外利用暂设建筑	105.79	12.7
	未利用	—	—
	小计	105.79	12.7
	总计	833.00	100

资料来源：IBS Data(1988).

从 2002 年与 2006 年的数据比较来看(表 3-7)，发生的变化不明显。分析其特点，主要可以归纳为如下三个方面。

2002 年与 2006 年纽约市建设用地结构变动情况　　**表 3-7**

用地类型	2002 年		2006 年		2002 年与 2006 年相对比	
	用地面积(km²)	占比(%)	用地面积(km²)	占比(%)	面积变动(%)	比例变动(%)
独立式或并立式住宅用地	169.08	27.18	169.78	27.42	0.42	0.24
联立式住宅用地	72.38	11.63	74.58	12.04	3.03	0.41

续表

用地类型	2002年		2006年		2002年与2006年相对比	
	用地面积（km²）	占比（%）	用地面积（km²）	占比（%）	面积变动（%）	比例变动（%）
商务公寓用地	16.42	2.64	16.65	2.69	1.36	0.05
商用用地	22.63	3.64	23.80	3.84	5.19	0.21
停车设施用地	8.03	1.29	8.63	1.39	7.51	0.10
工业用地	24.69	3.97	23.19	3.75	−6.06	−0.22
交通运输及公用事业用地	46.97	7.55	46.65	7.53	−0.68	−0.02
休憩娱乐用地	157.08	25.25	157.13	25.37	0.04	0.13
公共设施和机构用地	46.05	7.40	45.47	7.34	−1.26	−0.06
闲置土地	46.67	7.50	42.45	6.86	−9.04	−0.65
其他用地	12.17	1.96	10.93	1.77	−10.14	−0.19
总计	622.16	100.00	619.26	100.00		

资料来源：纽约市城市规划局(DCP). 由于并没有官方统计数据，这是DCP根据财政局的税收系统数据估算出来的，因此与现状可能有所偏差，在此将其直接作为现状数据.

1. 商用用地和停车设施用地面积及其占比略有增加

主要是因为纽约市在经历了2001年“9·11”袭击之后，这几年的商务和商业活动的情况恢复比较明显，用地面积略有增加；同时商务人口的增加对停车设施用地的需求量也增大，提高了这类用地的比例。纽约市作为世界经济中心城市之一，在所占比例不到5%的商业用地上，提供了360万个就业岗位，利用效率非常之高。

2. 工业用地所占比例持续下降

2002～2006年间约下降了6%左右，这是由于紧迫的用地压力和高昂的用地成本导致了纽约市的工业用地继续外迁。原有占比已经很低，仍然继续在下降。

3. 闲置土地和其他土地减少较多

两者分别减少了9%、10%左右。其他建设用地需求的增加，必然会导致闲置土地和其他用地被转换成为更有效的用途。

从1988～2006年这两个时期的用地结构比较上来看，可以归纳出以下几个特点。

1. 绿化率始终保持很高水平

以上几个表格中最值得我们注意的是纽约市的公园、运动场这类的休憩用地，基本保持在25%的用地比例。在国际大都市中，优美舒适的生活和工作环境是增强吸引力的重要因素。城市绿地面积已成为衡量一个城市生态环境的重要指标。

2. 居住用地所占比重稳步上升

就居住用地而言，2006年比1988年有了较大的提升，所占比重从33%左右上升到40%以上，这与纽约市人口的不断增长是相吻合的。

3. 道路用地所占比例也很高

1988年纽约市道路面积达到250km²，占全市建设用地的30%。纽约在道路方面的投入是很高的。根据经验，道路是城市环境中的重要因素，城市道路占用面积和人均道路面积是反映城市交通水平的两个重要指标。国际大都市的道路用地一般占城市用地的10%以上，人均道路面积在10m² 以上，而美国纽约市达到24m²。

3.3.2 纽约市建设用地空间结构特点

从以下几幅纽约市各类土地利用分布图中可以看出，纽约市的建设用地中，不同类型用地的空间分布是比较有规律的(图 3-3～图 3-7)。

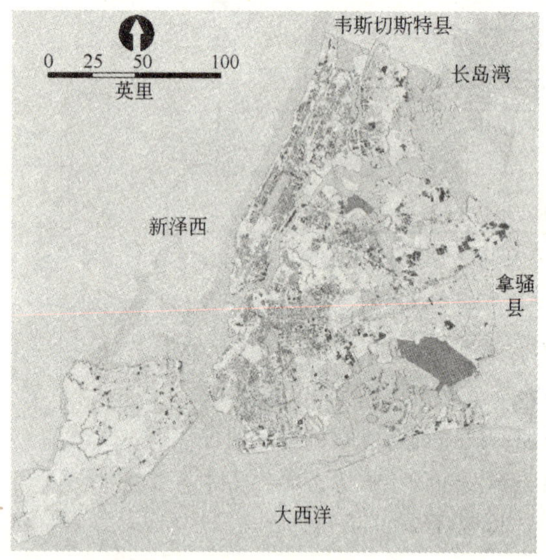

图 3-3 2007 年纽约市住宅用地分布图

资料来源：纽约市城市规划局(DCP).

图 3-4 2007 年纽约市商用和停车设施用地分布图

资料来源：纽约市城市规划局(DCP).

图 3-5 2007 年纽约市工业及基础设施用地分布图

资料来源：纽约市城市规划局(DCP).

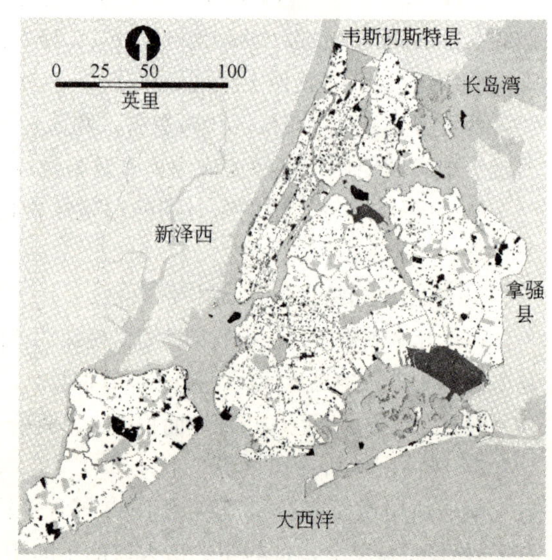

图 3-6 2007 年纽约市休憩娱乐及公共设施用地分布图

资料来源：纽约市城市规划局(DCP).

(1) 商用用地和停车设施用地，以及工业用地的分布都比较集中。各区区域功能定位比较明确，分工合理，这样有助于交通压力的减轻和管理的高效便捷。

(2) 休憩娱乐用地及公共设施用地分布比较均匀。主要针对居住用地的分布来配置，使得公园对于市民的通达度上更加公平，同时也大大改善了城市景观。

(3) 居住用地布局遵循了高密度住宅搭配低密度住宅进行建造的原则。使得在一定面积的区域内，不会产生密度过高的不合理状况。

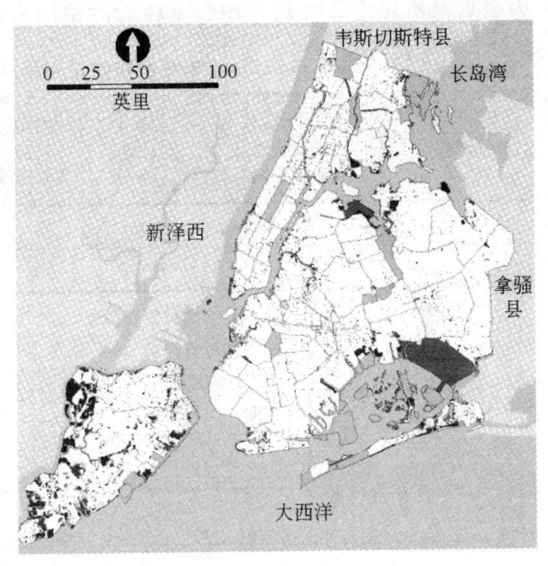

图 3-7 2007 年纽约市闲置土地及其他用地分布图

资料来源：纽约市城市规划局(DCP).

(4) 闲置土地和其他用地主要分布在斯塔滕岛。虽然面临城市强大的用地压力，纽约市仍然保证了一定量的存量土地用于应对未来发展。

虽然美国地大物博，人口密度不高，但是美国充分合理利用每寸土地，土地的集约化程度和利用效率很高。城市用地的开发比较注重内部挖潜，而不追求外延扩展，除住宅建设按美国人的习惯一般一户一幢外，商业房地产则集中在市中心区，全都是高楼大厦，在市中心周围留足充分的绿化和休憩用地，使城市既环境优美又生机勃勃。

3.4 纽约市建设用地的绩效分析

根据从美国普查局和美国“独立预算办公室”(Independent Budget Office，IBO)获取的资料，对纽约市建设用地及商用用地产出绩效进行计算(由于普查局的数据表中并未列出工业产值这一指标，故在此不进行计算)。在纽约市，一般把国民生产总值称为“城市生产总值”(Gross City Product，GCP)。

2002～2006 年间，美国纽约市的 GCP 由 4316 亿美元增长到 4780 亿美元，而建设用地略有下降，由 622.2km^2 下降到 619.3km^2，纽约市地均 GCP 由 6.65 亿美元/km^2 上升到 7.72 亿美元/km^2，建设用地产出绩效提高约 16%(表 3-8、图 3-8、图 3-9)。可以看出纽约市在保证市内建设用地规模不扩张的情况下，继续保持 3.8%左右的 GCP 年增长率，说明纽约十分致力于提高市内土地的使用效率，更大限度地发掘其内涵，城市土地的节约与集约利用做得十分到位。商用用地产出绩效基本维持在一个较高水平而变化较小，表明纽约市在商用用地的利用上已经基本达到极限。当然，由于纽约市统计数据方面仅能获得批发贸易销售额这一资料，用它来代表商用用地产出，仍存在一定的局限性。

2002 年和 2006 年纽约市建设用地及商用用地产出绩效　　表 3-8

年份	GCP（亿美元）	批发贸易销售额（亿美元）	建设用地总面积（km^2）	商用用地面积（km^2）	建设用地产出（亿美元/km^2）	商用用地产出（亿美元/ km^2）
2002	4136	1735.4	622.2	22.6	6.65	76.68
2006	4780	1823.5	619.3	23.8	7.72	76.62

注：表中商用用地产出绩效为地均批发贸易销售额.

资料来源：美国普查局，纽约预算管理局.

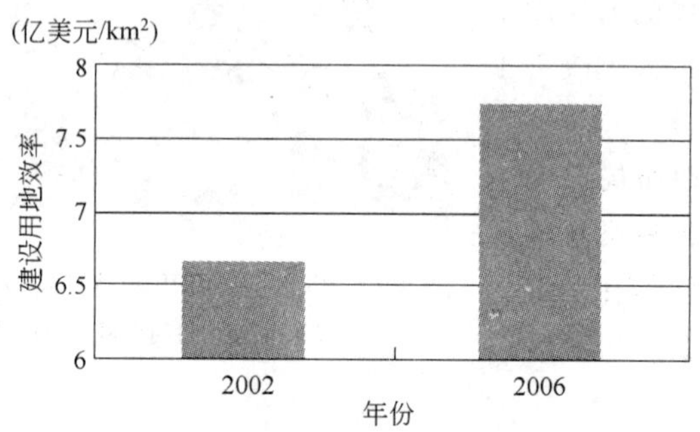

图 3-8　2002 年与 2006 年纽约市建设用地效率变化

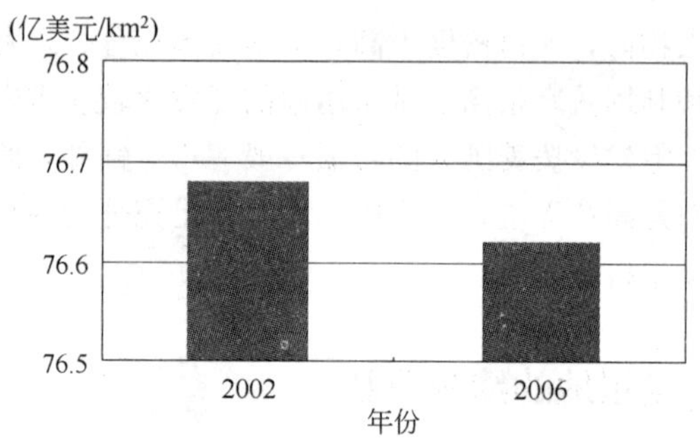

图 3-9　2002 年与 2006 年纽约市商用用地效率变化

3.5　结论与启示

(1) 纽约市的公园、运动场这类休憩用地，基本保持在 25%的用地比例，人均绿化面积已达 $10m^2$ 以上。在这方面欧洲和美洲的城市绿化一直比较良好，特别是伦敦，高达 $25.4m^2$。而上海近几年加大了对绿化的投入，人均绿化面积不断上升，但目前市区人均绿化面积仅为 $4.6m^2$，与国际大都市相比还有很大的差距。

(2) 1988 年纽约市道路面积为 $250km^2$，占全市建设用地的 30%。国际大都市的人均道路面积均在 $10m^2$ 以上，而美国纽约市达到 $24m^2$。在这方面，上海仅为 $1.37m^2$，道路用地占总用地的比例仅为 2.98%。只有足够的道路交通用地，才能与人流、物流极度密集的城市中心相匹配。

(3) 纽约市的立体化发展充分利用了土地，省出更多的面积用来绿化。而绿化又可以带动周边物业的发展，曼哈顿最大的公园——中央公园面积有 240hm²，围绕中央公园的公寓目前是纽约最贵的住宅。“公园物业”带来周边开发热潮的现象在国际上已相当普遍。而在用来购买纽约中央公园用地的费用中，32%是由周边地产所有者负担的，并且总面积大约为公园面积 4 倍的公园周边地区被划入这一受益者负担地区。这种按照谁受益谁负担的原则进行的公益性建设，目前已成为市场经济下进行城市建设的国际通用准则之一，应该大力推广。

(4) 由于纽约市建设用地规模多年来已较稳定，因此可以认为纽约市的土地利用已逼近一个适合居住的极限。根据这一推断，我们采用已经趋于稳定的纽约市人口及其用地面积，可以进一步计算出纽约市人均城市建设用地的极限（表 3-9）。

纽约市每万人建设用地面积及道路面积 **表 3-9**

人口（万人）	建设用地面积（km²）	道路面积（km²）	每万人建设用地面积（km²）	每万人道路面积（km²）
827	619.26	250.00	0.75	0.30

计算出这一极限，可以为其他国际大都市制定其土地利用规划，推算各自的用地极限起到一定的借鉴和指导作用。

本章参考文献

[1] 谢芳 回眸纽约 [M]. 北京：中国城市出版社，2002.

[2] New York City Department of City Planning. New York City Land Use facts [EB/OL]. http://www.nyc.gov/html/dcp/html/landusefacts/landusefactshome.shtml.

[3] U.S. Census Bureau Population Division. Population and Household Economic Topics [EB/OL]. http://www.census.gov/population/www/index.html.

[4] U.S. Census Bureau Population Division. Economic Census [EB/OL]. http://www.census.gov/econ/census/.

[5] 林志群. 1991 年我国城市建设用地分类统计的初步分析 [EB/OL]. http://www.zzyfdc.com.cn/News_show.asp? Newsid=2334.

[6] 卞继. 纽约大都市的发展经验 [J]. 国外城市规划，1994，(1)：16-19.

[7] 武廷海. 纽约大都市地区规划的历史与现状——纽约区域规划协会的探索 [J]. 国外城市规划，2002，(2)：3-7.

[8] 石崧，宁越敏. 平衡大都市区空间结构的基础：都市区绿地系统 [J]. 国外城市规划，2005，(6)：21-26.

[9] 王旭. 20 世纪美国城市空间结构的变化及其理论意义 [J]. 南通大学学报(社会科学版)，2005，(6)：11-13.

[10] 王志平. 纽约市的 GDP 到底是多少——兼论上海与纽约的 GDP 比较 [J]. 上海经济研究，2005，(2)：67-72.

[11] 张绍梁. 上海进一步发展的城市空间结构探索 [J]. 城市规划学刊，2006，(5)：22-29.

第 4 章
东京大都市建设用地规模与结构变化分析

4.1 东京大都市空间范围及建设用地内涵的界定

4.1.1 东京大都市的空间范围界定

东京都是日本的政治、经济、文化中心，是日本的海陆空交通枢纽，是现代化国际都市和世界著名旅游城市之一。东京都位于本州岛关东平原南端，大致位于日本列岛中心，东南濒临东京湾，通连太平洋，东部以江户川为界与千叶县连接，西部以山地为界与山梨县连接，南部以多摩川为界与神奈川县连接，北部与埼玉县连接。

东京都下辖 23 个特别区、26 个市、5 个镇、8 个村，面积 2187km^2，2007 年人口达 1279 万人，是世界上人口最多、面积最大的现代化国际城市之一。东京都 23 个特别区的面积为 621.8km^2，占东京都总面积的 28%；2007 年人口达到 857.8 万人，人口密度为每平方公里 1.38 万人。

按照国土厅分类，全国被分为“大都市圈”和“地方圈”两大块，“大都市圈”为东京圈、关西圈和名古屋圈三大城市群，三大城市圈以外为地方圈。东京圈由东京都和三个邻县(埼玉、神奈川、千叶)组成，总面积 13368km^2，占全国面积的 3.5%；人口则多达 3463 万人，占全国人口的 27%；GDP 更是占到日本全国的 1/3，城市化水平达到 80%以上。

另外日本制定了诸多法律对三大城市圈进行整治，此三大城市圈指首都圈、近畿圈和中部圈。首都圈由东京都及埼玉、神奈川、千叶、群马、栃木、茨城、山梨 7 县组成，总面积为 36436km^2(表 4-1、图 4-1)，占日本国土的 10%，约相当于上海的 6 倍，长江三角洲经济区的 1/3。2006 年首都圈人口为 4252 万人，占日本总人口的 33.2%，相当于上海人口的 2.5 倍。

东京大都市空间范围界定　　表 4-1

		土地面积(km^2)	人口(万人)	人口密度(人/km^2)	范围界定
东京	东京都区部	621.8	857.8	13800	东京都区部(23 个区)
	东京都	2187	1279	5848	东京都(23 区、26 市、5 镇、8 村)
	东京圈	13368	3463	2591	东京都及埼玉、神奈川、千叶 3 县
	首都圈	36436	4252	1167	东京都及埼玉、神奈川、千叶、群马、栃木、茨城、山梨 7 县

注：东京都及区部人口为 2007 年数据，东京圈和首都圈人口为 2006 年数据. 数据来源：日本统计年鉴.

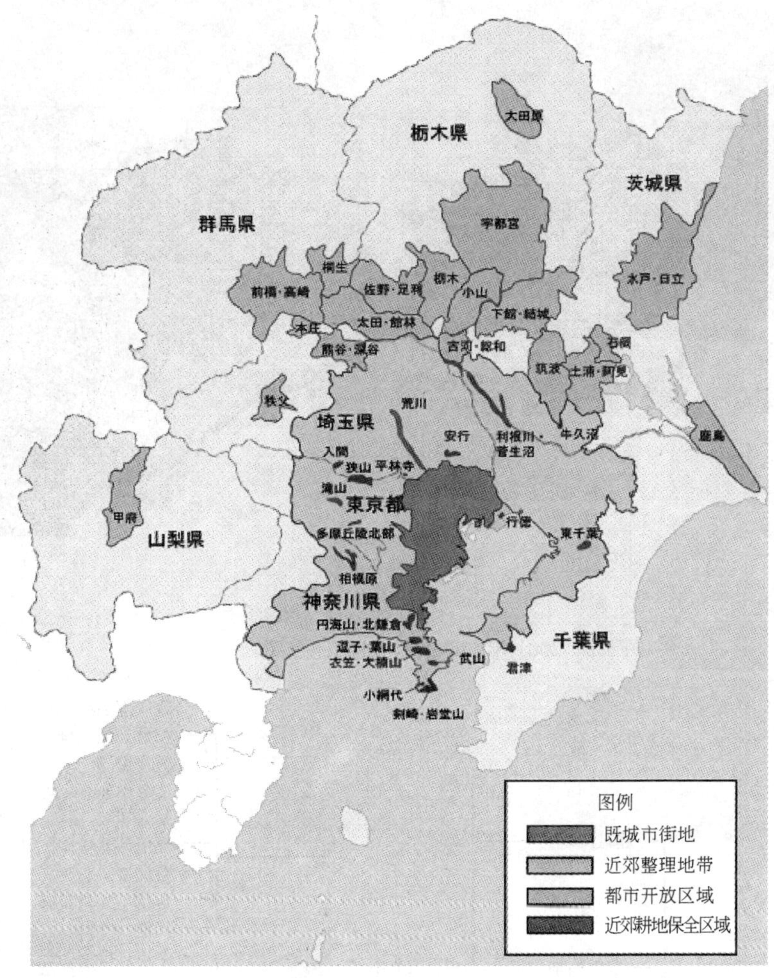

图 4-1　首都圈区划图

数据来源：第五次首都圈整备计画.

4.1.2　东京大都市建设用地内涵界定

日本是以土地私有制为主的国家。根据 2006 年土地所有和利用概况，日本国有土地和公有(地方公共团体所有)土地面积占 28.5%，其中国有土地大部分属不毛之地，私有土地占 43.6%，还有所有主体不明的土地占 27.9%(不明原因主要是登记面积和实测面积的差异、免税土地和固定资产价格尚在汇总的土地面积、不能形成实体的道路水路面积)。其中，东京都国公有土地面积为 37283hm²，占东京都面积的 17.1%，私有地面积为 105162hm²，占 48.1%，不明土地占 34.9%。尽管土地私有，土地的使用仍由国家或地方规划控制。

根据东京土地用途(图 4-2)，其土地利用分类如图 4-3 所示。

其中，室外用地指由简单设施组成的，包括室外停车场、展示场、高尔夫练习场、网球场、物资放置场等土地。

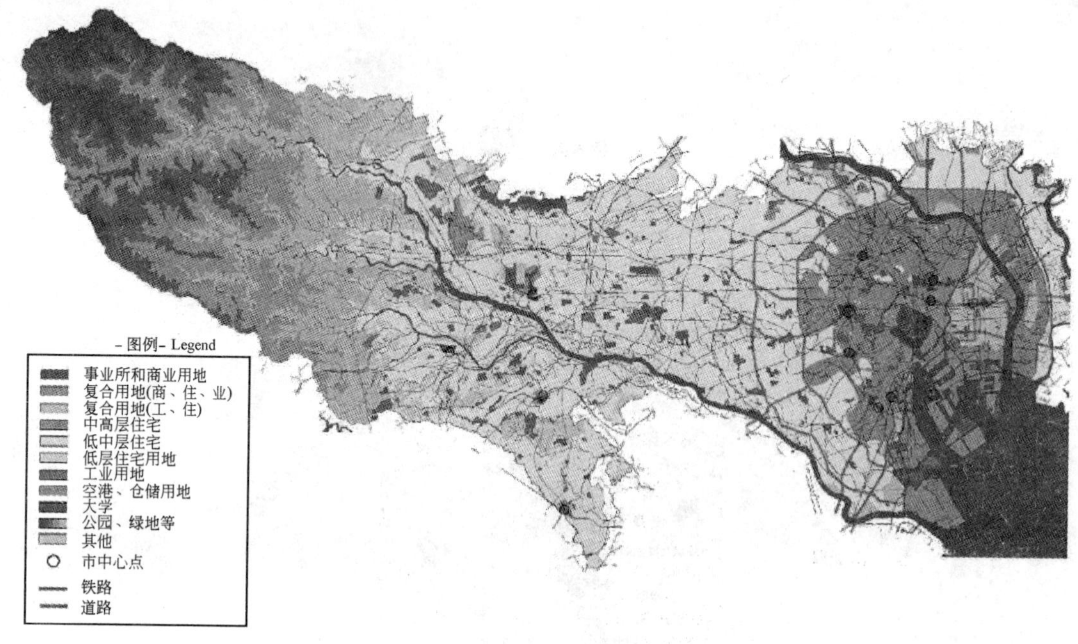

图 4-2　2001 年东京土地利用概况

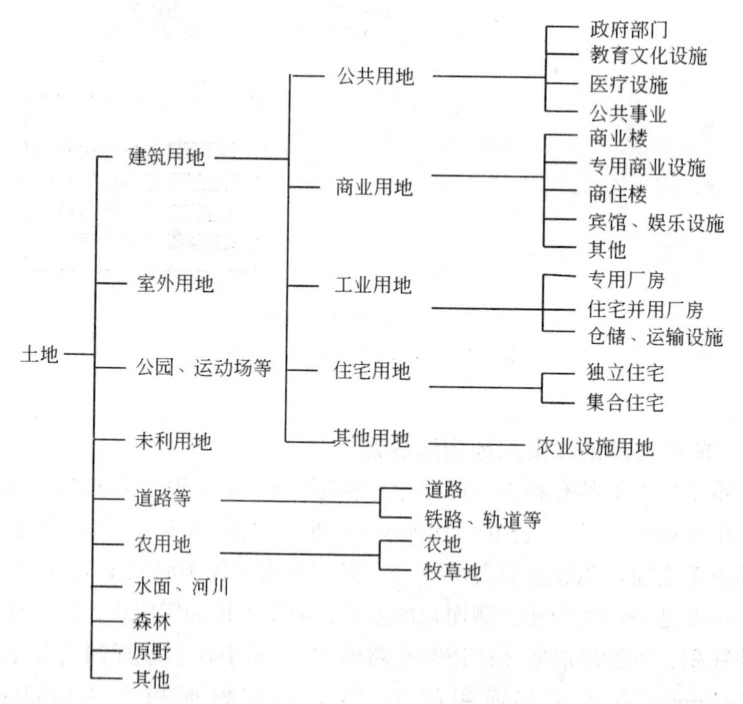

图 4-3　东京土地利用分类

未利用地指以修建建筑用地、填平等为目的的由人工正在进行改造中的土地，以及由人工土地整理后，但目前尚未利用的土地。

公园、运动场等包括公园、动植物园、墓地、寺院的园内土地、游园用地等的公共设施及综合运动场、竞技场、棒球场等用于运动竞技的设施用地。

针对数据获取的有效性和数据的实用性，本文在分析城市用地规模时仅将建筑用地（包括商业用地、工业用地、住宅用地和其他建筑用地）作为城市建设用地来考量。而在分析城市用地结构时，为确切知晓城市各类用地的变化，采用土地利用调查中使用的土地分类方法，即图 4-3 的土地分类方法。

4.2 东京大都市建设用地规模变动特点及影响因素分析

4.2.1 东京大都市建设用地规模变动特点

从 1920 年至今，东京都的私有土地面积具有逐渐减少的趋势，但是城市建筑用地却逐渐增加，相对的耕地、林地则逐渐减少（表 4-2）。

1920～2000 年东京都土地利用状况（私有地） 表 4-2

年份	总面积（hm^2）	建筑用地		田地		山林	
		面积（hm^2）	占总面积比例（%）	面积（hm^2）	占总面积比例（%）	面积（hm^2）	占总面积比例（%）
1920	141998	12689	8.9	57356	40.4	42015	29.6
1940	124667	24162	19.4	45998	36.9	37487	30.1
1960	104898	33614	32.0	34873	33.2	34572	33.0
1980	97625	49685	50.9	13511	13.8	28013	28.7
2000	91997	54338	59.1	8385	9.1	24432	26.6

资料来源：続・やさしい社会科教室「江戸東京における都市の成長と社会の変化について考えてみよう」.

根据 1994～2007 年东京都土地利用类别统计，城市规模和建筑用地规模变化如表 4-3 所示。20 世纪 90 年代末期，东京城市规模逐渐缩小并趋于稳定，但是城市内部的建设用地规模仍在逐年增长（图 4-4）。1994 年东京都建筑用地占总用地的比重为 48.66%，2007 年上升至 53.77%。在此期间，东京都人均建筑用地面积呈现先微升后微降的态势，大体稳定在 44～46m^2/人左右（表 4-4）。

1994～2007 年东京都各种用地总规模及建筑用地规模变化 表 4-3

年份	总计（包括宅田林等，hm^2）	建筑用地（hm^2）				
		小计	商业用地	工业用地	住宅用地	其他用地
1994	111305.24	54166.32	4426.09	4666.32	43889.65	1184.26
1995	107494.07	54322.77	4416.53	4616.01	44104.18	1186.05
1996	107223.19	54457.99	4411.63	4669.04	44181.77	1195.52
1997	106844.97	54513.63	2746.75	4039.87	46701.46	1025.58
1998	106571.94	54704.56	2751.97	4048.34	46865.35	1038.82
1999	106376.02	54825.59	2753.89	4033.98	46993.12	1044.62
2000	106192.02	55058.32	2695.46	4018.67	46950.78	1393.45
2001	103363.46	55036.57	2713.34	4022.92	46986.63	1313.70
2002	103156.85	55296.42	2716.74	4038.43	47209.94	1331.31
2003	102948.79	55414.27	2666.61	3872.55	47625.01	1250.10

续表

年份	总计(包括宅田林等，hm^2)	建筑用地(hm^2)				
		小　计	商业用地	工业用地	住宅用地	其他用地
2004	102763.16	55699.91	2699.87	3865.13	47883.40	1251.51
2005	102581.84	55914.85	2713.76	3849.27	48095.56	1256.25
2006	105162.38	56285.41	2722.19	3653.07	48640.01	1270.14
2007	104950.46	56430.99	2727.92	3642.67	48783.83	1276.55

数据来源：东京统计年鉴。统计的土地为固定资产税的土地。

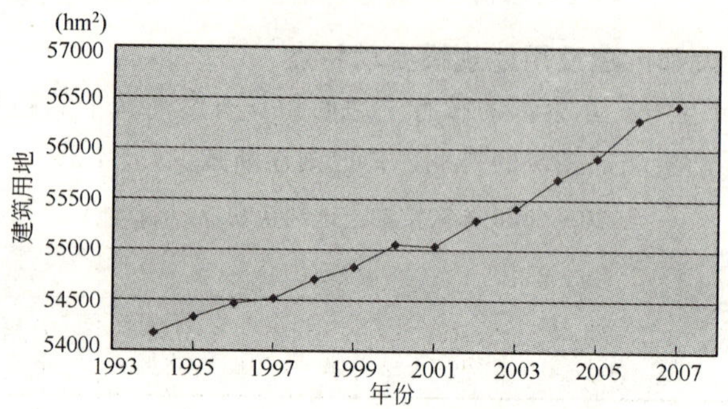

图 4-4　1994～2007 年东京都建筑用地规模变化

1994～2007 年东京都人均建筑用地规模变化　　**表 4-4**

年份	人口(人)	人均建筑用地(m^2/人)	年份	人口(人)	人均建筑用地(m^2/人)
1994	11791565	45.94	2001	12178176	45.19
1995	11773605	46.14	2002	12292467	44.98
1996	11789799	46.19	2003	12388222	44.73
1997	11838466	46.05	2004	12477934	44.64
1998	11904007	45.95	2005	12576601	44.46
1999	11973385	45.79	2006	12677921	44.39
2000	12064101	45.64	2007	12790202	44.12

1994～2007 年东京都工业、商业和住宅建设用地规模的变化如图 4-5～图 4-7 所示，各种建筑用地在 1996～1997 年间都有一个较大的起伏，其主要原因是受到日本泡沫经济的影响。其余年度商业用地都在缓慢增长，工业用地逐年递减，而住宅用地规模快速增加。尽管工业用地和住宅用地之间此消彼长，但住宅用地所占比重较大，仍然导致城市建设用地规模扩大。

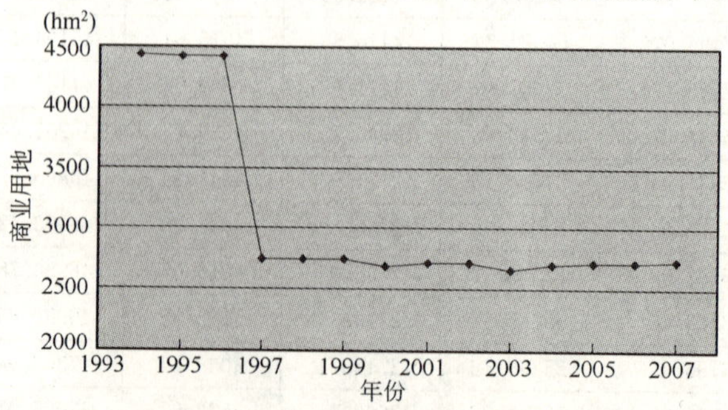

图 4-5　1994～2007 年东京都商业用地规模变化

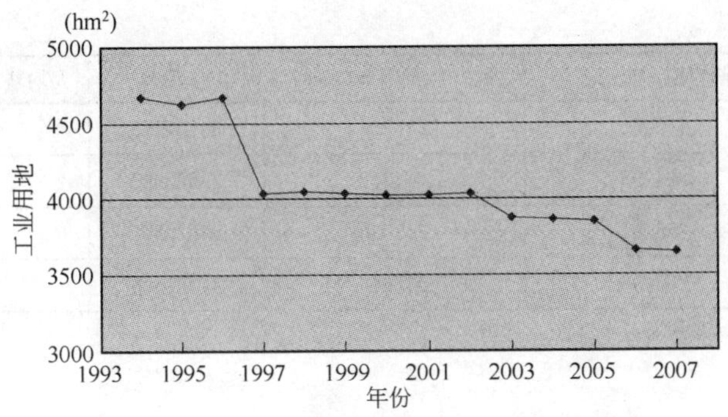

图 4-6　1994～2007 年东京工业用地规模变化

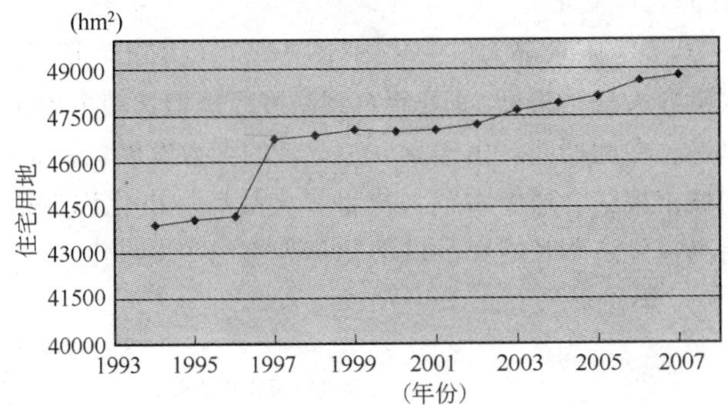

图 4-7　1994～2007 年东京都住宅用地规模变化

1987 年东京圈的建筑用地面积为 2854km²，占总面积的 21.1%，农用地占 27.5%，森林、荒地等占 39.5%(图 4-8)。直到 2001 年，建筑用地上升到 2896km²，此后具有减少的趋势。2001 以后，东京圈人口仍在逐年增加，但人均建筑用地却在下降(表 4-5)。

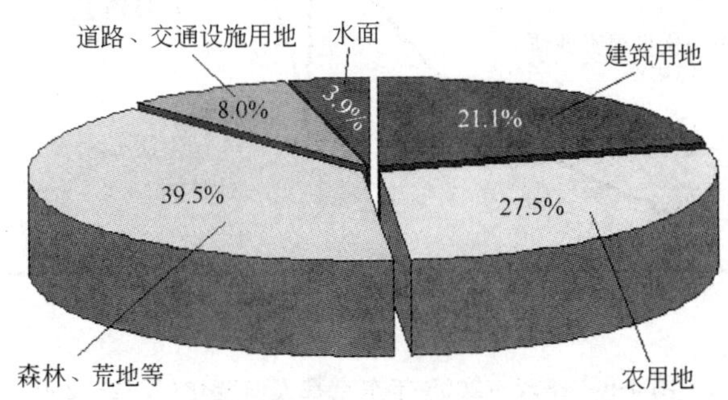

图 4-8　1987 年东京圈各用地比例

数据来源：近代化による都市的土地利用の变化と地域政策.

2001～2007 年东京圈建筑用地规模变化　　　　表 4-5

年份	全部建筑用地(hm²)	私有建筑用地(hm²)	人口(人)	人均建筑用地(m²/人)
2001	289625	240229	33069045	87.58
2002	290936	241595	33267554	87.45
2003	292207	242837	33475880	87.29

续表

年份	全部建筑用地(hm²)	私有建筑用地(hm²)	人口(人)	人均建筑用地(m²/人)
2004	293480	244202	33664173	87.18
2005	284234	244202	33823390	84.03
2006	285951	245833	33823390	84.54
2007	285495	247646	34022326	83.91

数据来源：国土交通省土地统计情报.

4.2.2 影响因素分析

1. 东京都的人口变化

由 1872～2005 年东京都人口变化图(图 4-9)可以看出，除了太平洋战争期间，从第一次世界大战结束即 1918 年直到高度经济增长结束即 1973 年，东京都人口增长迅速。在此期间，由于京滨工业带的大力发展，就业机会增多，使得地方人口向城市聚集。通常将第一次世界大战后城市化称为第一次城市化，太平洋战争后高速经济增长时期的城市化称为第二次城市化。

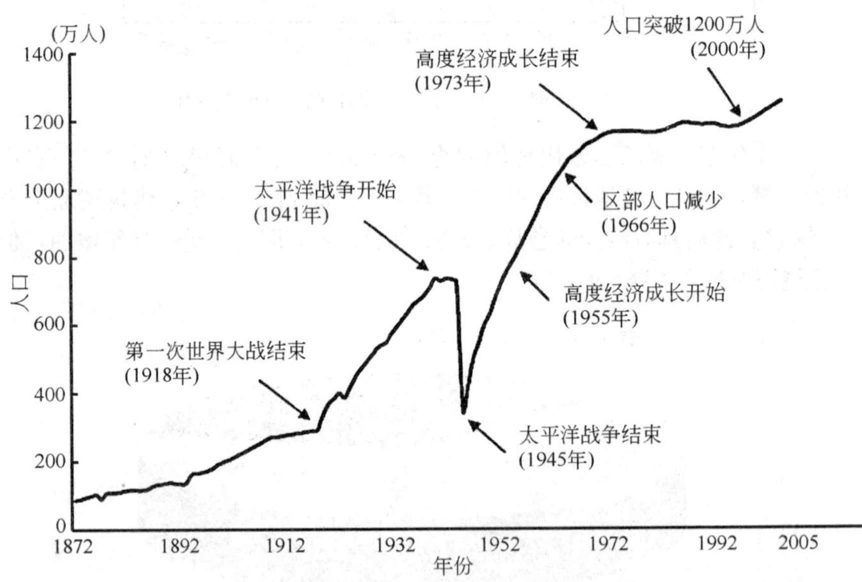

图 4-9 1872～2005 年东京都人口变化(1872～2005)

资料来源：続・やさしい社会科教室，江戸東京における都市の成長と社会の変化について考えてみよう.

从图 4-10 可以看出 1965 年以后东京都人口增长开始变得缓慢，并且中心城区人口逐渐减少，同时从表 4-6 中也可以看出，东京人口在此期间出现了离心化的现象，直到 1995 年，人口重新向城市核心区回归。人口离心化的主要原因是城市中心聚集了过多的商业、工厂，人口密集，导致生活环境恶化，人口外迁。

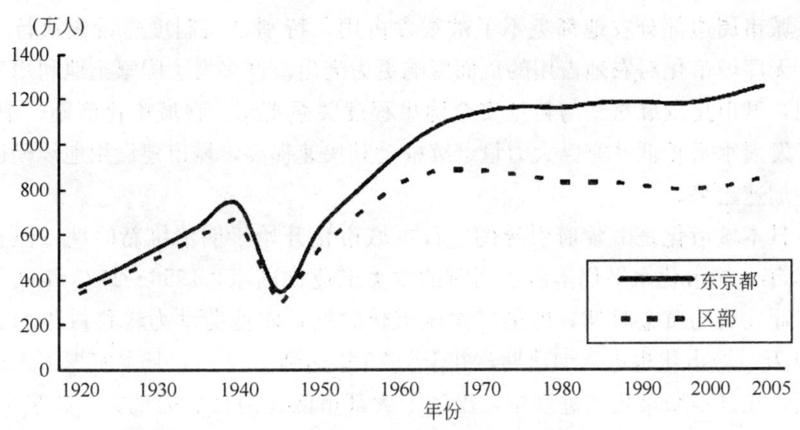

图 4-10 1920～2005 年东京都和中心城区人口变化

资料来源：続・やさしい社会科教室「江戸東京における都市の成長と社会の変化について考えてみよう」.

东京城市核心区 3 区、中心城区、东京都、毗邻县人口变化 表 4-6

年 份	城市核心区(万人)	中心城区(万人)	东京都(万人)	毗邻县(万人)
1908	67			
1920	82	336	370	398
1940	77	678	735	538
1960	55	831	968	818
1980	34	835	1162	1708
1995	24	797	1177	2080
2000	27	813	1206	2135
2005	33	848	1257	2190

资料来源：続・やさしい社会科教室「江戸東京における都市の成長と社会の変化について考えてみよう」；城市核心区：千代田、中央区和港区；中心城区指 23 区：足立区、荒川区、板橋区、江户川区、大田区、葛饰区、北区、江东区、品川区、涩谷区、新宿区、杉並区、墨田区、世田谷区、台东区、中央区、千代田区、豊岛区、中野区、练马区、文京区、港区、目黑区；毗邻 3 县指东京圈除东京都外三县，即埼玉、神奈川、千叶.

2. 人口增长和城市化是城市建设用地扩张的基础动力

东京都的人口 1945 年为 348 万，1955 年为 455 万，十年增长了 30％多。由于人口增长迅速，城市扩张迅速。20 世纪 50 年代末至 60 年代初日本经济恢复到战前水平，并进入经济高速增长期，由于工业的快速发展以及城市化进程加速创造了大量就业机会，人口向城市急速流入和集中，1966 年东京人口比 1955 年又增长了 20.5％，带动工业用地和住宅用地需求的增加，使得城市规模继续扩大。1973 年的中东石油危机，成为日本城市化水平逐渐稳定的转折点，同时也是日本经济发展与国土资源保护由相互冲突到互相促进的转折点。从 20 世纪 70 年代初期到 20 世纪 90 年代初期，东京城市扩张速度渐缓。

城市化是现代经济社会发展的内在要求和必然趋势，最直观表现就是城市建成区面积扩大，但这需有一定数量土地作保证。无论采用何种城市扩张模式，城市周边部分农地都免不了被蚕食占用，特别是当制度建设或执行不力时，无序城市化对农地占用的负面影响更为突出。许多发达国家土地利用变化表明，城市化发展水平与耕地安全隐患程度关系密切，在城市化前期、中期，由于发展水平较低并有巨大力量继续推动其快速提高，城市建设用地规模往往出现加速趋势。

日本城市化是由政府引导的，日本城市化开始于明治维新时期，但直到1940年，城市化水平仍落后于当时的欧美工业化国家。1956～1973年间是日本工业发展的黄金时期，即第二次城市化时期，农业劳动力转移量年均达到42.9万，城市化也进入加速期，并于1975年达到75.9%，基本实现了人口城市化。在日本城市化的进程中，出现了大都市区超前发展的现象，如东京圈、大阪圈、名古屋圈等。在全国城市化大背景下，东京作为经济中心，其城市化扩张也成为必然。

3. 地价对城市建设用地规模的影响

战后日本曾出现过三次地价上涨幅度较大的情况。第一次是在1961年前后，由于政府提出国民所得倍增计划，促进了工业的高速发展，因而产生了对工业用地需求的增加，由此导致了以工业用地为主的地价上涨。第二次地价大幅度上涨是在1973年前后，随着著名的“日本列岛改造论”的提出而产生了以住宅用地为主的地价上涨。第三次地价上涨自1985年前后开始至1990年左右结束(图4-11)，这次地价上涨以六大城市中商业用地为中心，此次地价上涨可以说是以东京的中心商业用地为起源。地价上涨自然造成土地资源过度开发，城市建设用地大规模扩大。20世纪90年代以后地价下滑并趋于稳定。

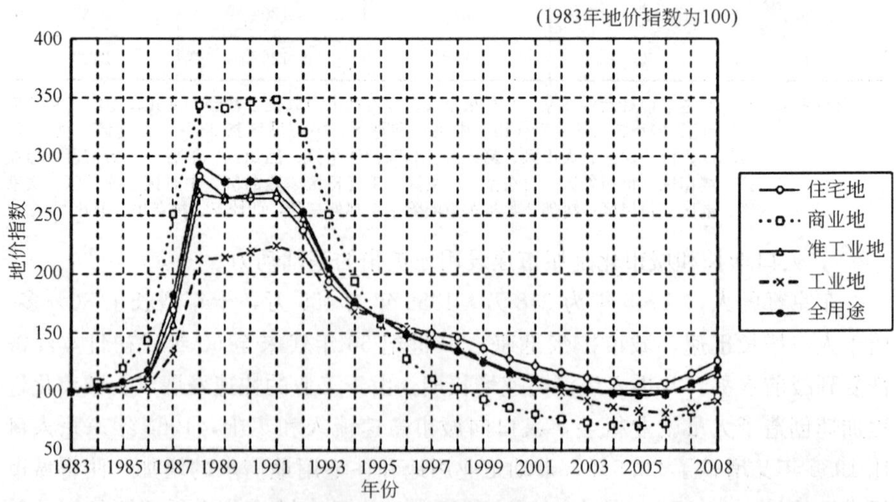

图4-11　1983～2008年东京各种用途土地地价指数变化(以1983年为基数)

4. 城市功能转型对城市建设用地的影响

根据工业化普遍规律，农地非农转移速度在工业化前期较缓，但在快速发展时期有所加剧，而到了工业化后期则又逐渐趋缓；与农地变化相对，工业化过程中工业用地增加呈现出类似的由缓到快再转缓的总体态势。1956～1973年是日本工业发展黄金时期，而1966～1973年更是关键阶段，除重化工业得到大发展(占工业总产值60%左右)外，农业劳动力年均非农转移40万人以上，为日本在20世纪80年代初期基本完成工业化奠定了基础。日本在工业化高涨时期，工业用地所占比重较大，城市扩张较快，而在20世纪80年代后期，区域分工决定了其产业定位转向第三产业为主，工业企业逐步向城市周边区域扩散和转移。工业用地相对收缩，而第三产业的就业人口增加使得商住用地和公共服务用地相对扩张。

5. 城市空间扩张模式对城市建设用地规模的影响

由于包括土地在内的各种自然资源十分有限，东京的发展有别于欧美国家城市在发展过程中低密度、粗放式的扩张模式，而是采取了以便利、完善的基础设施为基础，形成疏密相间、适度集中、集约化发展格局的模式。东京都市圈的五次综合规划都体现了以产业、居住、交通、环境等为主题的规划理念，并制定出了相应的行动纲领。如针对人口膨胀、商务办公云集、“一极集中”矛盾尖锐，交通与环境污染等大城市通病日益恶化等问题，在日本逐渐形成了“多核心型”城市结构理论，即“控制商务功能向中心区的继续集中，使其向副中心疏散，促进就业和居住平衡接近的城市”。为了分担日益向东京中心集中的商务办公功能，第三次规划(1976年)和第四次规划(1986年)分别提出构建以商务核心城市为中心，独立的自立型都市圈，最终形成“区域多核心功能分散”的都市圈结构。这种“多极集中”的发展模式自然会对城市建设用地规模的扩张产生巨大影响。

6. 城市规划对建设用地规模的影响

对于日本这样一个人多地少的国家来说，合理开发利用土地，提高土地利用效率是极为重要的。尽管日本是以土地私有制为主的国家，日本的城市用地供应总量主要通过土地规划进行控制，同时在制定、实施土地利用规划时，十分重视以法律手段保障规划工作的顺利开展和规划内容的具体实施。日本土地规划体系由国土综合开发规划、国土利用规划、土地利用基本规划和城市规划等构成。国土综合开发规划又分为全国国土综合开发规划、大都市圈整治建设规划、地方开发促进规划和特定地域发展规划等。各种规划分工明确，重视部门协调、专家审议和公众参与。任何土地未经规划不得开发，使用土地必须按照规定的用途，未经规划盲目开发以及违反规划规定的用途皆属违法，规划的修改也必须按照原制定规划的程序等。到目前为止，日本已完成了五次国土综合开发规划，东京圈依据全国国土规划也经历了五次土地利用规划和都市整备计划。自1960年起，东京每五年进行一次详细的土地利用调查，对规划实施状况进行监督。

4.3 东京大都市建设用地结构特点及影响因素分析

2007年东京都中心城区面积约62181hm^2，根据东京都中心城区土地利用现况调查，1986～2006 年中心城区土地利用结构如表 4-7 所示。中心城区建筑用地、室外用地、水面在 1996 年形成了一个拐点，建筑用地在 1986～1996 年之间减少，在 1996～2006 年却有增加的趋势；室外用地、水域却是先增加后减少，可见土地利用效率在逐年提高。公园、运动场和道路用地面积连年增加，说明了东京对基础设施建设的重视。近年来，住宅用地增加较快，而工业用地、农用地等则逐渐减少。

东京都中心城区土地利用结构(%) **表 4-7**

项目		1986 年	1996 年	2001 年	2006 年
建筑用地	小计	56.6	55.9	56.6	57.2
	公共用地	—	15.4	15.6	15.4
	商业用地	—	16.6	16.5	16.4
	住宅用地	—	55.9	56.8	58.2
	工业用地	—	12.1	11.0	10.0
	其他用地	—	0.1	0.1	0
公园、运动场等		5.4	6.0	6.1	6.3
未利用地		5.9	4.0	3.3	3.1
室外用地		5.1	5.3	5.1	4.7
道路等	小计	19.2	21.0	21.1	21.8
	其中：交通设施	2.5	2.8	3.0	3.0
水域		4.2	5.1	5.3	4.9
农用地		2.8	1.7	1.4	1.1
森林		0.2	0.1	0.1	0.1
原野		0.5	0.8	0.9	0.8
其他		0.1	0.1	0.1	0.1
总计		100	100	100	100

东京的城市土地利用结构与东京城市功能和结构相互对应，主要体现在以下几个方面：

(1) 商业楼宇所占比例较高。作为日本最大的经济中心，全国 1/4 的公司集中在东京，在资产达 50 亿日元的公司中，90%集中在千代田区、中央区和港区。所以城市核心三区的商业楼宇比重都超过了 20%。中央区最高达 43.1%，千代田区为 35.5%，港区为 23.6%。

(2) 教育文化设施占地比例突出。2006 年教育文化设施用地占东京都中心城区的 10.1%，其中文京区达到 23.2%。体现了教育文化在东京经济中的重要地位。除政治、经济、商业、金融外，东京还是日本的文化、艺术、教育和高科技集聚中心。这里有大学近 200 所，占全国的 49%。其中有著名的东京大学、早稻田大学、明治大学等。东京的文化机构也很集中，全国 80%的出版社、报社集中在东京，各地方的民间广播局都在东京设有分社。

(3) 工业用地不但逐渐减少而且比例较低。东京 23 个中心城区专用厂房和住宅并用厂房两项合计为 5.0%，其中千代田区两项为 0.3%，中央区两项为 1.4%，港区两项为 1.5%(表 4-8)。其主要原因就是 20 世纪 70 年代以来日本产业升级和制造业的区位转移。自1970年以来，日本第二产业增长处于停滞状态，就业人口大量转移到第三产业，尤其企业服务业增长速度最快。

2006年东京都中心城区城市建筑用地结构(%)　　表4-8

总　计		中心城区	千代田区	中央区	港区	文京区
		100	100	100	100	100
公共设施	政府部门	1.7	30.1	3.2	8.8	1.0
	教育文化设施	10.1	12.3	4.9	12.7	23.2
	医疗设施	1.6	1.1	1.7	1.6	2.3
	公共事业	2.0	0.2	4.4	2.2	0.3
商业用地	商业楼	6.0	35.5	43.1	23.6	7.6
	专用商业设施	2.3	2.5	4.9	2.6	0.5
	商住楼	6.4	3.8	8.3	4.8	6.9
	宾馆、娱乐设施	0.8	3.7	2.3	5.6	1.6
	其他	0.8	0.6	0.3	0.8	1.5
居住用地	独立住宅	33.1	1.8	4.3	8.9	29.6
	集体住宅	25.1	5.7	15.6	22.3	21.7
工业用地	专用厂房	3.2	0.1	0.6	0.9	0.8
	住宅并用厂房	1.8	0.2	0.8	0.6	1.7
	仓储、运输设施	4.9	2.4	5.8	4.7	1.4

(4) 投资额居高不下且消费结构升级，基础设施和消费用地需求旺盛。根据国际经验，当一个国家或地区人均GDP从1000美元向3000美元迈进时，居民消费结构明显升级。东京恩格尔系数显著下降，衣着类、家庭设备及服务类消费也逐步下降，但交通通信、居住、文化娱乐教育等消费比重迅速上升。由于政府投资大多用于增强国家或地区经济发展后劲的基础设施建设，而这又最终落实到土地上，使得公共事业和基础设施占地增多。

4.4 东京大都市建设用地绩效分析

东京都的土地供给是有限的，城市建设用地增加就意味着农业生产和环境保护用地减少，平衡城市土地扩张和耕地保护是至关重要的。为了衡量东京城市土地扩张的绩效，本文采用城市建设用地单位产出的变化来进行比较分析。

城市建设用地单位产出＝城市当年GDP/(物价指数×当年建设用地面积)

东京都自1995年以来城市建设用地单位产出、商业用地单位产出和工业用地单位产出见表4-9、表4-10。由于20世纪90年代泡沫经济的影响，东京单位建设用地产出除在1997～1998年略有下降外，其余年度都呈上升趋势(图4-12)。商业用地单位产出在1996～1999年出现较大波动，之后缓慢增长(图4-13)。工业用地单位产出总体上呈下降趋势，尤其在1998年之后大幅度减少，2005年下降到每公顷22.822亿日元，2006年之后又缓慢回升(图4-14)。总体上看，商业用地单位产出明显高于工业用地。

东京都土地利用绩效　　表 4-9

年份	物价指数	东京 GDP（10 亿日元）	建设用地单位产出（亿日元/hm²）	商业产值（10 亿日元）	商业用地单位产出（亿日元/hm²）	工业产值（10 亿日元）	工业用地单位产出（亿日元/hm²）
1995	1.000	84100.20	15.482	22869.20	51.781	15076.50	32.661
1996	1.000	85573.70	15.714	22795.80	51.672	14978.50	32.080
1997	1.013	86374.20	15.646	22813.70	82.017	14888.60	36.393
1998	1.020	84680.90	15.169	21868.80	77.871	14159.90	34.275
1999	1.017	85429.90	15.328	31625.40	112.965	10356.90	25.255
2000	1.007	86109.40	15.534	30880.90	113.789	10099.30	24.960
2001	0.996	89047.00	16.243	30277.60	112.025	9323.40	23.266
2002	0.985	88206.40	16.188	30369.40	113.446	8803.00	22.122
2003	0.981	88672.70	16.304	30569.30	116.802	8590.20	22.601
2004	0.980	89991.30	16.478	30995.90	117.090	8484.40	22.388
2005	0.976	92269.40	16.914	32378.00	122.293	8570.60	22.822
2006	0.977	94066.20	17.113	32842.00	123.538	8785.20	24.625
2007	0.979	96172.50	17.416	33616.80	125.935	8872.50	24.891

注：①工业产值是指制造业产值，商业产值包括批发、零售业和金融、保险业。②物价指数以 1995 年为基期（即 1995 年物价指数为 1.000）.

东京单位建设用地产出　　表 4-10

年份	汇率	建设用地单位产出（亿美元/km²）	商业用地单位产出（亿美元/km²）	工业用地单位产出（亿美元/km²）
1995	94.05	16.461	55.057	34.728
1996	108.77	14.447	47.506	29.494
1997	121.02	12.929	67.771	30.072
1998	130.89	11.589	59.493	26.186
1999	113.85	13.463	99.223	22.183
2000	107.74	14.418	105.615	23.167
2001	121.52	13.367	92.187	19.146
2002	125.28	12.922	90.554	17.658
2003	115.92	14.065	100.761	19.497
2004	108.16	15.235	108.256	20.699
2005	110.15	15.356	111.024	20.719
2006	116.28	14.717	106.242	21.178
2007	117.77	14.788	106.933	21.136

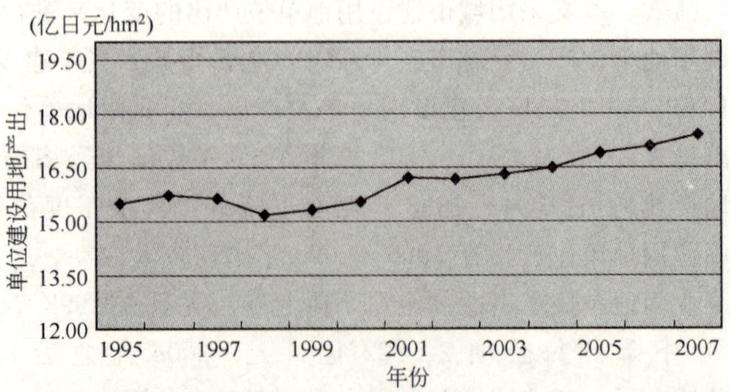

图 4-12　1995～2007 年东京单位建设用地产出变化

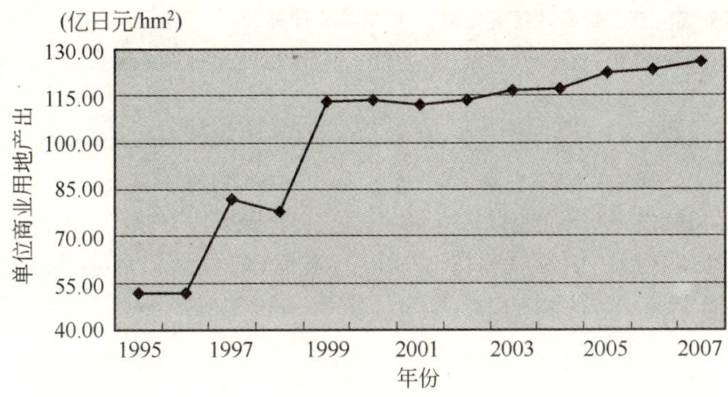

图 4-13　1995～2007 年东京单位商业用地产出变化

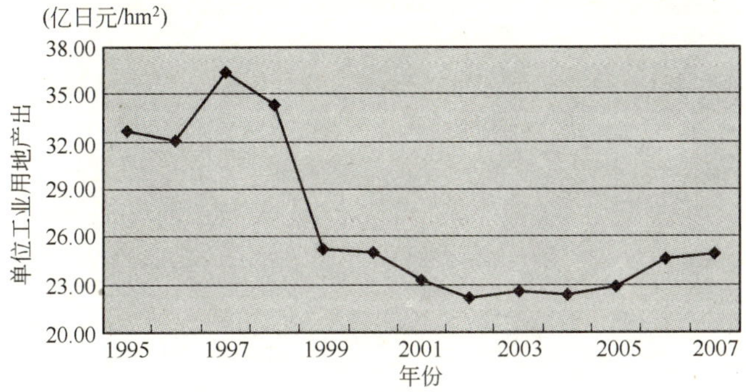

图 4-14　1995～2007 年东京单位工业用地产出变化

4.5　结论

城市建设用地规模由于受到经济发展水平、各种用地价格、城市的功能结构以及城市的发展规划等因素的影响，在不同发展阶段，不同的经济环境、城市功能定位和体制背景导致东京城市建设用地规模和结构呈现不同的变化。

总体上来说，20 世纪 90 年代中期以来，城市建设用地呈现理性增长，城市建设用地扩张以住宅用地扩张为主，商业用地的单位产出逐年增加。而东京城市土地利用结构的特点更加体现了城市土地利用是与城市功能结构密切相关的，如商业楼宇用地比例较高、教育设施及其他基础设施用地增多。而这些特点都与东京的政治、经济、文化中心地位是分不开的，东京的工业逐渐向总部经济转型，大的工业企业大都在东京设立总部，成为管理中心，而占地面积大的工厂逐步外迁，因此导致工业用地逐渐减少。众多金融、信息服务业等现代服务业云集，必然吸引更多的就业人口，随之而来的住宅用地、商业用地以及教育文化等基础设施必然增加。加上东京“多极集中”的发展模式，必然导致东京城市建设用地继续扩张。

本章参考文献

[1]　日本・总务省统计局．日本统计年鉴．1996～2008.

[2] 东京都总务局. 东京都统计年鉴 [M]. 东京都统计协会，1996～2008.
[3] 続・やさしい社会科教室. 江戸東京における都市の成長と社会の変化について考えてみよう [M]. 2007.
[4] Takashi TODOKORO. 近代化による都市的土地利用の変化と地域政策 [J]. 地域政策研究（高崎経済大学地域政策学会）第1卷　第3号，1999，3：267-284.
[5] 丹下健三. 日本东京城市规划(1986年方案) [J]. 华中建筑，1993，(1)：1-2.
[6] 张洁. 东京城市土地利用结构分析及其对中国大城市的启示 [J]. 经济地理，2004，24(6).
[7] 张季风. 日本国土开发规划 [M]. 北京：世界知识出版社，2004.

第 5 章
巴黎大都市建设用地规模与结构变化分析

5.1 巴黎大都市的空间范围及建设用地内涵界定

5.1.1 巴黎大都市的空间范围界定

巴黎既是法国的政治、经济、商业、文化和交通中心，也是一座国际性大都市。从空间上来看，有巴黎市、内环、外环、大巴黎地区(即巴黎大都市区)之别(表 5-1)。一般常用的是巴黎市和大巴黎地区。巴黎市区是指环形大道范围之内的老城区，面积为 105km^2，2005 年人口为 215 万人，人口密度为 20433 人/km^2(图 5-1)。

巴黎大都市区的空间范围界定(2005)　　**表 5-1**

		土地面积(km^2)	人口(万人)	人口密度(人/km^2)	范围界定
巴黎	巴黎市	105	215	20433	巴黎市区(20 个区)
	内环	657	426	6477	3 个近郊省
	外环	11249	499	426	4 个远郊省
	大巴黎地区	12011	1140	949	大巴黎地区(1 市 7 省)

资料来源：http：//en. wikipedia. org/wiki/Paris.

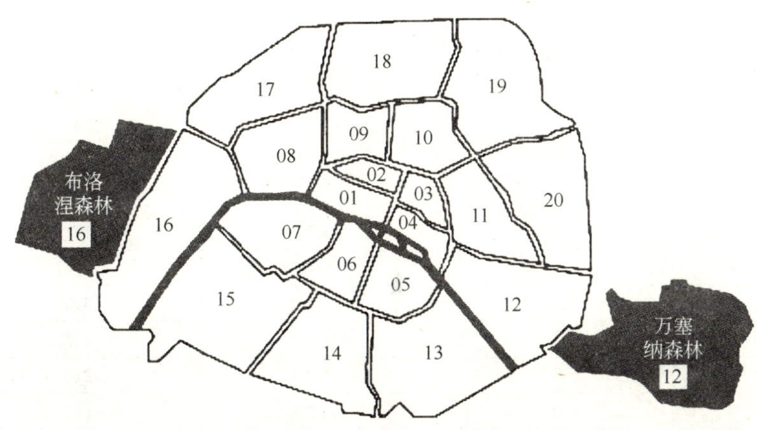

图 5-1　巴黎市行政区划图

大巴黎地区作为一级行政单位，出现在 1964 年法国行政体制改革以后，由巴黎市区和其他 7 个省共同组成(图 5-2)，2005 年土地面积 12011km^2，人口规模为 1140 万人，占全国人口总数的 18.7%；2005 年 GDP 为 5953 亿美元，占全国总量的28.5%，是欧洲GDP最高的地区，成为全球经济的引擎之一。此外，法国38%的企业、50%的科研力量、465所国立高等学校、171所职业培训中心、70%的保险公司、96%的银行都集中在大巴黎地区。法国各地区情况统计数字显示，大巴黎地区与法国其他大区相比，很多方面在法国都占有重要位置(表5-2～表5-4)。

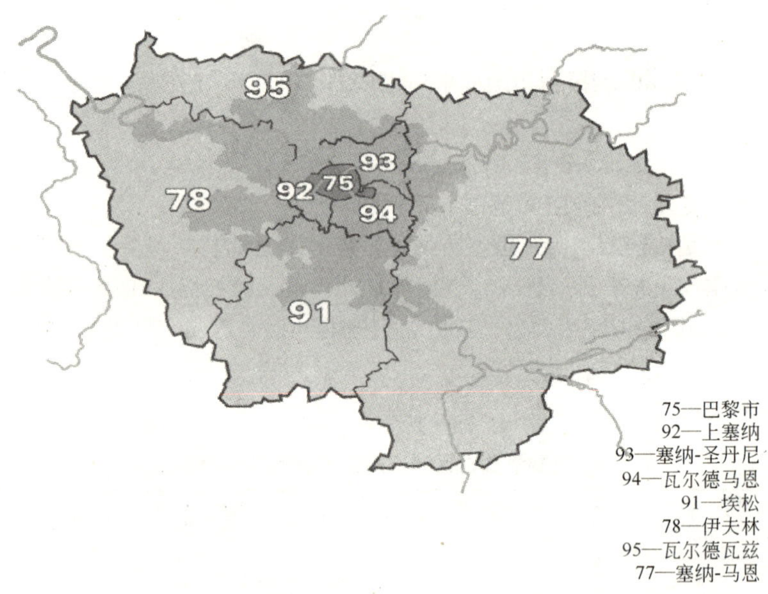

图5-2 巴黎大都市区行政区划图

1999年巴黎市20个区的面积与人口 **表5-2**

市 区	面积(hm²)	人口(人)	人口密度(人/km²)
1	183	16888	9228
2	99	19585	19783
3	117	34248	29272
4	160	30675	19172
5	254	58849	23169
6	215	44919	20893
7	409	56985	13933
8	388	39314	10132
9	218	55838	25614
10	289	89612	31008
11	367	149102	40627
12	637	136591	21443
13	715	171533	23991
14	564	132844	23554
15	848	225362	26576
16	791	161773	20452
17	567	160860	28370
18	601	184586	30713

续表

市　区	面积(hm^2)	人口(人)	人口密度(人/km^2)
19	679	172730	25439
20	598	182952	30594
巴黎市	10540	2125246	20164

资料来源：Couseil D'Administration de L'Apur，Paris 2020：Elements for Planning Management of the Durable Development，Paris Project Number 34-35，October 2003.1.

2003年大巴黎各省面积与人口　　表5-3

	市镇数量(个)	面积(km^2)	人口(千人)	人口密度(人/km^2)
巴黎市	1	105	2147	20448
上塞纳	36	176	1471	8358
塞纳—圣丹尼	40	236	1396	5916
瓦尔德马恩	47	245	1239	5059
近郊(内环)	123	657	4106	6250
伊夫林	262	2285	1370	600
埃松	196	1804	1153	639
塞纳—马恩	514	5915	1232	208
瓦尔德瓦兹	185	1246	1122	900
远郊区(外环)	1157	11249	4877	434
大巴黎地区	1281	12012	11130	927

资料来源：同表5-2.

大巴黎地区部分指标在法国所占比例　　表5-4

指　标	在法国所占比例(%)	指　标	在法国所占比例(%)
消费数量	16.4	住房数量	18.1
人口数量	18.8	外贸出口数量	19.1
人口就业数量	22	国家组织总部	22
家庭年消费	23.4	夏季外出度假	25.9
国家补充资金	28.7	大学数量	29.8
外贸进口数量	32	干部和专业人才	38
外国人居住数量	38.3		

资料来源："法兰西岛经济报表"相关项目，1990.

5.1.2　巴黎大都市建设用地内涵界定

建设用地是指建造建筑物、构筑物的土地。建筑物一般是指人们进行生产、生活或其他活动的房屋或场所，如工业建筑、民用建筑、农业建筑和园林建筑。构筑物一般是指人们不直接在其内进行生产和生活活动的建筑，如水塔、烟囱、栈桥、堤坝、挡土墙、蓄水池和囤仓等。

巴黎的建设用地包括：居住用地、商业用地、工业用地、仓储用地、公共设施用地、对外交通用地、道路广场用地、市政公用设施用地、绿地和特殊用地。

5.2 巴黎大都市建设用地规模及其变动特点

巴黎市区 1860 年面积为 78km²，1920 年增至 86.9km²，1929 年达到 105km²，此后市区面积稳定未变。1975 年巴黎大都市区面积为 12008km²，1999 年增至 14518.3km²，2005 年又减至 12011km²。1965 年巴黎大都市区城市用地面积为 1200km²，1970 年增至 1800km²，1999 年达到 2723km²，城市用地面积占大都市区总面积的 22.67%。自 20 世纪 30 年代以来，巴黎大都市建设用地的规模扩张大致可分为如下三个阶段。

5.2.1 以限制建设用地为主题的时期(20 世纪 30～50 年代)

1. 1934 年的 PROST 规划

PROST 规划(图 5-3)将巴黎地区划定在以巴黎圣母院为中心、方圆 35km 的范围之内，对区域道路结构、绿色空间保护和城市建设范围三方面作出了详细规定。

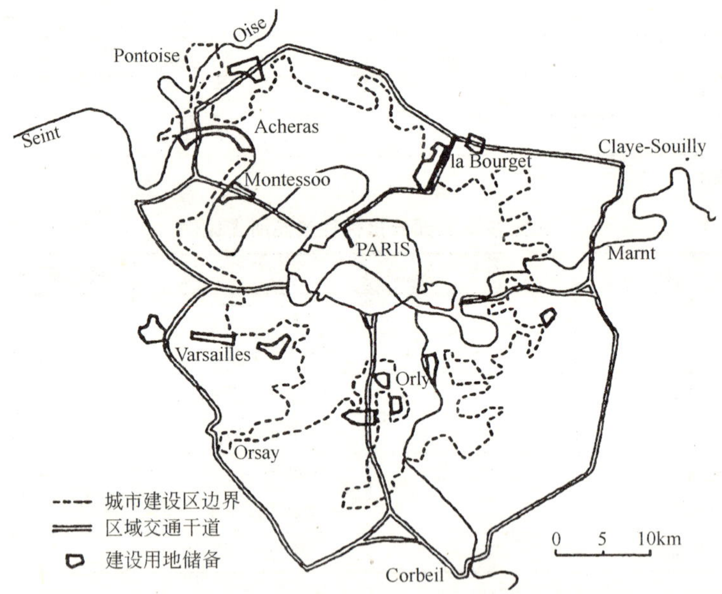

图 5-3 1934 年的 PROST 规划示意图

资料来源：曾刚，王琛. 巴黎地区的发展与规划 [J]. 国外城市规划，2004，(5).

建设用地规模变动特点：①严格控制建设用地，保证建设用地质量；②道路用地和绿地增加。

2. 1956 年的 PARP 规划

该规划受到 20 世纪 50 年代盛行的增长极理论的影响，试图通过建设新的增长点来寻求区域的均衡发展(图 5-4)。

建设用地规模变动特点：①市中心区工业用地减少，郊区工业和住宅用地增多；②兴建卫星城，郊区建设用地增多。

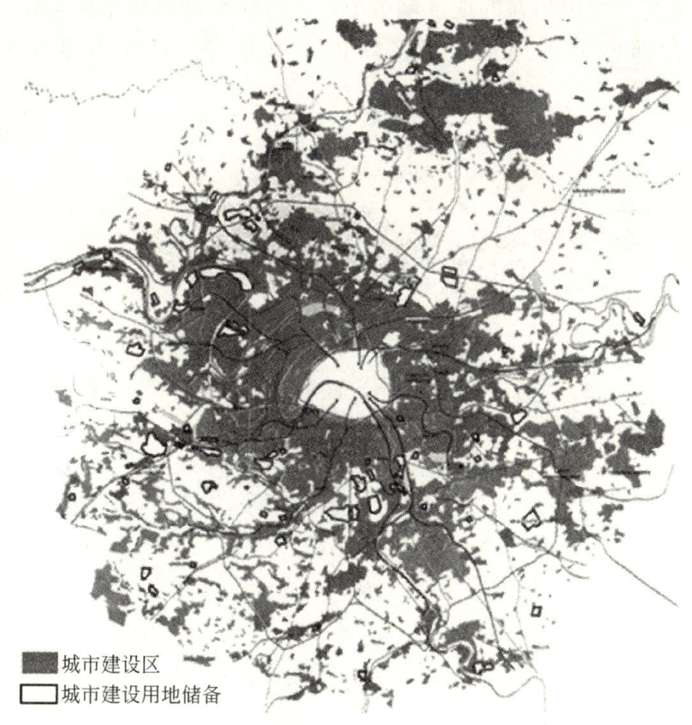

图 5-4　1956 年的 PARP 规划

资料来源：曾刚，王琛．巴黎地区的发展与规划 [J]．国外城市规划，2004，(5).

5.2.2　以拓展建设用地为主题的时期(20 世纪 60～80 年代)

1. 1960 年的 PADOG 规划

该规划将建设新的发展极核作为城市发展战略的重要内容，这是所谓“新城”概念第一次出现在正式区域规划文件里。为了避免城市极核建设刺激巴黎地区的人口增长和空间蔓延，规划放弃了新建城镇或扩建原有城镇的做法，而是选择在现有城市聚集区内建设新的城市中心，即以区域交通结构为依托，在巴黎东、南、西、北四个方向分别设立新的城市发展极核，集就业、居住和服务等于一体，与巴黎共同组成多中心的城市聚集区(图 5-5)。

建设用地规模变动特点：①卫星城建设用地大量增加，主要是住宅和服务用地；②中心城区建设用地基本不变。

2. 1965 年的 SDAURP 规划

基于人口规模从 900 万人增长到 1400 万人和建成面积从 1200km^2 扩大到 2300km^2 的预测，该规划对可能的区域空间布局模式进行了探讨。规划认为主要交通线路的走向决定了城市发展的形态布局，建议将新的城市建设沿主要交通干线布局，形成城市发展轴线，在郊区和新城市化地区内新建多功能城市中心，打破现有的单中心布局模式。考虑到巴黎地区的自然环境、地理条件、历史发展以及实施的可行性，在塞纳、马恩两河和卢瓦兹河谷划定了两条平行的城市发展轴线，从现状城市建成区的南北两侧相切而过，并在这两条城市发展轴线上设立了8座新城作为新的地区城市中心，将巴黎和巴黎地区与位于巴黎盆地、法国及西欧的其他重要经济城市联系起来。将开拓建设用地共约 67000hm^2(图 5-6)。

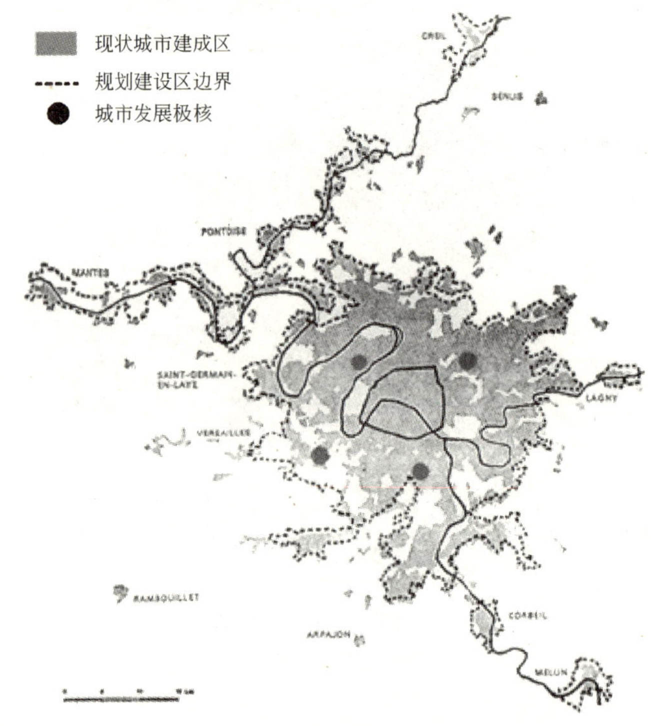

图 5-5　1960 年的 PADOG 规划示意图

资料来源：曾刚，王琛. 巴黎地区的发展与规划 [J]. 国外城市规划，2004，(5).

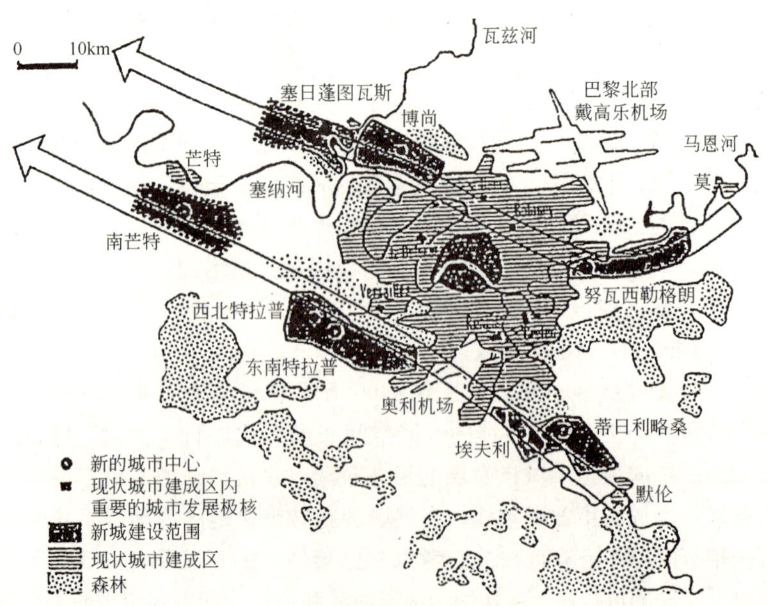

图 5-6　1965 年的 SDAURP 规划示意图

资料来源：刘健. 巴黎地区区城规划研究 [J]. 北京规划建设，2002，(1).

建设用地规模变动特点：开拓大量新城建设用地。

3. 1976 年的 SDAURIF 规划

将城市主轴线继续向西延伸，划出 85 万 m^2 的建设用地，建设以拉德方斯为代表的郊区发展极核；作为新城市化的主要空间载体，巴黎远郊应大力发展新城，并通过建设环形轨道交通系统加强与巴黎及近郊发展极核的联系(图 5-7)。

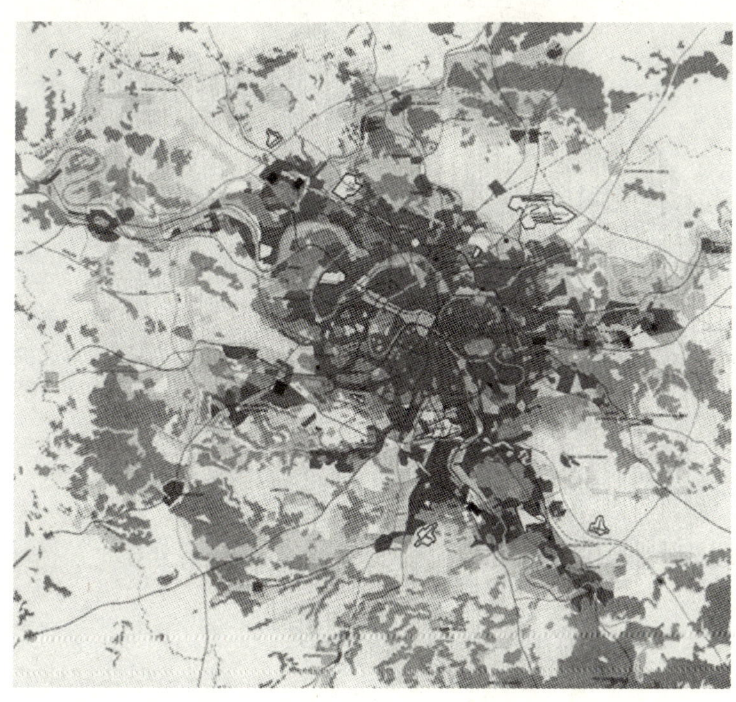

图 5-7　1976 年的 SDAURIF 规划

资料来源：曾刚，王琛. 巴黎地区的发展与规划 [J]. 国外城市规划，2004，(5).

建设用地规模变动特点：继续在城郊开拓新的城市建设用地，主要是商业用地。

5.2.3　以调整优化建设用地为主题的时期(20 世纪 90 年代以后)

1994 年的 SDRIF 规划仍将建设“多中心的巴黎地区”作为基本的空间布局原则，新城建设和近郊空间重组仍是区域空间调整的重点，同时更加强调不同层次城市极核在规模、功能和区位上的多样性及相互之间的联系与协作，作为加强区域整体性的重要手段(图 5-8)。减少 12%的建设用地，新增城市建设用地最多不超过 44000hm^2，增加绿地覆盖范围，住宅建设量 53000 套/年。至 2003 年，巴黎城市及中心城区人均建设用地为 119m^2/人。

建设用地规模变动特点：适当规模地开拓城市建设用地，主要增加的是住宅用地，而最重要的是整合现有的建设用地。

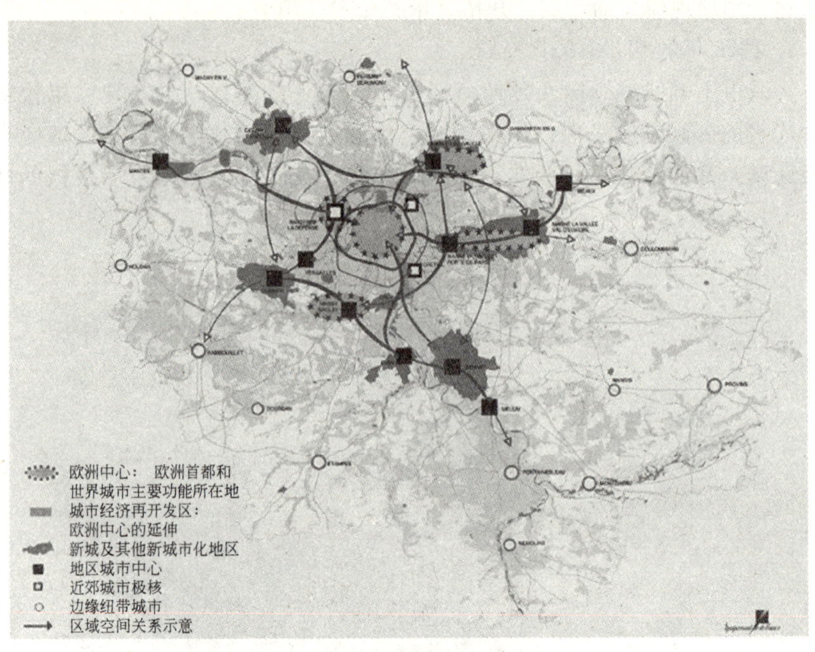

图 5-8 多中心的区域空间布局模式

资料来源：刘健. 巴黎地区区域规划研究［J］. 北京规划建设，2002，(1).

5.3 巴黎大都市建设用地规模变化的影响因素分析

影响巴黎地区建设用地规模变动的因素是多方面的，但主要的是城市规划控制、郊区城市化、人口老龄化和家庭规模小型化、居住模式的转变等原因。

5.3.1 城市规划控制

20 世纪 30 年代，巴黎地区郊区扩散现象日趋严重，1934 年出现了 PROST 规划，旨在对此加以抑制，从区域高度对城市建成区进行调整和完善。PROST 规划和 PARP 规划受马尔萨斯理论影响，对地区人口增长和城市空间扩大持保守态度，否认城市进一步扩展的可能性和必然性，把非建设用地视为区域空间规划的一个重要因素，城市建设范围也基本以现状为依据。

第二次世界大战结束后，继续主张通过划定城市建设区范围来限制巴黎地区城市空间的扩展，同时提出降低巴黎中心区密度、提高郊区密度、促进区域均衡发展的新观点，如 1956 年的 PARP 规划、1960 年的 PADOG 规划。1964 年巴黎地区政府成立，辖区面积扩大到约 1.2 万 km^2。1965 年的 SDAURP 规划、1976 年的 SDAURIF 规划和 1994 年的 SDRIF 规划，则兼顾了城市发展在数量和质量上的双重需求，即在完善现有城市聚集区的同时，有意识地在其外围地区为新的城市化提供可能的发展空间(图 5-9)。

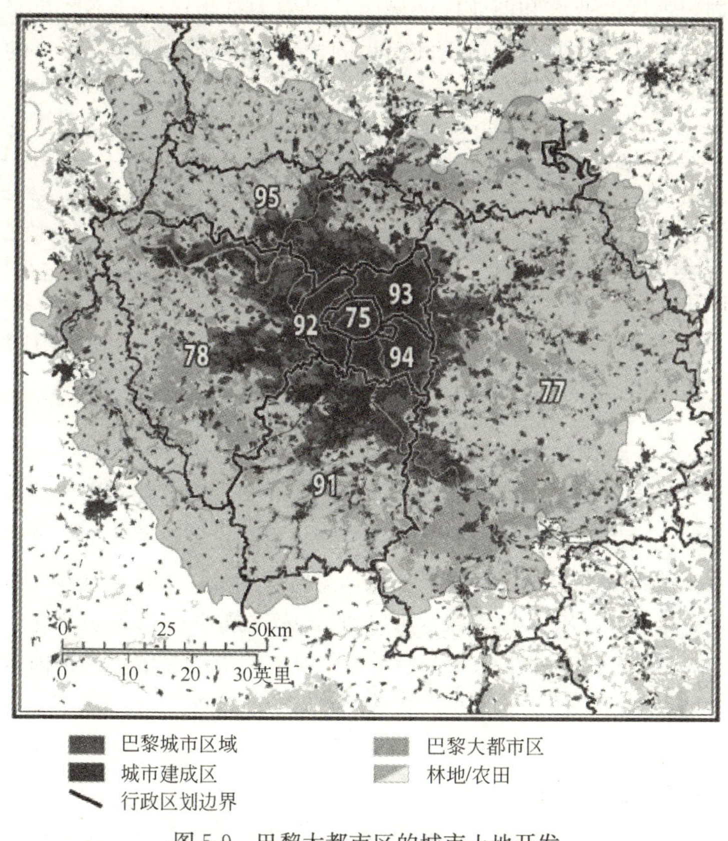

图 5-9　巴黎大都市区的城市土地开发

5.3.2　郊区城市化的扩展

郊区城市化的扩展主要是通过新城建设方式进行的。如 Marne la Vallée 新城。该新城用地规模为 150km^2，最初规划人口规模为 35 万，目前已有居民 26 万。由于用地规模大，城市发展的空间相对充裕，城市按照原有的行政体制分为四个片区，均沿城际快速铁路和马恩河南岸布局，每个片区之间采用大片的森林和绿地相隔离，新城的南面以自然森林为界。整个新城仿佛一个森林公园，大片的独立住宅散落在绿地之中，每个片区设置一个公共服务中心。

再如 Cergy-Pontoise 新城。该新城建立的主要目的是创建一个位于巴黎近郊，同时又能与巴黎的近郊区有所区别的公共艺术文化中心。它是一个以公共艺术与文化为主题的新城，新城的产业也以文化创新和旅游度假产业为主，如创建大学城、国际新城规划研究中心等，强化新城的文化和研究性机构特点。用地规模约为 100km^2。

郊区城市化使巴黎大都市区的形态发生了显著的变化。到 20 世纪 60 年代止，旧城中心一直具有吸引力(主要是工作岗位的集中)，但是在随后的 70～80 年代，由于人口和产业持续向郊区迁移，旧城中心出现衰退迹象；到 90 年代，旧城改造和复兴又使其魅力重现。与此同时，城市周边环状地带则在不同的地理条件限定下快速发展。随着新的公路基础设施的建设、个人住宅的增长和周边地区产业区和商业区的诞生，巴黎大都市区郊区不断扩张，并且难以控制。更为严重的是城市空间面积的增长速度已远远快于人口的增长速度(表 5-5)。

法国城市化扩展的年均发展率(%)　　表 5-5

	1975～1982 年	1982～1990 年	1990～1999 年
市中心	－0.64	－0.17	0.15
郊区	0.83	0.84	0.41
城市周边环状带	2.85	2.05	1.19

资料来源：米歇尔·米绍，张杰，邹欢主编. 法国城市规划 40 年 [M]. 北京：社会科学文献出版社，2007：17.

5.3.3 人口老龄化和家庭规模小型化

巴黎大都市在第二次世界大战以后的 30 年里，由于城市快速增长，人口也急剧增加。随后，人口增长一直较为缓慢，甚至走下坡路。妇女走上职业道路以及家庭性质和大小的转变，导致人口呈现负增长，而社会进步使得人们的寿命变得越来越长。在人口老龄化的同时，家庭规模也日趋小型化。1960～2000 年的 40 年内，家庭的数量比人口数量的增长快了 3 倍。多重因素的共同作用，对城市生活、住宅的大小和数量产生了较大影响。

5.3.4 居住模式的转变

从 20 世纪 60 年代末以来，戴高乐主义思想的发展和自由主义观点影响的逐渐扩大，使人们放弃了集体住宅的生活模式，而选择了独门独院的居住形式，使得城市建设用地增加。加之对退休制度的忧虑，引发了对城市房地产的大量投资，也刺激了居住用地的增加。

巴黎大区发展规划预测，从 1990～2015 年的 25 年时间里，为了满足 18.75 万就业者的住房需要，巴黎将兴建 375 万 m^2 的办公用房，其中 150 万 m^2 是改建，净增长为 225 万 m^2。1990～2000 年，即在最初的 11 年中，已经完成建设面积 204 万 m^2，其中 149 万 m^2 为改建面积，而在后 15 年中，还有 167 万 m^2 的新建工作需要完成。

5.4 巴黎大都市建设用地结构及其变化特点

5.4.1 以限制建设用地为主题的时期(20 世纪 30～50 年代)

这一时期重视对城市道路结构、绿色空间保护、城市建设用地范围的划定、中心城区的疏散等工作。如规划放射路和环路相结合的道路结构形态；严格保护现有森林公园等空地和重要历史景观地段，并在城市建设区内规划形成新的休闲游乐场所，作为将来建设公共设施的用地储备；限定城市建设用地范围，将各市镇的土地利用划分为城市化地区和非建设地区两种类型，将非建设区视为未来城市发展的用地储备，严禁各种与城市直接相关的建设活动；积极疏散中心区人口和不适宜在中心区发展的工业企业；在郊区建设拥有服务设施和就业岗位的相对独立的大型住宅区；在城市聚集区外缘建设配备良好公共服务设施的卫星城，与中心区之间利用大片农业用地相互分隔，又通过公路和铁路交通相互联系。这些措施使建设用地结构变化呈现如下特点：

(1) 限定了可建设用地的规模和范围。但在遏止郊区蔓延的同时也限制了巴黎地区的合理扩展。

(2) 道路和交通用地及绿地所占比例较高。特别是以绿色空间和非建设用地的形式保留了大面积的空地，作为未来城市发展的用地储备，相当具有远见。

(3) 降低了巴黎中心区密度，提高了郊区密度，这“一减一增”有助于区域均衡发展。

5.4.2 以拓展建设用地为主题的时期(20 世纪 60～80 年代)

这一时期的主要工作是加强对现有建成区的调整，利用企业扩大或转产的机会向郊区转移，以疏散中心城区压力；通过改造和建立新城发展极核重构城郊区；通过鼓励巴黎地区周边城市的适度发展或在巴黎地区以外新建卫星城镇，提高农村地区的活力。对新增城市建设的空间布局，要么集中在划定的城市聚集区内，要么转移到巴黎地区的周边地带。新的城市建设沿主要交通干线布局，形成城市发展轴线，在郊区和新城市化地区内新建多功能城市中心，打破现有的单中心布局模式。调整城市空间布局，巴黎城市中心区保持多样化的居住功能，稳定就业水平，减缓人口递减趋势；巴黎近郊区保持和完善现有城市结构，整治和改善当地环境，将城市主轴线继续向西延伸，建设以拉德方斯为代表的郊区发展极核；巴黎远郊区大力发展新城，并通过建设环形轨道交通系统加强与巴黎及近郊发展极核的联系。

上述举措使巴黎建设用地结构出现了如下新的特点：

(1) 新的城市发展极核的建立形成了巴黎多中心的城市聚集区空间布局结构。

(2) 将城市扩展和空间重组两个方面有机结合起来。尤其更侧重于对现状建成区的改造与完善，加强对自然空间的保护，在城市化地区内部开辟更多的公共绿色空间。

5.4.3 以调整优化建设用地为主题的时期(20 世纪 90 年代以后)

这一时期的主要任务是：重视国内不同地区之间的均衡发展，通过人员和产业在全国范围的合理分配，使巴黎地区更好地发挥各种非物质资源的优势；在巴黎盆地和巴黎地区之间建立伙伴关系，通过加强城市之间的联系，提高区域整体的吸引力和竞争力(图 5-10)；维持城市社会的多元化特点，将加强城市的文化功能视为提高地区吸引力和竞争力的重要途径，注重对城市建成区内的绿脉建设、环境保护和污染防治。这些措施对城市建设用地的结构变化产生了新的影响。

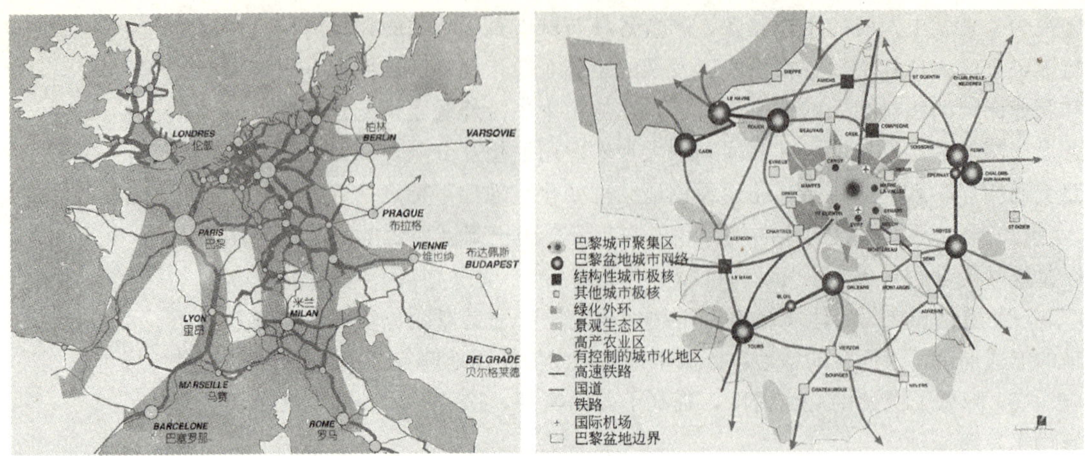

图 5-10　以更高的区域视野来推进巴黎地区的城市发展

资料来源：刘健. 巴黎地区区域规划研究［J］. 北京规划建设，2002，(1).

(1) 在地区内平衡居住与就业，将区域内不同的用地组成联系在一起，在巴黎市区的周围建立多个规模不等的副中心，保证每个副中心都有充足的公共服务设施(教育、卫生、娱乐、文化、公共管理)、商业服务以及方便的交通(表 5-6)。

1996 年巴黎非农产业用地结构　　　　**表 5-6**

		巴　黎			
		一市三省		大巴黎地区	
		面积(km²)	占建设用地(%)	面积(km²)	占建设用地(%)
城市建设用地		638	—	2395	—
其中	第二产业用地	63.7	10.0	184.4	7.7
	第三产业用地	9.2	1.4	20.3	0.9

资料来源：叶贵勋. 上海城市空间发展战略研究［M］. 北京：中国建筑工业出版社，2003.

(2) 中心城区工业用地比重下降，服务业用地比重上升；郊区工业用地比重上升。

(3) 各类建设用地中，居住用地所占比重最高；其次是交通用地；而商业用地所占比重最低(表 5-7)。

1996 年巴黎建设用地结构(%)　　　　**表 5-7**

城市	工业用地	商业用地	居住用地	交通用地	绿地	其他用地
巴黎	8.0	4.0	30.0	27.0	12.0	19.0

资料来源：叶贵勋. 上海城市空间发展战略研究［M］. 北京：中国建筑工业出版社，2003.

5.5　巴黎大都市建设用地结构变化的影响因素分析

影响巴黎地区建设用地结构的因素主要有：城市用地政策、生活质量提高、产业结构升级、国土规划政策、社会第三产业化、保护城市文化和风格等。

5.5.1 城市用地政策

20 世纪 30 年代，以工业化带动下的城市第一次快速发展为背景，以“限制城市建设用地扩展和控制建设用地布局”为指导思想，划分城市建设区和非建设区两种用地类型，对森林、公园、空地以及景观进行保护。

面对第二次战后去工业化的趋势日益严重的形势，进行了以城市建设布局、区域交通结构、社会住宅开发等具体物质环境建设为内容的严格规划。土地利用被划分为三种类型：城市经济发展用地(建成区、工业化地区以及备用地区)、农业经济发展用地和自然保护区(森林绿地和历史景观)。

5.5.2 生活质量提高

随着经济的发展，人们对生活的质量要求不断提高。特别是在城市中心，生活节奏加快、环境变坏，影响了人们的生活。巴黎在城市管理中，不断开辟和养护公共绿地和公园，兴建文化体育设施，因而影响了建设用地的结构。

1981～1999 年，市区两级政府经过极其艰难的努力，使公共绿地面积增加了 140hm^2，总面积升至 496hm^2，加上布洛涅和万塞纳的森林面积，绿化面积占总面积为 22.3%，人均绿地面积为 11.03m^2。

巴黎是座文化城市，在社区中到处都可看到博物馆、图书馆、影剧院和精美的雕塑(表 5-8)。图书馆种类繁多，一共有 600 多个。

巴黎文化设施　　表 5-8

设　施	数量(个)	设　施	数量(个)
博物馆	134	文化中心	56
剧院	141	艺术中心	64
表演厅	29	教堂	237
电影厅	350	纪念性建筑	1654
公共图书馆(市属)	64		

资料来源：巴黎市政府《巴黎的统计数字》，1996 年.

巴黎的体育设施在世界城市中是名列前茅的。在仅仅 105km^2 的中心城区里，就有体育设施 437 座。其中综合性活动中心有 39 个，体育活动在各项活动中占有很大比例(表 5-9)。

巴黎城市体育设施数量　　表 5-9

体育设施	数量(个)	体育设施	数量(个)
正规体育场	38	游泳池	33
体操中心	121	学校戏水池	10
体育专用大厅	104	学校操场	76
网球场	185	活动中心	39
体育公园	6	总数	632
划船中心	2	总预算	8.24 亿法郎
保龄球馆	18		

资料来源：巴黎市政府《巴黎：世界之都》，1996 年.

5.5.3 产业结构升级

20世纪70年代以来，法国社会、政治、经济经历了去工业化的洗礼，大规模的城市建设落下帷幕，商业、服务业迅速发展，城市建设的核心转向旧城复兴和历史保护。尤其是金融、信息等新兴服务业的发展成为城市经济的重要推动力，高收入的现代白领就业人群向大城市中心区集中，为巴黎等大城市的振兴提供了必要的社会经济基础。随着巴黎经济向高增值的服务业(金融、IT服务等)和高技术制造业(电子、光学、航天等)的转型，巴黎大都市的白领就业率增长，居民休闲时间增加，对城市公共设施和公共空间的需求上升，推动着城市商务服务业用地、公共设施用地、休闲娱乐用地的不断扩张。

5.5.4 国土规划政策

国土规划政策的目的是促进大都市的区域协调发展。战后为了阻止巴黎无休止的扩张，国家在政策上向其他大城市的工业、住宅、城市建设等方面倾斜，使它们在就业、生活方面成为整个法国城市发展的重要组成部分。

为了有效控制城市扩张，20世纪60年代政府成立了巴黎大区规划设计研究院，开始在更大范围内考虑建设新城、疏散老城的战略问题。为了保障新城建设的顺利实施，政府通过法律赋予公共部门控制发展的权力，并将土地价格控制在较低的水平，以便遏制投机。

随着“权力分散化”政策的执行，法国政府又于20世纪90年代在巴黎以外的地区推行市镇联合体制，强化城镇之间的合作，通过空间重组促进区域的社会融合。

5.5.5 社会第三产业化

从第二次世界大战末的集体工业社会，到现在的个人消费社会，巴黎大区仍然保持着一套优质工业的地理分布。这种去工业化以及随后导致的产业向欧盟扩大区的低工资国家或是向全球化进程中新兴的、有吸引力的国家搬迁，对人口迁移后的工业废弃地有较大影响。从而改变了建设用地的空间结构。

5.5.6 保护城市文化和风格

巴黎是世界名城，其城市规划很有特色。巴黎城市设计是以塞纳河为轴线，建筑物从卢浮宫沿河向西伸展一直到凯旋门，河两岸建筑风格协调，错落有致。1977年，巴黎制定了古城保护规划，105km^{2}内是古城范围，得到法律的严格保护。巴黎城市设计主要是城市环境绿化和美化建设，例如公园设计、街心花园、社区美化、雕塑布置、花草小景、艺术牌匾等城市艺术景观。城市现代建筑严格控制，既要符合规划要求，又要征求市民的意见，因此影响了建设用地的结构。

5.6 巴黎大都市建设用地绩效分析

从 20 世纪 30 年代起，随着经济和社会的发展，巴黎大都市的建设用地规模和结构不断变化，经过多次土地利用规划，到 1996 年，大巴黎地区的建设用地面积为 2395km^2，其中工业用地面积为 184.4km^2，GDP 总量为 3952 亿美元，单位建设用地的产出为 1.65 亿美元/km^2。2006 年，大巴黎地区的建设用地面积为 2723km^2，GDP 总量为 6289 亿美元，单位建设用地的产出达 2.31 亿美元/km^2(表 5-10)。1996～2006 年间，大巴黎地区单位建设用地的产出绩效增长了 40%。

大巴黎地区城市建设用地产出绩效　　表 5-10

年份	建设用地面积(km^2)	GDP 总量(亿美元)	单位建设用地产出(亿美元/km^2)
1996	2395	3952	1.65
2006	2723	6289	2.31

5.7 结论

自 20 世纪 70 年代以来，巴黎大都市步入后工业化社会，城市建设用地的规模变动与郊区城市化进程密切相关。住宅用地、商业服务业用地不仅数量增加，而且所占比重也趋于上升。

进入 20 世纪 90 年代以后，巴黎大都市步入信息化国际大都市发展阶段，城市建设用地的规模基本趋于稳定；用地结构逐步优化，基本特点是居住用地、交通用地所占比例较高，公共设施用地、休闲娱乐用地比例上升，而工业用地相对萎缩。

本章参考文献

[1] 米歇尔·米绍等. 法国城市规划 40 年 [M]. 北京：社会科学文献出版社，2007.

[2] 叶贵勋. 上海城市空间发展战略研究 [M]. 北京：中国建筑工业出版社，2003.

[3] 郝娟，雷鸿君，冉凌风，李战军. 浦东新区土地使用结构研究 [R]. 上海：上海市浦东新区规划设计研究院和浦东改革与发展研究院，2005，7.

[4] 白志刚. 瞻念巴黎 [M]. 北京：中国城市出版社，2004.

[5] 钟纪刚. 巴黎城市建设史 [M]. 北京：中国建筑工业出版社，2002.

[6] 刘健. 巴黎地区区域规划研究 [J]. 北京规划建设，2002，(1)：67-71.

[7] 邹欢. 巴黎大区总体规划 [J]. 国外城市规划，2000，(4)：17-20.

[8] 张恺. 巴黎城市规划管理的新举措——地方城市发展规划(PLU) [J]. 国外城市规划，2004，19(5)：53-57.

[9] 赵学彬. 巴黎新城规划建设及其发展历程 [J]. 规划师，2006，(11)：95-97.

[10] 曾刚，王琛. 巴黎地区的发展与规划 [J]. 国外城市规划，2004，19(5)：44-49.

第6章 香港大都市建设用地规模与结构变化分析

6.1 香港大都市的空间范围及建设用地内涵界定

6.1.1 香港大都市的空间范围界定

中国香港位于北纬22°08′～22°35′及东经113°49′～114°31′之间，珠江出海口之东，濒临南海，毗邻深圳，包括香港岛、九龙半岛和新界三部分(表6-1)。陆地总面积约1104.3km²，2007年人口为692.6万人，人口密度为6272人/km²。香港地区由多个半岛与230多个岛屿组成，其中半岛面积为802km²，占全区总面积的73.4%；岛屿面积为290km²，占26.6%(表6-2)。

香港的空间范围(2007) 表6-1

<table>
<tr><th colspan="2"></th><th>土地面积(km²)</th><th>人口(万人)</th><th>人口密度(人/km²)</th><th>范围界定</th></tr>
<tr><td rowspan="3">香港</td><td>香港岛</td><td>80.5</td><td rowspan="2">333.7</td><td rowspan="2">26193</td><td rowspan="3">香港岛、九龙半岛和新界三大部分</td></tr>
<tr><td>九龙半岛</td><td>46.9</td></tr>
<tr><td>新界</td><td>976.9</td><td>361.6</td><td>3702</td></tr>
</table>

香港各区面积与人口统计表(2001) 表6-2

<table>
<tr><th></th><th>面积(km²)</th><th>人口(人)</th></tr>
<tr><td>全　港</td><td>2755.03</td><td>6864346</td></tr>
<tr><td>香港岛(包括邻近岛屿)</td><td>80.48</td><td>1268112</td></tr>
<tr><td>九　龙</td><td>46.94</td><td>2019533</td></tr>
<tr><td>新　界</td><td>748.06</td><td>3436513</td></tr>
<tr><td>大屿山</td><td>147.16</td><td rowspan="2">137122</td></tr>
<tr><td>离　岛</td><td>81.63</td></tr>
<tr><td>陆　地</td><td>1104.27</td><td>6861280</td></tr>
<tr><td>海　域</td><td>1650.76</td><td>3066</td></tr>
<tr><td colspan="3">各区资料</td></tr>
<tr><td>离　岛</td><td>176.42</td><td>137122</td></tr>
<tr><td>大　埔</td><td>148.18</td><td>293542</td></tr>
<tr><td>元　朗</td><td>138.56</td><td>534192</td></tr>
<tr><td>北　区</td><td>136.53</td><td>280730</td></tr>
<tr><td>西　贡</td><td>136.32</td><td>406442</td></tr>
<tr><td>屯　门</td><td>84.64</td><td>502035</td></tr>
<tr><td>沙　田</td><td>69.27</td><td>607544</td></tr>
</table>

续表

	面积(km²)	人口(人)
荃　湾	62.62	288728
南　区	39.40	275162
葵　青	23.34	523300
东　区	18.71	587690
中西区	12.45	250064
观　塘	11.27	587423
九龙城	10.02	362501
湾　仔	9.92	155196
深水埗	9.36	365540
黄大仙	9.30	423521
油尖旺	6.99	280548

资料来源：http：//www.hk-place.com/，人口资料为2001年香港人口普查.

香港地区是华南丘陵向海延伸的终端，在地质上和地貌上都与毗邻的大陆很相似。整个地区山地丘陵起伏，以丘陵为主，平地很少(图6-1)。后者只占其总面积的16%，84%的土地是不便于城市和农业开发利用的山坡地。山坡地土层薄，土壤酸度大，养分含量低。香港地区几乎四面环海，陆界长仅26km，海岸线长达870km。各种不同岸型的海湾、岬角、半岛和离岛为发展海上交通和海洋渔业提供了良好的港湾条件。香港最突出的自然资源就是港口资源，其中，香港仔湾、吐露港和将军澳等是服务型船队和渔船的避风港，赤柱、深井、荃湾和西贡等是地方性小型外港。

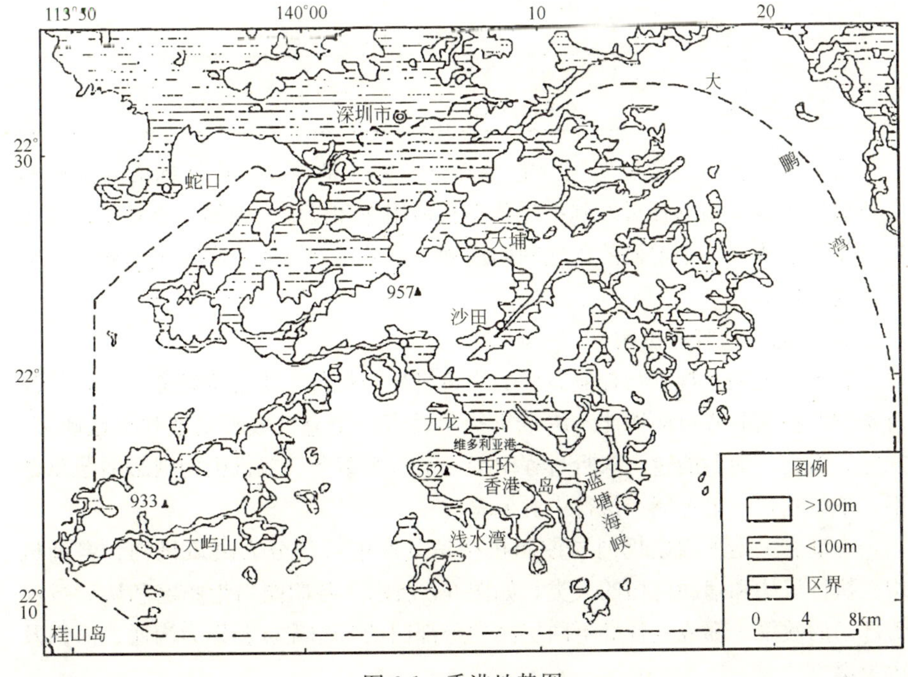

图6-1　香港地势图

6.1.2 香港大都市土地利用管理机制与分类方法

6.1.2.1 土地利用管理机制

1. 相关的法律法规

香港土地用途规划和控制的法律架构已经相当齐全，为公共和私营机构进行各项发展提供指引，并解决因土地的使用和发展而导致的利益冲突。表 6-3 列出了香港与土地用途扩展和控制有关的法律法规，这些法律法规从法律制度上为土地使用的效益最大化和公平化提供了保障，进而为土地用途的规划和控制提供了良好的法律环境。

香港与土地用途有关的法律法规　　表 6-3

规划方面	《城市规划条例》
	《市区重建局条例》
土地管理方面	《土地审裁处条例》
	《土地拍卖条例》
	《土地(杂项条文)条例》
	《收回土地条例》
	《地税及地价(分摊)条例》
	《政府土地权(重收及转归补救)条例》
	《土地注册条例》
	《土地征用(管有业权)条例》
	《新界土地契约(续期)条例》
	《土地测量条例》
	《新界土地交换权利(赎回)条例》
	《地租(评估及征收)条例》
	《土地(为重新发展而强制售卖)条例》
	《土地业权条例》
建筑方面	《建筑物条例》

香港进行土地用途规划控制的主要技术文件是《香港规划标准与准则》，主要说明了政府根据什么准则拟定各类土地用途和设施的比例、位置及地盘规定，主要适用于三个层面的土地利用规划：全港规划层面、次区域规划层面与地区规划层面。

2. 香港土地管理机构

香港土地用途规划与控制方面的决策机构与执行机构是截然分开的，且都有条例严格明确各自的职能。决策机构只负责制定有关城市规划和土地政策、规定和条例，而不能过问执行过程中的一般行政事务。执行机构则必须照章办事，不得越权，更不能在执行中有偏差。

香港有关土地用途规划与控制机构按其职能可划分为决策机构、咨询机构、执行机构和辅助机构四大类，如图 6-2 所示。各职能局为制定和协调各项跨部门的政策，都成立各类不同层次的跨部门的工作委员会作为沟通、协调及决策渠道。

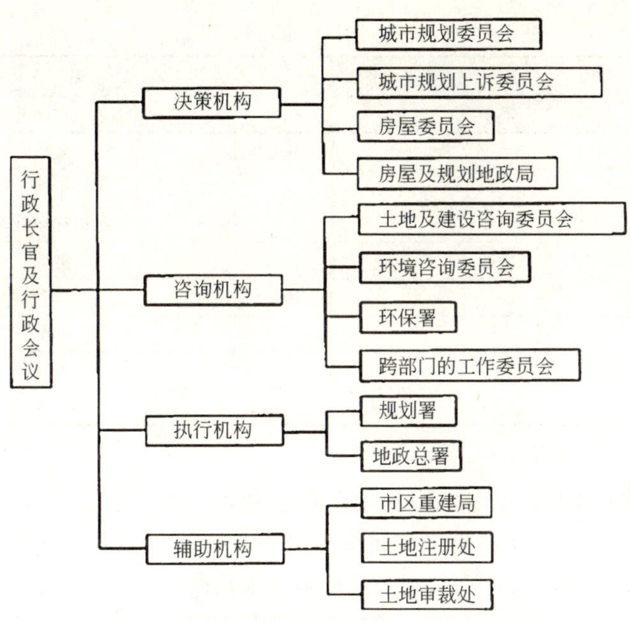

图 6-2 香港与土地用途规划控制相关的机构

6.1.2.2 香港土地利用分类体系

香港土地用途分类体系 **表 6-4**

一级		二级	
代号	类别	代号	类别
1	住宅用地	1.1	私人住宅
		1.2	公屋
		1.3	乡郊居所
2	商业用地	2.1	商业/商贸和办公室
3	工业用地	3.1	工业
		3.2	工业村
		3.3	货仓和贮物处
4	机构用地	4.1	政府、机构和社区设施
	休憩用地	4.2	公园、体育馆和运动场
5	运输用地	5.1	道路
		5.2	铁路
		5.3	机场
6	其他都市或已建设土地	6.1	坟场和火葬场
		6.2	公用事业设施
		6.3	空置发展/正在进行建筑工程的土地
		6.4	其他
7	农业用地	7.1	农地
		7.2	鱼塘/基围
8	林地/灌丛/草地	8.1	林地

续表

一级		二级	
代号	类别	代号	类别
		8.2	灌丛
		8.3	草地
9	湿地	9.1	红树林和沼泽
10	荒地	10.1	劣地
		10.2	石矿场
		10.3	岩岸
11	水体	11.1	水塘
		11.2	河道和明渠

资料来源：根据香港规划署资料整理而得.

香港土地利用是香港城市规划工作重要的一环。作为一个面积仅约为1100km^2 的城市，土地的恰当利用极为重要。2000 年以前，香港的土地利用分类方法比较简单，主要分为已发展用地与未建设土地。其中已发展用地主要有商业用地、住宅用地、租住公共屋邨、工业用地、游憩用地、政府团体和社区用地、空置发展区、道路/铁路用地、临时房屋区用地及其他用途用地，而未建设用地主要是农业用地，包括林地、草地、灌木地、荒地沼泽和红树林地、耕地、鱼塘、水塘及其他农用地。

2000 年以后，香港的土地利用分类比较详细，土地利用分类如表 6-4 所示。其中，建设用地主要包括：住宅用地、商业用地、工业用地、机构用地、休憩用地、运输用地、其他都市或已建设土地。

6.2 香港大都市建设用地规模的变化特点及其原因分析

根据香港政府规划署统计，香港 2000～2007 年土地利用情况见表 6-5。

2000～2007 年香港土地用途分布情况（km^2）　　表 6-5

年份		2000	2001	2002	2003	2004	2005	2006	2007
住宅	私人住宅①	24	25	25	24	25	25	25	25
	公屋②	16	17	17	17	17	17	16	16
	乡郊居所③	27	26	26	26	35	36	34	34
商业	商业/商贸和办公室	3	3	3	3	3	3	3	3
工业	工业	5	5	5	6	7	7	7	7
	工业村	3	3	3	3	3	3	3	3
	货仓和贮物处④	11	11	11	12	15	15	14	14
机构/休憩	政府、机构和社区设施	20	20	21	21	23	23	24	24
	休憩用地⑤	20	20	20	20	21	22	22	23
运输	道路	35	35	36	37	38	38	39	41
	铁路	1	1	1	2	2	3	3	3
	机场	13	13	13	13	13	13	13	13

续表

年份		2000	2001	2002	2003	2004	2005	2006	2007
其他都市或已建设土地	坟场和火葬场	5	5	5	6	7	7	7	7
	公用事业设施	6	6	6	6	6	6	7	7
	空置发展/正在进行建筑工程的土地	27	31	33	31	29	26	20	19
	其他用途	14	14	14	16	18	20	21	20
农业用地	农地	57	55	54	58	56	55	51	51
	鱼塘/基围	13	13	13	13	17	18	17	16
林地/灌丛/草地	林地	190	190	190	285	268	257	245	247
	灌丛	241	241	241	230	214	220	228	237
	草地	310	308	308	226	249	251	266	255
湿地	红树林和沼泽	6	6	6	5	5	5	5	5
荒地	劣地	16	16	16	11	5	5	5	5
	石矿场	3	3	3	2	2	2	2	2
	石岸	5	5	5	2	2	2	2	2
水体	水塘	24	24	24	24	24	24	24	24
	河道和明渠	4	4	4	4	3	5	5	5
总计		1099	1100	1103	1103	1107	1108	1108	1108

资料来源：2001～2008年香港城市统计年鉴.

6.2.1 建设用地总规模略有增加

至2007年底，香港的建设用地总量为259km²，占全港土地面积的23.4%，较2000年的230km²净增了29km²。城镇建设用地主要集中在维多利亚港南北两侧的香港岛北岸、九龙半岛及其附近的“新界”南岸(表6-6、图6-3)。

香港城市建设用地变化表 **表6-6**

年份	2000	2001	2002	2003	2004	2005	2006	2007
住宅(km²)	67	68	68	67	77	78	75	75
商业(km²)	3	3	3	3	3	3	3	3
工业(km²)	19	19	19	21	25	25	24	24
机构/休憩(km²)	40	40	41	41	44	45	46	47
运输(km²)	49	49	50	52	53	54	55	57
其他都市或已建设土地(km²)	52	56	58	59	60	59	55	53
城市建设用地总面积(km²)	230	235	239	243	262	264	258	259
人均建设用地(m²/人)	34	35	36	36	39	39	37	37

资料来源：2001～2008年香港城市统计年鉴.

100多年来，香港的都市用地基本上来自于两个方面，即沿着山坡拓展和移山填海。由于香港山坡多，平地少，向山坡发展成本昂贵，而香港的海岸线曲折且多浅湾，因此通过填充海湾来拓展土地是较为理想的选择。

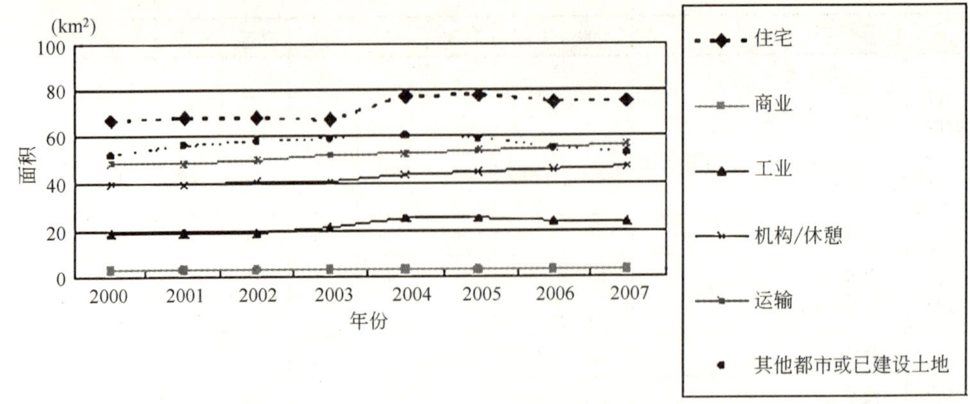

图 6-3　2000～2007 年香港城市建设用地变化

6.2.2　居住用地和交通用地规模较大，而工商业用地规模较小

居住用地规模较大。2007 年香港居住用地面积达 75km²，约占建设用地的 29%。其中私人住宅基本保持不变，为 25km²，公屋基本上也维持在 16km²，只有乡郊居所有较大的增加，从 2000 年的 27km² 增加到 2007 年的 34km²，增幅达 26%。

交通运输用地规模也较大。2007 年交通运输用地面积为 57km²，占建设用地的比重为 22%。其中机场用地没有变化，仍然为 13km²。铁路用地增长较快，由 2000 年的 1km² 增加到 2007 年的 3km²。这主要是从 2000 年以来有多条铁路得以开通，如地铁将军澳支线、西铁、东铁尖沙嘴支线、马铁、迪斯尼线、东铁士水至落马洲支线。香港的其他道路用地面积也有较大的增加，从 2000 年到 2007 年共增加了 6km²。

2000～2007 年，香港工业用地面积虽然有所增加，达到 24km²，但也只占建设用地的 9.27%。其中工业村的数量和用地总量没有变，为 3km²，而货仓和贮物处的用地面积有一定的增加，从 2000 年的 11km² 增加到14km²。

商业用地面积基本稳定在 3km²，仅占建设用地的 1.16%。

6.2.3　机构和休憩用地规模有所增加

香港的机构与休憩用地有一定的增加，分别从 2000 年的 20km² 增加到 24km² 左右，这是居民生活质量提高后的必然要求。

6.2.4　人均建设用地规模居国际大都市的最低水平

2007 年，香港的人均建设用地仅 37m²/人，属于国际大都市的最低水平，因为，香港的建筑密度高，土地利用的集约程度高。

香港平地少，山地丘陵多，城市发展多集中在海岸线，严重地缺乏城市建设用地。为适应城市发展的需要，香港有计划地填海造地，以便增加土地面积。造地规模起初较小，自 20 世纪 50 年代以来，由于城市发展快，建设规模大，填海工程按全地区的整体规划进行。

如表 6-7 所示，从 1887 年以来，香港因填海所增土地总面积达到 68.21km²，其公布的区域如图 6-4 所示。填海造地面积占土地总面积的 6.2%，占现有城市建设用地总面积的 26.3%。并且多个商业区、新市镇以至机场也是坐落在填海地上。

香港填海面积统计表　　表 6-7

区　域	面积(km^2)
香港岛及邻近岛屿	7.05
九　龙	13.64
新界—本土	28.52
新界—岛屿	18.91
合　计	68.21

资料来源：香港地政总署测绘处，香港地理资料.

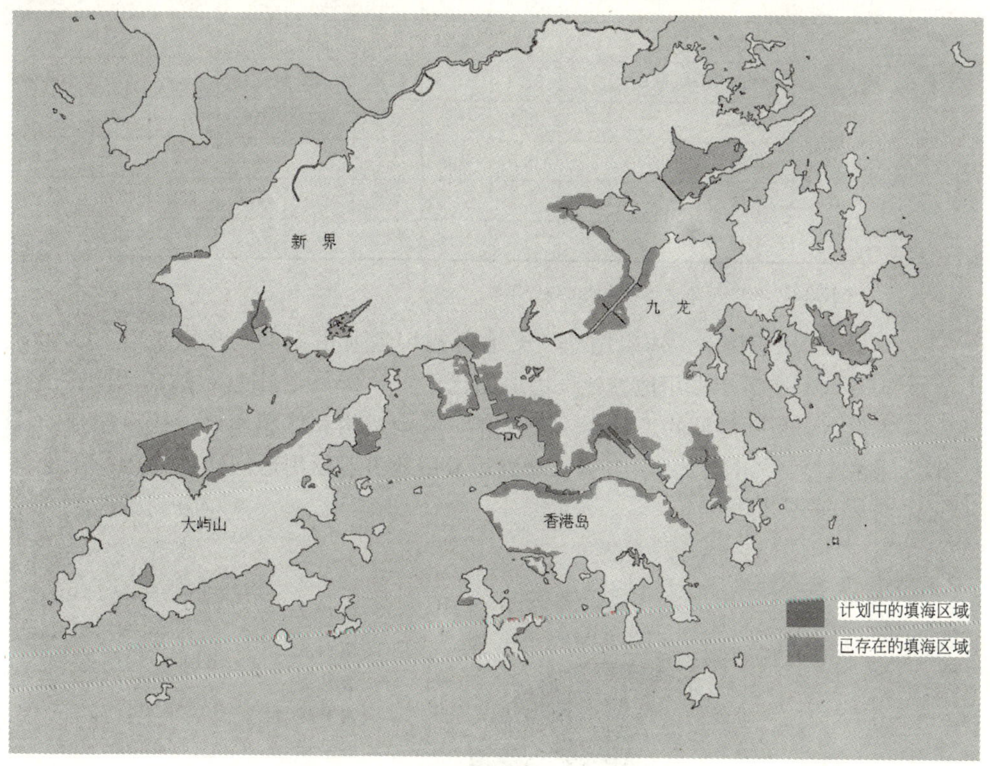

图 6-4　香港地区填海造地分布图

资料来源：香港地政总署测绘处，香港地理资料.

6.3　香港大都市建设用地结构的变化特点及其影响因素分析

6.3.1　香港城市建设用地结构的变化特点

(1) 住宅用地、商业用地、其他建设用地所占比例都略微下降(表 6-8)。2000 年香港住宅用地占建设用地的比重为 29.13%，2007 年则下降至 28.96%。商业用地总量虽保持 3km² 未变，但由于建设用地总量增加，故所占比重也略有下降，由 2000 年的 1.3%降至 2007 年的 1.16%。其他建设用地占建设用地的比重也由 22.6%降至 20.46%。

香港土地利用构成表(%)　　**表 6-8**

		2000	2001	2002	2003	2004	2005	2006	2007
城市建设用地	住宅	6.1	6.2	6.2	6.1	7.0	7.0	6.8	6.8
	商业	0.3	0.3	0.3	0.3	0.3	0.3	0.3	0.3
	工业	1.7	1.7	1.7	1.9	2.3	2.3	2.2	2.2
	机构/休憩	3.6	3.6	3.7	3.7	4.0	4.1	4.2	4.2
	运输	4.5	4.5	4.5	4.7	4.8	4.9	5.0	5.1
	其他都市或已建设土地	4.7	5.1	5.3	5.3	5.4	5.3	5.0	4.8
	小计	20.9	21.4	21.7	22.0	23.7	23.8	23.3	23.4
农业用地	农用地	6.4	6.2	6.1	6.4	6.6	6.6	6.1	6.0
	林地/灌丛/草地	67.4	67.2	67.0	67.2	66.0	65.7	66.7	66.7
	湿地	0.5	0.5	0.5	0.5	0.5	0.5	0.5	0.5
	荒地	2.2	2.2	2.2	1.4	0.8	0.8	0.8	0.8
	水体	2.5	2.5	2.5	2.5	2.4	2.6	2.6	2.6
	小计	79.1	78.6	78.3	78.0	76.3	76.2	76.7	76.6

资料来源：2000～2007 年香港城市统计年鉴.

(2) 工业用地、休憩用地、交通运输用地所占比例均略微上升。2000～2007 年，香港工业用地占建设用地的比重由 8.26%上升为 9.27%。这在国际大都市中是不常见的。2000～2007 年，香港机构和休憩用地占建设用地的比重由 17.39%上升为 18.15%；交通运输用地占建设用地的比重由 21.3%上升为 22.0%(图 6-5)。

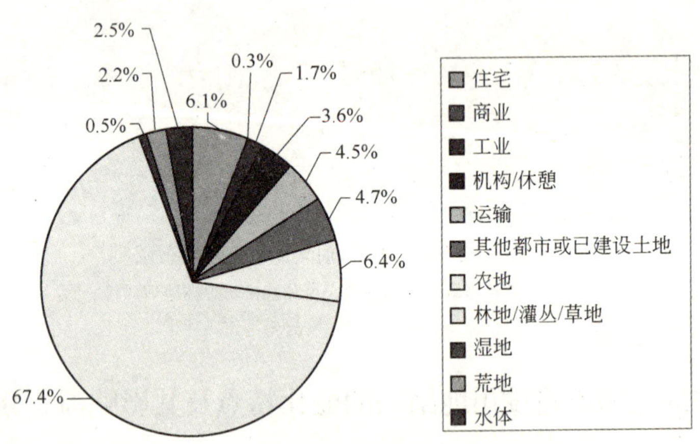

图 6-5　香港土地利用结构图

6.3.2　香港城市建设用地结构变化的影响因素分析

香港作为一个大都市，土地资源十分稀缺。然而，香港的建设用地并没有随着经济与社会的发展而迅速扩大，基本上保持占全港总面积的 23%左右(图 6-6)。寸土寸金的香港之所以能保持其青山绿水主要依赖城市用地管理政策、产业结构的优化、香港地产管理政策与完善的规划体系，同时，也依赖于人口与城市土地资源的完美结合。

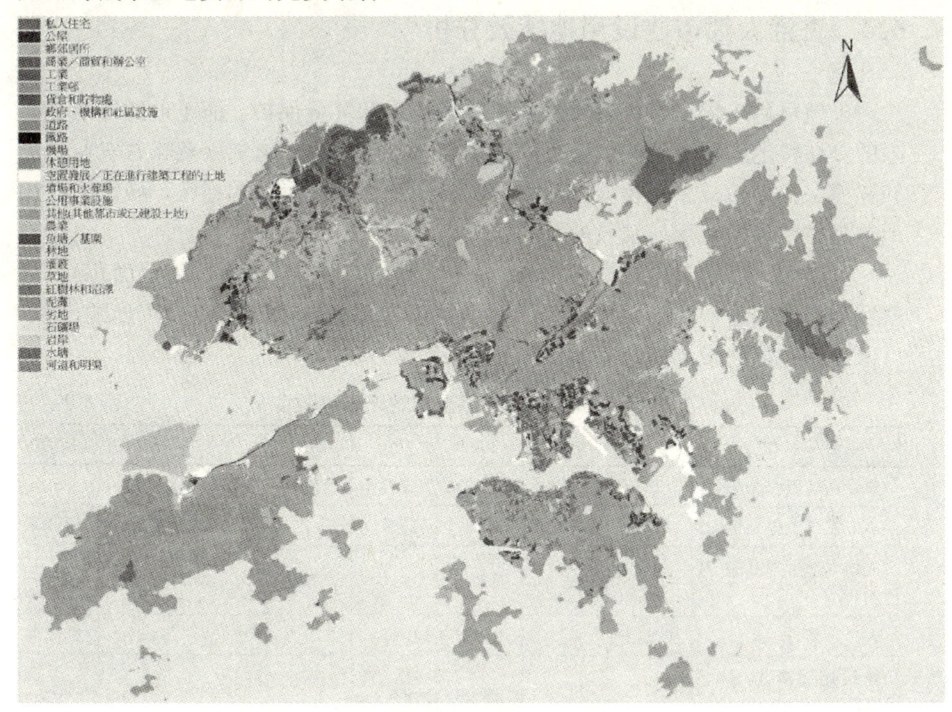

图 6-6　土地用途分布图

资料来源：http：//sc. info. gov. hk/gb/www. pland. gov. hk/p _ study/comp _ s/lup/index _ c. htm.

(1) 严格的土地管理制度，控制和保证香港城市建设用地供应。早在 1976 年，香港就把部分未开发地区划为郊野公园，用以保护绿化环境。香港的土地管理机构与法规十分健全，从制度与法律上保证了农业与环境保护用地不被转化成建设用地。

(2) 产业结构的优化节约了城市土地资源。自 20 世纪 70 年代开始，香港大规模地将其外向型加工生产转移至珠江三角洲，以利用珠三角廉价的资源和劳动力，香港则提供资金、技术、管理并负责产品的销售和出口。在这个过程中，香港得以实现城市经济结构的转型，从出口导向型制造业基地转为以服务业为主导的服务型经济，从劳动密集型产业结构转向资本密集型和技术密集型产业结构。这种产业结构转型也导致了土地利用方式与类型的转变。

(3) 香港设有一个三层架构的规划系统，即先制定全港性的发展策略，拟定整体的中期及长期的土地用途、运输及环境规划大纲；再制定较为具体的次区域发展策略和指引；最后制定地区层面的详细土地用途图。全港性和次区域发展策略并不是法定文件，它们是政府经过详细研究和广泛咨询公众后而制定的中期发展策略，随着经济的转型及市民生活素质的提高而不断提高。

(4) 香港人口总量随着社会经济的发展而稳中有升，人口与土地资源的合理分布使建设用地趋向于平稳，没有侵占农业用地。

6.4 香港大都市建设用地绩效分析

土地可用于城市建设也可以用于农业生产和环境保护，而土地的供给是有限的，在特定区域土地的供给是固定的，城市建设用地增加就意味着农业生产和环境保护用地减少。超大城市周边都属于土地资源紧缺的地区，城市建设用地扩张必然导致对用地绩效的关心。

可以用“城市单位建设用地产出率”（城市 GDP/当年建设用地面积）来考察城市建设用地的绩效。根据香港的本地生产总值（GDP）及建设用地的面积，可以计算香港建设用地每年的产出绩效（表 6-9）。

2000～2007 年香港建设用地产出绩效变化 **表 6-9**

年份	2000	2001	2002	2003	2004	2005	2006	2007
建设用地面积（km^2）	230	235	239	243	262	264	258	259
本地生产总值（亿港元）	13176.5	12992.2	12773.1	12347.6	12919.2	13825.9	14759.1	16162.2
人均本地生产总值（万港元）	19.8	19.4	18.9	18.3	19	20.3	21.5	23.3
人口（万人）	671.2	673	672.6	676.4	679.8	683.8	691	692.6
建设用地产出（亿港元/km^2）	57.3	55.3	53.4	50.8	49.3	52.4	57.2	62.4

由表 6-9 可知，2000～2004 年，香港单位建设用地的产出绩效有所下降，自 2005 年以来又开始逐年回升。但与其他国际大都市相比，其总体产出绩效还是比较高的。

6.5 结论与启示

1. 城市建设用地十分紧缺

香港是个高度都市化的地区，作为一个国际闻名的工商业中心和金融中心，其对世界经济的影响十分广泛。为了维护香港稳定和繁荣，城市土地利用是香港土地利用的主导，但其人均建设用地一直居于国际大都市的最低水平。

2. 用于弥补土地之不足的填海造地应有尽头

大规模的填海造地，不仅耗资巨大，而且还对香港的生态环境和自然景观带来严重的负面影响，导致水土流失、滑坡与地陷，港口淤塞、航道变窄，影响航运安全。

3. 香港的发展和建设应充分考虑港粤、港深及港珠关系

随着香港与珠三角，特别是广东之间的经济联系日益增强，劳动密集型产业已经外迁至内地，香港的产业结构也转向资本密集型及高增值方式。

本章参考文献

[1] 封志明．香港的土地利用［J］．中国土地科学，1997，11(3)：40-44.

[2] 叶舜赞. 香港的土地资源与开发利用 [J]. 自然资源，1997，2：1-9.
[3] 叶嘉安. 香港的经济结构转型与土地利用规划 [J]. 地理学报，1997，52：39-51.
[4] 顾翠红，魏清泉，王东峰. 香港城市土地用途规划控制的机制 [J]. 热带地理，2006，26(2)：151-156.
[5] 李凤章. 香港土地高效利用的法律经验及其启示 [J]. 国土资源导刊，2007，6：73-75.
[6] 顾翠红，魏清泉. 香港土地开发强度规划控制的方法及其借鉴 [J]. 中国土地科学，2006，20(4)：57-62.
[7] 香港统计局. 历年香港城市统计年鉴 [M].

第7章
新加坡大都市建设用地规模与结构变化分析

7.1 新加坡大都市的空间范围及建设用地内涵界定

7.1.1 新加坡大都市的空间范围界定

新加坡位于马来半岛最南端，地处太平洋与印度洋航运要道马六甲海峡，虽然地狭人稠，资源贫乏，但经济发达，居民生活水平较高，是东南亚的工业中心、贸易中心、金融中心、旅游中心和交通中心。

新加坡是一个热带岛国，由一个本岛和附近60个小岛组成，总面积为682.7km^2。新加坡本岛由东到西约42km，由南到北约23km，占全国面积的91.6%。地势低平，平均海拔15m，最高海拔仅166m，海岸线长193km（图7-1）。本岛以外的其余岛屿，较大的有德光岛（24.4km^2）、乌屿岛（10.2km^2）和圣淘沙岛（3.5km^2），圣淘沙岛和乌屿岛都已成为每年吸引大量海外游客观光度假的旅游胜地，而德光岛则发展成为重要的工业场地。

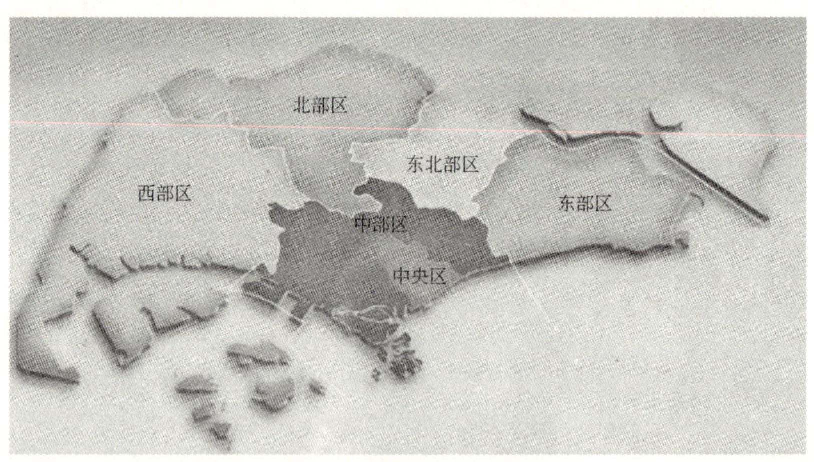

图7-1　新加坡行政区划图

新加坡属典型热带雨林气候，常年高温多雨，年平均气温24～27℃，平均年降雨量2400mm。

新加坡人口稠密，2007年人口密度达每平方公里6489人，是东南亚地区面积最小、人口密度最大的国家（表7-1）。新加坡是一个多民族国家，住有208个民族，马来人是本土人。现在以华人、马来人、印度人、巴基斯坦人、孟加拉人为主，其中华人占76.1%，马来人占15.1%，还有为数不多的阿拉伯人、苏格兰人、荷兰人、阿富汗人、菲律宾人、缅甸人以及欧亚混血种人。

官方语言有：华语、马来语、泰米尔语和英语四种。

新加坡土地与人口统计表　　表 7-1

年份	人口总量（万人）	常住人口（万人）	面积（km²）	人口密度（人/km²）	GDP（亿新元）	人均 GDP（新元/人）
2001	413.8	332.6	682.3	6065	1531.6	46052
2002	417.6	338.3	685.4	6093	1580.5	46719
2003	418.6	343.8	697.1	6005	1622.9	47203
2004	423.8	348.5	699.0	6063	1845.1	52945
2005	434.1	354.4	699.4	6208	1993.7	56259
2006	448.3	360.9	704.0	6369	2169.9	60134
2007	458.8	358.3	707.1	6489	2431.7	67865

资料来源：新加坡统计年鉴.

新加坡是一个城市国家。在地理上分为北部区(North Region)、西部区(West Region)、东北部区 (North-East Region)、东部(East Region)、中部区(Central Region)与中央区(Central Area)(图 7-1)，选举时又分为 75 个选区。

7.1.2 新加坡建设用地的内涵界定

新加坡目前的土地面积为 680 多 km²，其中约 72%为国家所有，其余 28%为私人占有。新加坡将所有土地划分为 900 多个小区，并在每个小区内对土地使用进行详细的规划(图 7-2)。按照功能，新加坡的建设用地被分为五类(表 7-2)：

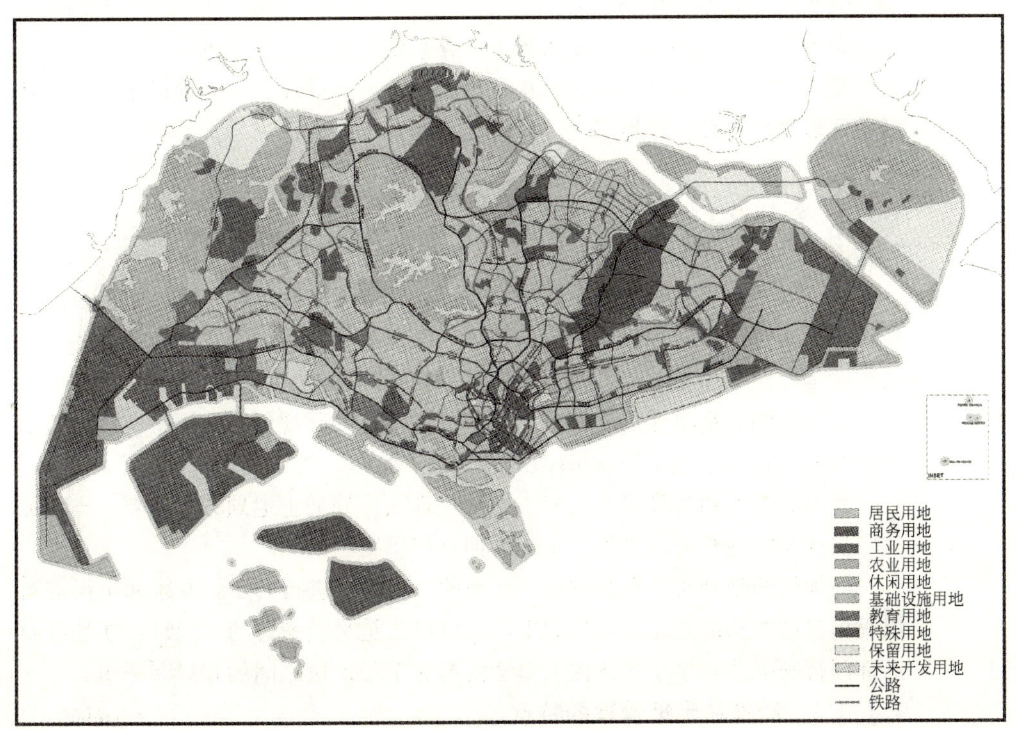

图 7-2　2001 年新加坡土地利用图

新加坡的建设用地分类　　表 7-2

一级分类	二级分类	说　明
工业用地	特殊工业用地	用于重工业和航空工业
	普通工业用地	用于普通工业和轻工业
	标准工厂用地	用于分散和半分散的工厂和车间
	多层工厂用地	用于轻工业和无污染工业
	高科技园区用地	用于高科技开发与研究
休闲用地		主要用于为区域内的居民和出行者提供旅游和休闲的活动空间
居住用地		通过规划将居民集中到不同的区域，并在每个区域内建立完整的配套服务措施
交通用地		以城市地下铁路系统用地为优先考虑
中央商务区用地		发展金融和商业为主，同时采取措施降低此区域内的居住人口数量

资料来源：根据新加坡城市重建局资料整理.

第一类，工业用地。包括特殊工业用地(用于重工业和航空工业)、普通工业用地(用于普通工业和轻工业)、标准工厂用地(用于分散和半分散的工厂和车间)、多层工厂用地(用于轻工业和无污染工业)以及高科技园区用地五种类型。

第二类，休闲用地。主要用于为区域内的居民和出行者提供旅游和休闲的活动空间。

第三类，居住用地。通过规划将居民集中到不同的区域，并在每个区域内建立完整的配套服务措施。

第四类，交通用地。以城市地下铁路系统用地为优先考虑。

第五类，中央商务区用地。该区以发展金融和商业为主，同时采取措施降低此区域内的居住人口数量。

7.1.3　新加坡土地管理方法与制度

7.1.3.1　新加坡土地管理机构

新加坡的土地规划权集中在中央政府，每 5 年修改调整一次。中央政府在新加坡公共管理事务中起着主导作用，国家发展部主管形态发展和规划，具体的职能部门是城市重建局，地区政府不具有规划职能。

新加坡的城市重建局有多重职能，负责住宅发展规划、征用土地、建造组屋、对外发包或承包工程、房屋出售和出租等。

新加坡的土地管理局是政府土地的代理人，处理土地划分、地契、土地征用、租约与空地管理等事项。土地的拥有权仍属国家。

新加坡的规划每 5 年会进行一次修改，届时将进行公示，专家和市民都可以提出自己的修改意见。在规划中，人口增长是必须考虑的，同时，新加坡政府部门特别关注每个小区域内人口密集与非密集地块之间的布局和平衡。

7.1.3.2　新加坡土地管理的特点

(1) 实行强制性的土地征用政策。由于土地资源极度缺乏，新加坡成了世界上为数不多的将住宅、商业和工业区用地全部纳入征地范围的国家。1965 年新加坡独立后，为了适应经济和社会发展的需要，通过强行征用的方法，从私人手中征用了大量土地作为建设用地，使国有土地占国土面积的比重上升到 72%左右。

(2) 建立车辆配额系统和电子道路收费系统。道路交通状况和土地利用是密切相关的。新加坡的交通系统不可避免地受到其狭小的国土面积的制约。由于土地增长缓慢，而人口、车辆、出行人数以及平均出行时间每年都有了显著的增加。为了限制私人小汽车的使用，解决道路拥挤和土地使用的紧张状况，新加坡在 1990 年 5 月引入了车辆配额系统，即通过限制车辆的年增长率和增加机动车辆拥有者的负担来控制车辆数量的长期增加，并促使民众更多地选择公交系统。1998 年 9 月，新加坡又使用了世界上第一个城区电子道路收费系统，取代了 1975 年开始使用的人工收费系统。迄今为止，机动车中约有 96%的车辆已经安装了这种计费系统。

(3) 积极修改其出租和出售土地的计划。新加坡政府实行土地批租政策，控制房地产市场的平稳秩序。

(4) 简化土地利用的审批程序。在土地利用的审批过程中，新加坡政府力求简化省时，减少官僚作风。

7.2 新加坡建设用地规模变化特点及其影响因素分析

7.2.1 新加坡建设用地规模的变化特点

7.2.1.1 住宅用地变化特点

新加坡政府坚持以行政干预为主、市场调节为辅的原则，牢牢掌握了房地产市场的主动权，供应充足的组屋既解决了大部分国民的住房，也有效平抑了房价。与此同时，高收入阶层的住房需求也为私人开发商提供了商机，这种各阶层在住房品种上各取所需的机制，符合市场规律。新加坡的房屋分为政府组屋、共管式公寓住宅、组屋以及别墅几种类型。如表 7-3 和图 7-3 所示，2001～2007 年，新加坡的住宅总量有一定的增加，别墅、独立或非独立住宅及组屋的数量只有少量的增加，相对而言，公寓的数量有较大的增加。

新加坡各类住房变化表(套)　　表 7-3

类型＼年份	2001	2002	2003	2004	2005	2006	2007
独立式住宅	10588	10597	10568	10428	10448	10403	10332
半独立式住宅	21442	21439	21560	21458	21804	21761	21725
组屋	37961	38154	38209	38513	39169	39656	39544
别墅	60003	63511	63426	64279	65895	64989	63353
公寓	84567	88950	93510	105141	111316	110812	112992
合计	214561	222651	227273	239819	248632	247621	247946

资料来源：新加坡统计年鉴.

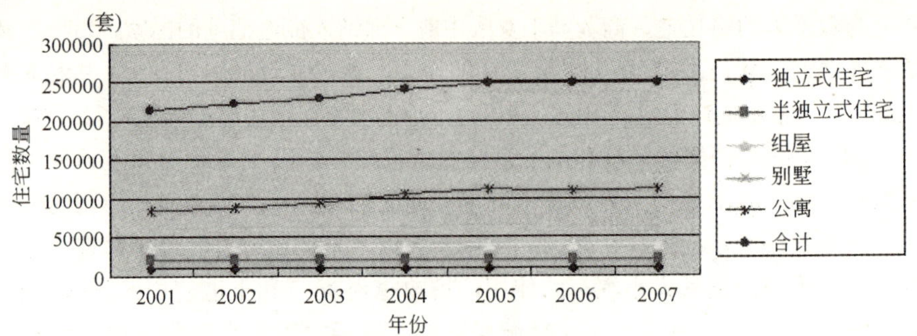

图 7-3 新加坡各类住宅变化情况

7.2.1.2 工商业用地

新加坡的土地资源极为稀缺，而城市化、经济发展与工商业水平的提高都增加了对土地资源的需求。为了解决这些问题，新加坡政府采取了一系列的措施来解决这些问题：一是政府高度垄断，负责工业发展的裕廊集团(JTC)控制了全国 80%的工业用地，其他诸如建设局和私人开发商等工业设施开发者，主要进行标准厂房的建设；二是工业用地供应主要采用租赁方式；三是工业用地供应以厂房租赁为主；四是工业用地量由政府研究分析，结合土地市场供给情况，并根据价格调控来决定；五是政府重视对企业进行政策性引导。

过去 20 多年间，新加坡成为众多跨国公司在东南亚投资的首选地，主要得益于该国稳定的政局、廉洁高效的政府以及较低的成本。

目前新加坡的工商业用地具有如下特点(图 7-4)：

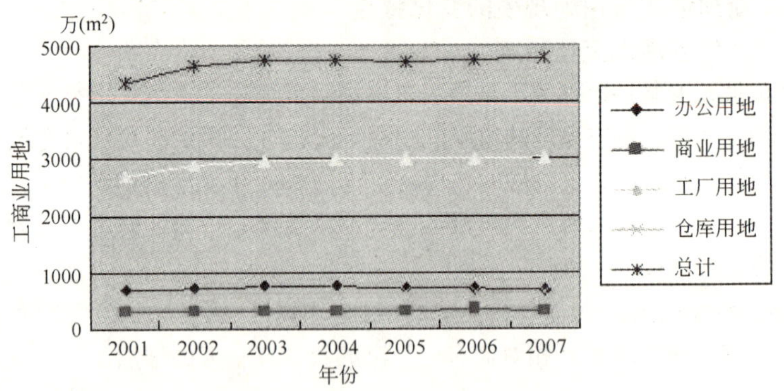

图 7-4 新加坡工商业用地变化情况

(1) 工业与商业用地绝大多数来源于私有土地，而国有土地只占 21%左右。

(2) 新加坡工商业用地总量变化不大，趋于平稳。新加坡的工业主要有炼油、化工、造船、电子和机械等行业，基本上集中在著名的裕廊工业区内。但随着东亚经济起飞，新加坡面临的竞争日益加剧，不少优势正在逐步丧失，部分制造业开始外迁。

7.2.1.3 交通用地

新加坡的土地资源紧缺，政府也采取了很多的措施解决交通发达与土地资源紧张的矛盾：一是注重交通和土地综合利用。通过交通引导城镇发展，注重枢纽站点的建设，整合交通设施体现多种功能，并充分利用空间与地下资源，从而达到交通和土地综合利用的目的。二是构建完整的路网体系。至2007年，新加坡全岛有高速公路153km，主干道613km，次干道489km，支路2042km，构建成一个较为完善的道路网络(表7-4)。三是利用信息技术提高道路服务能力。新加坡通过建成智能交通平台，高效率地使用交通和路况信息。四是实施交通需求控制，积极发展公共交通。新加坡对车辆采取控制拥有与控制使用并重的措施，解决私家车的问题，同时积极发展公共交通，解决市民的出行问题。

新加坡公共道路变化表(km) **表7-4**

类型 \ 年份	2001	2002	2003	2004	2005	2006	2007
已铺道路	3119	3149	3164	3188	3234	3262	3297
高速公路	150	150	150	150	150	150	153
主干道	573	575	579	579	594	604	613
次干道	387	410	415	426	454	468	489
支路	2009	2014	2020	2033	2036	2040	2042

资料来源：新加坡统计年鉴.

新加坡的交通用地总量近年来基本趋于平稳。其中支路铺设得比较多，达到2042km，占已经铺设道路的61%，而主干道与次干道分别占19%与15%。相对而言，高速公路较少，只有153km，只占已铺的5%(图7-5)。

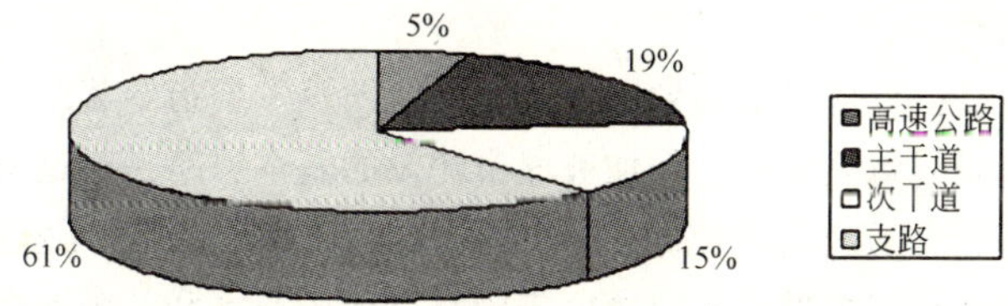

图7-5 新加坡公共道路变化情况

7.2.2 新加坡建设用地规模变化的原因分析

1. 人口增长对建设用地的影响

2001～2007年，新加坡总人口与常住人口均有所增加，分别增加45万与25万左右(图7-6)。同时，工商业用地面积增加了400多万平方米。以常住人口计算，人均工商业用地面积基本上维持在13m²左右。可以认为，建设用地规模基本上与人口总量成正比，人口的增加导致建设用地的增加。

2. 大力填海造地以弥补土地资源的短缺

新加坡地少人多，它的大部分土地已用来建设居民住房，同时还要满足交通运输业、工商业和建立自然保护区、集水区以及军事基地等方面的用地需求。因此，新加坡一直面临着巨大的用地压力。为缓解这种紧张局面，保证有充足的土地资源以供长期发展之需，早在19世纪，新加坡便开始了填海造地。自20世纪60年代起，为满足人口增长和经济发展的需要，新加坡在沿海展开

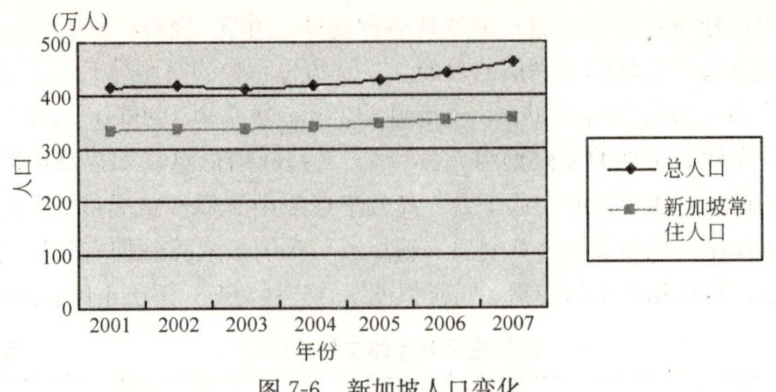

图 7-6　新加坡人口变化

了符合国际法律条规的填海计划。2002 年，新加坡又在柔佛海峡的德光岛和大士进行了大规模的填海工程。

40 多年来的填海工程使得新加坡的国土面积由独立初期的 $580km^2$ 增加至目前的 $707km^2$，新加坡通过填海使国土面积增加了 $127km^2$，通过填海造陆所增加的土地面积占原有国土面积的 20%以上。填海工程所得的土地基本上都是用于建设用地，填海工程是建设用地增加的主要因素之一。预计到 2010 年新加坡新增的国土面积累计将达到 $160km^2$。

3. 土地规划利用与土地管理政策对建设用地的影响

新加坡严格的土地管理制度，控制保证新加坡建设用地供应。新加坡的土地管理机构与法规十分健全，从制度与法律上保证了农业与环境保护用地不被转变为建设用地。

目前新加坡已形成了由规划法令、概念蓝图及发展指导蓝图组成的较为全面完整的城市规划编制体系。新加坡城市建设的基本思路是通过密集的布局来实现城市经济和生活的高效及低成本的运作。新加坡政府十分重视城市规划，通过实施前瞻性规划把城市人口高度集中在城市中心区和几个新市镇，重点加强城市道路、污水处理等市政基础设施建设，完善公共交通网络规划布局，善用工业用地以发展经济。

7.3　新加坡建设用地结构变化特点及其影响因素分析

7.3.1　新加坡建设用地结构的变化特点

1. 居住用地所占比例最高，城市道路用地次之，教育用地位居第三

在 2000 年新加坡的各类用地中，居住用地所占的比例最高，达到 53.4%，超过了城市建设用地总面积的一半以上。城市道路用地次之，占 13.7%；教育用地位居第三，约占 9.5%。三者合计占建设用地总面积的比重达到 76.6%。

2. 工商业用地所占比例较低

在新加坡，商业用地与工业用地所占比例分别为 4.6%和 6.8%，两者合计约占建设用地总面积的 11.4%。工商业用地所占比例虽然不高，却是经济

产出的主要来源。

在工商业用地中，工厂用地所占比例最大，办公与仓库用地次之，商店用地比例最小。以 2007 年为例，工厂用地占工商业用地的 63.8%，办公用地及仓库用地分别占 14.7%与 14.3%，而商店用地只有 7.2%(表 7-5)。

新加坡工业与商业用地情况(万 m²) **表 7-5**

类型	性质	2001 年	2002 年	2003 年	2004 年	2005 年	2006 年	2007 年
办公用地	国有	134.7	156.7	154.9	150.8	146.5	143.8	149.0
	私有	560.7	593.1	614.4	602.4	582.9	576.1	550.7
	合计	695.4	749.8	769.3	753.2	729.4	719.9	699.7
商店用地	国有	126.0	122.4	121.5	122.1	122.1	123.9	124.0
	私有	209.8	217.3	223.8	217.7	215.5	226.2	220.9
	合计	335.8	339.7	345.3	339.8	337.6	350.1	344.9
工厂	国有	690.7	709.5	739.2	732.0	720.8	704.0	681.3
	私有	2009.1	2204.6	2236.8	2260.2	2263.8	2295.4	2354.3
	合计	2699.8	2914.1	2976.0	2992.2	2984.6	2999.4	3035.6
仓库	国有	10.4	11.4	10.6	9.8	9.7	9.0	6.2
	私有	589.9	614.2	642.4	642.5	642.8	653.4	673.3
	合计	600.3	625.6	653.0	652.3	652.5	662.4	679.5
总计	国有	961.8	1000.0	1026.2	1014.7	999.1	980.7	960.5
	私有	3369.5	3629.2	3717.4	3722.8	3705.0	3751.1	3799.2
	合计	4331.3	4629.2	4743.6	4737.5	4704.1	4731.8	4759.7

资料来源：新加坡统计年鉴.

3. 开放空间用地比重高于公共机构用地比重

新加坡是一个美丽的“花园城市”，随处可见绿色的参天大树，千娇百媚的花草装点着大街小巷，形成了独特的绿色风景，具有浓厚的艺术气息。新加坡的开放空间用地比重为 4%，远高于公共机构用地的比重，后者仅占 2.3%。体育设施用地较少，仅占 1.1%(表 7-6、图 7-7)。

新加坡新镇规划中的土地利用情况 **表 7-6**

土地利用类型	面积(hm^2)	所占比例(%)
商业用地	30	4.6
居住用地	347	53.4
教育用地	62	9.5
开放空间	26	4.0
体育设施	7	1.1
公共机构	15	2.3
工业用地	44	6.8
城市道路	89	13.7
其他设施	30	4.6
总　合	650	100

资料来源：HDB (2000a)，转自：Belinda Yuen，Squatters no more：Singapore Social Housing，Global Urban Development，Volume 3 Issue 1，May 2007.

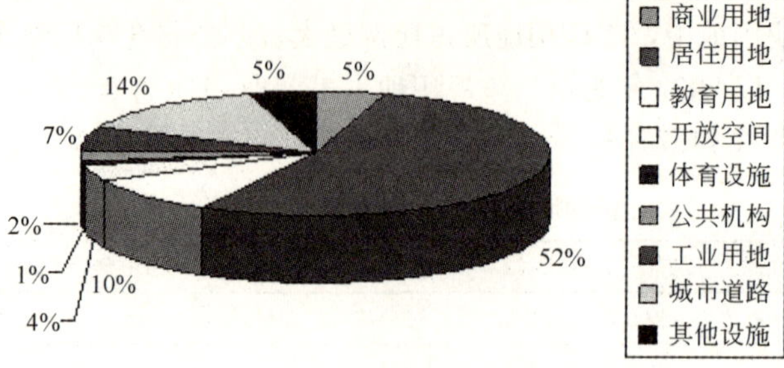

图 7-7　2000 年新加坡土地利用结构

7.3.2　新加坡建设用地结构变化的原因分析

7.3.2.1　产业结构的变化是影响建设用地结构变化的重要原因

产业转型是一个国家或地区发展到一定阶段的必经之路。作为亚洲“四小龙”之一的新加坡，自 1959 年自治和 1965 年独立以来，新加坡从一个贫穷落后的殖民地发展成为新兴工业化国家，逐步走上工业化和建立多元经济结构的发展道路，1996 年联合国将新加坡升格为发达国家。在新加坡经济的迅速发展历程中，政府起着主导和决定性作用，表现为适时的产业政策，引导产业结构的持续合理的改革与转换，合理的产业政策保障体系，以及对国际形势的准确把握。新加坡经历了五次产业结构调整：

(1) 1959～1967 年，由单一转口贸易向进口替代工业转变。

(2) 1968～1979 年，由进口替代工业向出口工业转变。

(3) 1979～1985 年的产业结构重组阶段。新加坡政府于 1979 年提出了在经济领域进行“第二次工业革命”，着力重组经济结构，大力引进高技术和资本、技术密集型产业，将制造业朝着高附加值、高度资本、技术密集型的出口工业方向转变，逐步淘汰劳动密集型产业。

(4) 1986～1996 年的经济发展新方向时期。新加坡政府正式确定将制造业和服务业作为经济的双引擎，即在发展资本技术密集型出口工业的同时，着重转向优先发展有增长潜力的服务业。

(5) 1997 年至今的以知识经济为主的产业结构时期。由于世界经济大环境的影响，新加坡的经济增长率在 2000 年时为 9.9%，2001 年为－2%，2003 年为 1.1%。为应付这种经济衰退，新加坡开始进行全面的结构性改变，发展以服务业、信息产业为重点，加速经济国际化、自由化、高科技化，积极创新，制定实施从传统经济向知识经济转变的战略规划，发展知识型产业，从而应付不断变化的外部世界经济环境。

值得注意的是，新加坡在大力发展服务业经济的同时，仍然重视制造业的发展，因而其工业用地的比重高于纽约、伦敦、巴黎等国际大都市。

7.3.2.2　家庭规模小型化与住房政策的影响

家庭规模小型化对住宅用地的规模和结构变化具有一定的影响作用。新加坡前总理李光耀在 20 世纪 60 年代提出的“居者有其屋”计划，旨在“为所有新加坡人提供策划周详的组屋”。经过 40 多年的发展，新加坡的组屋政策取得了巨大成就。目前，新加坡的组屋总量已达 80 多万套，超过了总户数，人均居住面积是香港的 2 倍，居亚洲之首，而且已经有 86％的居民居住在组屋内。从表 7-2 可知，新加坡 2001～2007 年住宅用地规模和比例的增长主要是公寓和组屋的增长。

7.3.2.3 居民生活水平与质量提升的影响

居民生活水平与质量提升对用地结构的变化具有明显作用，如开放空间和休憩娱乐用地的规模和比重呈现不断上升的态势。

7.4 新加坡建设用地的绩效分析

新加坡的土地主要用于住宅，也可用于城市建设、农业生产和环境保护。而土地的供给是有限的，在特定区域土地的供给是固定的，城市建设用地增加就意味着其他类型的用地减少。因此，城市建设用地扩张必然产生对用地绩效的关心。可以用“城市单位建设用地产出率”（城市 GDP/当年建设用地面积）来考察城市建设用地的绩效。根据新加坡的国民生产总值(GDP)及各类型建设用地的面积，可以计算新加坡建设用地的绩效(表 7-7)。

2001～2007 年新加坡建设用地产出绩效 **表 7-7**

年份	GDP（万新元）	建设用地产出（新元/m^2）	工业用地产出（新元/m^2）	商业用地产出（新元/m^2）	办公用地产出（新元/m^2）
2001	15316470	3536	5673	45612	22025
2002	15804730	3414	5424	46526	21079
2003	16228770	3421	5453	46999	21096
2004	18450800	3892	6166	54299	24497
2005	19937480	4238	6680	59057	27334
2006	21699450	4586	7235	61981	30142
2007	24316880	5109	8011	70504	34753

如表 7-7 所示，新加坡的建设用地绩效从 2001 年以来一直处于增长的趋势，这与调整产业结构，积极提高用地效率分不开。商业用地绩效最高，增长的趋势很快，2007 年达到了每平方米 7 万多新加坡元。办公用地的绩效次之，增长的趋势也很快，达到了每平方米 3 万多新加坡元。相对而言，工业用地绩效虽然有增长的趋势，但增长势头较小，单位面积产出只有 0.8 万新加坡元/m^2。

7.5 结论与启示

1. 推进土地利用集约化

一方面，要提高招商引资项目的门槛，要引进技术含量高、投资强度大、占地面积小的项目，使土地产出率达到较高水平。另一方面，要挖掘存量土地的潜力。一是大力推进土地整理工作。充分利用好土地整理新增耕地可折抵建设占用耕地补偿指标这一优惠政策，积极推进农地整理、宅基地整理、废弃厂房整理等土地整理工作，增加有效耕地面积，实现耕地占补平衡。二是依法清理闲置土地，有效地消化已经进入市场、批而未用的存量土地，鼓励企业依法出租出让现有闲置厂房和存量土地。调动和活跃闲置厂房和存量土地的租赁和转让。三是进行建设用地内部深度开发，挖潜再利用。上海城镇建设应坚持以旧城区改造为主，新增建设用地为辅。通过内涵挖潜与外延扩张两条路子，推进土地利用集约化。

2. 继续推行国有土地供应实行“招拍挂”出让与划拨双轨制

考虑上海采取划拨方式由来已久的实际情况，选择使用招标出让与划拨方式并存的双轨制是符合现实的政策。国有土地需要牢牢控制在政府手中，还要通过土地招标出让的有偿使用方式，实现国有土地所有权的价值。另外，由于用地的性质、目的以及土地的区位等条件的不同，政府必须针对不同的情况采取不同的政策，使用不同的供地方式，以实现国家对土地市场的宏观调控。尽管新加坡的土地市场十分发达，但他们在实行土地有偿使用的同时，对政府用地仍然使用划拨方式，可见无论土地有偿使用如何深入开展，土地市场如何发达，都不排斥政府用地无偿性。另外，不管何种性质的申请使用土地者，都必须有详细的土地开发利用计划，以加强土地计划管理和城市规划的指导作用，做到按需求供给土地，以控制地价，保持土地供需平衡。

3. 合理修订土地利用规划蓝图

上海市土地利用总体规划对用地做了一个长期性、策略性的规划。由于规划在被执行的过程中可能因为上级规划对土地使用规划的变更或市场的需求变化等原因，而不符合生产和生活的需要。因此，应该对规划每 10 年进行一次大的修订，每 5 年进行一次小的修订。并且每年都要加以审查，以保证土地使用的合理性和灵活性，使土地的使用与开发始终以市场需求为导向，以最大限度地满足生产和生活需要为准则。我们应根据自身的土地资源特点，立足当前，放眼长远来制定机动、合理、有效的规划蓝图。

4. 创新土地利用方式

新加坡政府在土地利用方面已经有许多创新。比如兴建地下储水池，在地铁站和巴士转换站兴建高层建筑，通过填土和兴建地下污水处理厂，提高土地使用密集度，腾出更多的可供利用的土地。鉴于上海土地资源的局限性，借鉴新加坡开展有创意的土地利用方式，对其合理高效利用土地是很有必要的。在土地利用微观措施上，要考虑四维时空来创新利用土地。即不仅仅考虑到地面土地如何利用，还要考虑地下空间和地上空间如何利用，同时还要考虑未来此地块将作何用。

5. 大力促进环境的可持续发展

在土地利用中，环境保护可以在一定程度上缓和土地开发对环境造成的负面影响，从而更合理地利用土地。因此，土地利用规划的整个过程也需要融入环境保护的因素，尤其是保护自然生态系统。上海应将土地利用和环境保护结合起来，在废弃物的处理和回收等方面采取更加有效的措施，比如可以遵循

"就近性原则"，即就近处理和回收生产，以减少垃圾对交通造成的压力和对环境的破坏。

本章参考文献

[1] 柳岸林. 新加坡土地利用及其发展对策 [J]. 国土资源，2005，5：52-53.

[2] 郑捷奋，刘洪玉. 新加坡城市交通与土地的综合发展模式 [J]. 经济研究，2003，25(11)：4-7.

[3] 柳岸林. 新加坡集约用地举措及其发展趋势 [J]. 国土资源科技管理，2005，22：51-54.

[4] 肖元真，屠平，蔡俊煌. 新加坡调控房地产业的做法与启示 [J]. 中国经贸导刊，2006，6：21.

[5] 曹春华. 新加坡的城市建设与管理 [J]. 决策导刊，2005，5：45-47.

[6] 林兰源，韩笋生. 新加坡的土地利用规划 [J]. 国外城市规划，1998，1：17-21.

[7] 余仁田. 新加坡土地利用举措及其对上海的借鉴 [J]. 上海土地，2007，1：33-35.

[8] 刘士林主编. 2007中国都市化进程报告 [M]. 上海：上海人民出版社，2008.

[9] 新加坡统计局. 2001～2008年新加坡城市统计年鉴 [M]. 新加坡：新加坡联合早报出版社.

第 8 章
大开罗地区建设用地规模与结构变化分析

8.1 大开罗地区的空间范围及建设用地内涵界定

8.1.1 大开罗地区的空间范围界定

开罗是埃及的首都，也是其经济、文化与政治中心，是非洲人口最多的城市，在阿拉伯地区具有很大的影响力。开罗也像其它大城市一样，经历了人口的膨胀、土地的扩张、建设用地结构的调整。本文研究的是大开罗地区的建设用地情况。大开罗地区由开罗省、吉萨省和盖勒尤卜省组成(表 8-1、图 8-1)。

大开罗地区的空间范围界定　　表 8-1

大开罗地区	开罗省	位于尼罗河的东部
	吉萨省	位于尼罗河西部
	盖勒尤卜省	位于尼罗河西部

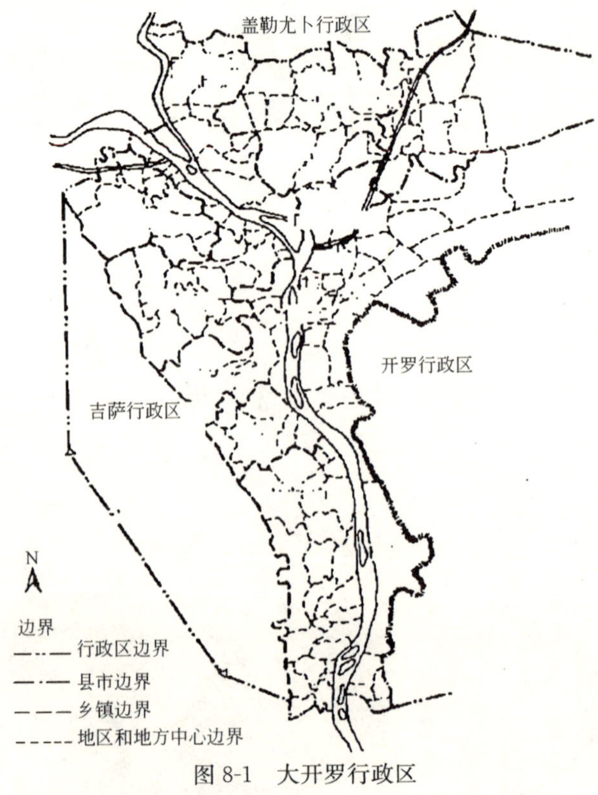

图 8-1　大开罗行政区

资料来源：General Organization for Physical Planning.

8.1.2 大开罗地区建设用地内涵界定

开罗的建设用地包括居住用地、公共设施用地、经济活动用地等。其中，公共设施用地包括交通、教育、医院等用地，经济活动用地包括商业用地，工业用地等。

8.2 大开罗地区建设用地规模及其变动特点

根据资料的可得性，本文研究的时段设定为1945～1999年。从表8-2可以看出，大开罗地区的建设用地规模变化具有以下特点：

1945～1999年大开罗地区建设用地规模及其人均占有量变化　　表8-2

年份	建设用地						建设用地总面积（hm^2）	人口数（万人）	人均建设用地（m^2/人）
	居住用地		公共设施用地		经济活动用地				
	（hm^2）	%	（hm^2）	%	（hm^2）	%			
1945	—	—	—	—	—	—	7958	258.4	30.8
1968	10600	66	3700	23	1800	11	16100	646	24.9
1977	13100	64	3500	19	4000	17	20621	704.7	29.3
1982	17526	65	4601	18	4685	17	26812	857.4	31.3
1986	—		—		—		34440	951.4	36.2
1999	—		—		—		46040	—	—

1. 建设用地的总规模呈不断扩大的趋势

从表8-2可以看出，大开罗地区的建设用地面积从1945年的7958hm^2增长到1999年的46040hm^2，规模扩大了约4.8倍。

图8-2显示了大开罗地区的扩张情况。图8-3分别显示了1986年及1999年的土地使用分类情况。从图8-3中也可以看出，建设用地面积明显增加了，规模也扩大了，大部分是来自于沙漠和农用地，并且向西、北方向扩张明显。

图8-4表示建设用地的扩张和占用沙漠的比例，同样也表明了建设用地的扩张大部分来自沙漠用地。

2. 单项建设用地规模也呈不断扩大的趋势，但扩张速度存在差异

从表8-2可以看出，居住用地从1968年的10600hm^2增加到1982年的17526hm^2，公共设施用地从1968年的3700hm^2增加到1982年的4601hm^2，经济活动用地从1968年的1800hm^2增加到1982年的4685hm^2，三大类用地分别扩大了65.3%、24.4%和160.3%，经济活动用地规模的扩张速度明显快于居住用地和公共设施用地规模的扩张速度。

3. 人均建设用地在波动中呈现增长趋势

从表8-2可以看出，1945年大开罗地区建设用地人均占有量为30.8m^2/人，1968年减至24.9m^2/人，之后又逐年增加，到1986年增加到了36.2m^2/人。

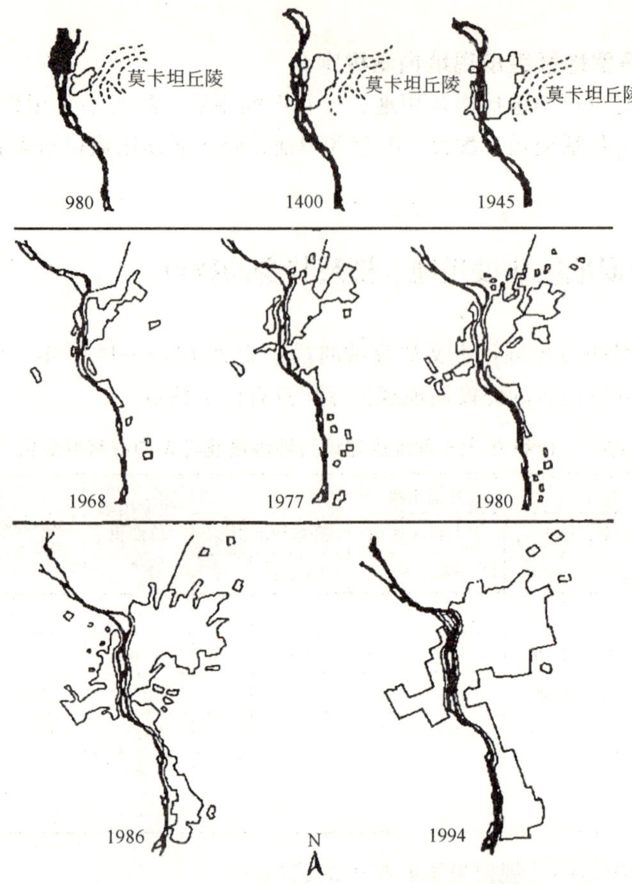

图 8-2　大开罗地区的空间扩张

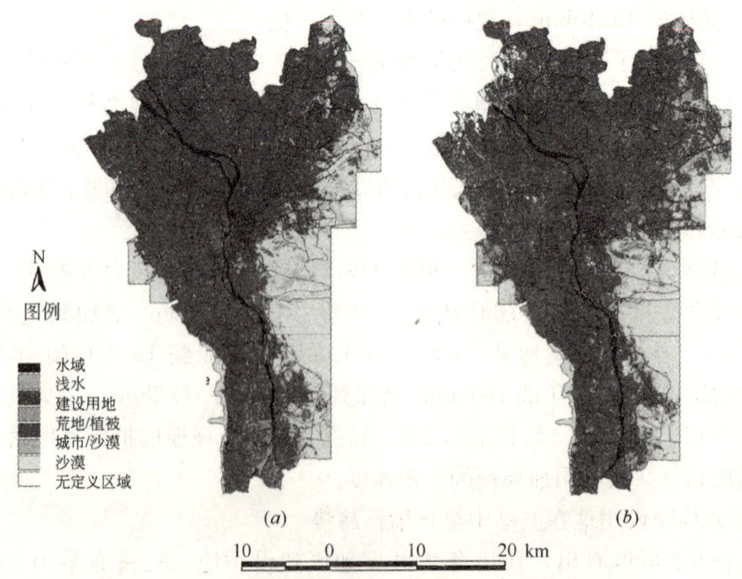

图 8-3　1986 年与 1999 年遥感影像的土地使用分类

(a)1986 年；(b)1999 年

资料来源：(a)基于 1986 年 LANDSET TM 影像；(b)基于 1999 年 LANDSET ETM+影像.

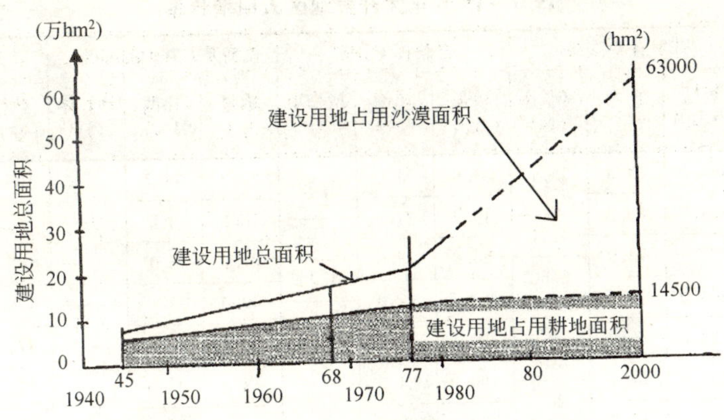

图 8-4　建设用地在农用地和沙漠上的扩张

资料来源：大开罗；Master Scheme GOPP/OTUI-IAURIF.

4. 建设用地占土地总面积的比例总体上呈现上升趋势

从表 8-3 可以看出，建设用地占土地总面积的比例总体上呈现上升趋势。1945 年，建设用地占土地总面积的比例只有 15.8%；1977 年达到最高，为 32.6%。主要是因为 20 世纪 70 年代埃及经济政策发生了巨大的转变，经济自由化，给个人更大空间，房地产开发增加，导致建设用地总面积迅速扩张。1982 年建设用地占土地总面积的比例又降至 22.4%，其后逐年回升，1999 年增至 31.7%。

大开罗地区建设用地占土地总面积的比例　　**表 8-3**

年份	建设用地总面积（hm^2）	土地总面积（hm^2）	建设用地占土地总面积的比例(%)
1945	7958	50646	15.8
1968	16100	58788	27.4
1977	20621	63198	32.6
1982	26812	119567	22.4
1983	32609	131260	24.8
1986	34440	145190	23.7
1999	46040	145190	31.7

8.3　大开罗地区建设用地规模变化的影响因素分析

影响大开罗地区建设用地规模变化的主要因素可归结为以下几个方面：

1. 人口因素

从表 8-4 可以看出，大开罗地区的人口在逐年增长，人口的增加必然会导致对住房需求的增加，公共设施用地和经济活动用地也会相应增加，从而导致整个建设用地面积的增加和规模的扩张。图 8-5 是大开罗地区的人口增长曲线图，可以更直观地看出人口的逐年增长状况。

1927～1996 年大开罗地区人口增长率 **表 8-4**

年份	开罗省（Cairo）			吉萨省（Giza）			盖勒尤卜省（Qalyubia）			大开罗地区	
	数量（万人）	比例（%）	增长率（%）	数量（万人）	比例（%）	增长率（%）	数量（万人）	比例（%）	增长率（%）	数量（万人）	增长率（%）
1927	106.5	64.3	2.01	34.8	21.0	1.59	24.3	14.7	1.55	165.6	1.87
1937	131.2	69.0	4.71	40.9	21.5	2.42	18.2	9.5	2.02	190.3	3.92
1947	209.1	74.0	3.62	50.8	18.0	4.20	22.3	8.0	3.15	282.2	3.69
1960	334.9	70.0	4.13	103.5	21.6	5.02	40.0	8.4	4.19	478.4	4.33
1966	423.2	68.9	1.74	132.3	21.5	3.87	59.4	9.6	4.25	614.9	2.52
1976	434.4	64.1	2.7	164.9	24.3	4.3	78.3	11.6	4.5	677.6	3.3
1981	574.5	62.0	3.4	239.4	25.9	4.5	112.0	12.1	5.8	925.9	4.0
1986	560.3	58.9	3.1	250.6	26.3	5.4	140.5	14.8	6.2	951.4	4.5
1996	734.0	54.5		385.9	28.6		227.6	16.9		1347.5	

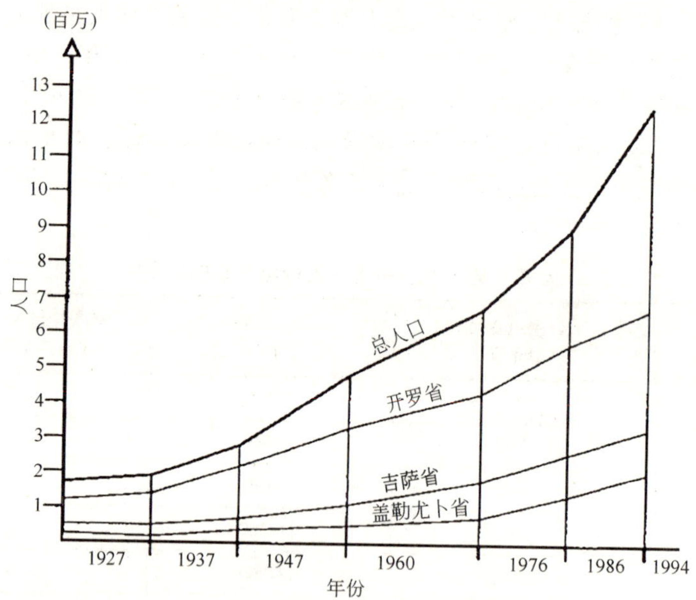

图 8-5　大开罗地区人口增长直方图

人口增长率的变化与建设用地增长率的变化影响人均占有量。表 8-5 对建设用地增长率和人口增长率进行了比较。

大开罗地区建设用地增长率与人口增长率的关系 **表 8-5**

	1945 年	1968 年	1977 年	平均每年增长率	
				1945～1968	1968～1977
总的建设用地	7985hm²	16143hm²	20605hm²	3.10%	2.75%
人　　口	216.6 万人	543.6 万人	669.9 万人	4.08%	2.35%

从表 8-5 可以看出，1945～1968 年，大开罗地区人口年均增长率为 4.08%，大于建设用地年均增长率 3.10%，因此，建设用地人均占有量从

1945～1968 年出现了下降趋势。而 1968～1977 年，由于人口的年均增长率小于建设用地的年均增长率，因此，建设用地的人均占有量又出现了增加态势。

2. 经济因素

1950～1990 年是大开罗地区快速城市化和工业化发展阶段。自从 1952 年改革以后，政府为了追求经济效益，同时有利于国民经济的发展，鼓励开办工厂，为人们提供更加多的就业机会。工业规模的扩大导致了工业用地的增加，最终又导致了建设用地规模的扩大。

3. 政治因素

政治原因是最主要的。由于市中心基础设施齐全，并拥有充足的电力，丰富的高技术人才，方便的交通等等有利条件，因此，市区工业化战略备受欢迎。许多农民便进城寻找就业机会，更加扩大了建设用地的规模。

8.4 大开罗地区建设用地结构及其变化特点

1. 各类建设用地比例有所变化

伴随着建设用地规模的扩大，建设用地的内部结构也发生了变化。从表 8-2 看出，在建设用地中，居住用地比例大体保持在 65%左右，其中 1968 年为 66%，1977 年为 64%，1982 年为 65%。公共设施用地比例有下降的趋势，从 1968 的 23%下降到 1982 年的 18%。而经济活动占用的建设用地比例明显上升，从 1968 年的 11%上升到 1982 年的 17%。

2. 建设用地的空间结构也发生了变化

比较各个区域可以看出，开罗省的公共设施和经济活动用地比例高于吉萨省和盖勒尤卜省，而居住用地比例却少于吉萨省和盖勒尤卜省。单从各个省来看，居住用地的比例要高于公共设施用地和经济活动用地的比例。从表 8-6、表 8-7 可以看出，吉萨省的居住区密度较大，人口密集。开罗省和盖勒尤卜省的经济活动比较显著，也是开罗居民的主要就业区域。

大开罗集聚区(Agglomeration)建设用地使用情况　　表 8-6

年份	区域	居住用地		公共设施用地		经济活动用地		总面积(hm^2)
		面积(hm^2)	占总面积比例(%)	面积(hm^2)	占总面积比例(%)	面积(hm^2)	占总面积比例(%)	
1977	开　罗	9495	61	3303	21	2720	18	15522
	吉　萨	2846	78	534	15	203	7	3632
	盖勒尤卜	796	54	128	9	543	37	1467
1983	开　罗	12059	64	3571	19	3163	17	18791
	吉　萨	3680	81	681	15	208	4	4569
	盖勒尤卜	1262	62	132	7	632	31	2026

资料来源：GOPP (1983).

包括农村在内的大开罗地区建设用地的使用情况　　表 8-7

年份	区域	居住用地		公共设施用地		经济活动用地		总面积 (hm²)
		面积 (hm²)	占总面积比例(%)	面积 (hm²)	占总面积比例(%)	面积 (hm²)	占总面积比例(%)	
1977	开　罗	9495	61	3303	21	2720	18	15522
	吉　萨	5510	80	843	12	540	8	6893
	盖勒尤卜	2521	57	539	13	1341	30	4401
1983	开　罗	12059	64	3571	19	3163	17	18791
	吉　萨	6199	74	1050	13	1088	13	8337
	盖勒尤卜	3427	63	563	10	1478	27	5468

资料来源：GOPP (1983).

8.5 大开罗地区建设用地结构变化的影响因素分析

大开罗地区建设用地结构的变化，主要受到人口、环境、产业结构、土地政策等多方面因素的综合影响。

8.5.1 人口的流动

开罗省是大开罗地区的市中心，1960 年之前，人口不断地向中心集聚，导致开罗地区人口密度非常高。

1975～1982 年，开罗地区土地价格增长了 10 倍，建筑成本增长了 5 倍。在中心商务区，住房不能满足进一步的扩张需求，于是人口开始向郊区流动，导致 1980 年后，吉萨和盖勒尤卜的住房用地增长速度比开罗快。由表 8-6 可以看出，1977～1982 年，开罗的住房用地从 61%增长到 64%，仅增长了 3 个百分点；吉萨从 78%增长到 81%，也增长了 3 个百分点；而盖勒尤卜则从 54%增长到 62%，增长了 8 个百分点。

8.5.2 环境因素

优良的环境是人类赖以生存的条件。20 世纪 70 年代以来，经历了人口的飞速膨胀后，市区人口过于稠密，导致住房拥挤，水资源短缺等，出现了很多城市问题。为了提高人类生活环境，同时也为中低收入家庭提供服务用地，提高公共服务的使用效率，于是限制了开罗集聚区的扩张，使得人口向郊区流动。

8.5.3 产业结构变化

1952 年改革以后，开罗地区重视工业的发展，甚至把少数的公寓楼层用来作为商店和办公室，经济用地比例显著增加。从表 8-2 可以看出，居住用地比例从 1968 年的 66%下降到 1977 年的 64%，经济用地却从 1968 年的 11% 增加到了 17%。实践证明，工业的确给城市带来了很大的经济效益。但是这个时期的公共设施用地没有得到提高。到20世纪80年代后，政府才开始注重居民的生活环境，开始保护绿地，建设公共娱乐场所，使得公共建设用地得到保护和发展。

8.5.4 土地政策调整

1965～1980年，经济政策发生了巨大的转变，为了提高公共效益，解放经济，给了私人更多的发展空间，一些资产丰厚的人开始投资房地产，导致居住面积比例的增加。从表8-2可以看出，1977年的居住用地占64%，到了1982年增加为65%。

8.6 结论

本文选取1945～1999年的数据，对大开罗地区建设用地的规模和结构变化特点进行总结，并且分析了其影响因素。

开罗建设用地的扩张主要来自沙漠和农用地，虽然产生了积极的效果，但是这种扩张方式要有限度，不能无限制地破坏自然环境，要保护农用地，保护沙漠。

埃及还是发展中国家，主要从事农业，工业也要有一定的规模。通过以上分析，我们看到，大开罗地区建设用地的比例最高达到32.6%，这个比例已经很高了。为了增加经济的生产能力，就要合理地安排各类建设用地的结构，加大基础设施的建设，改善工业布局政策，限制人口的增长，控制居住用地的规模。

本章参考文献

[1] Abu-Lughod，Janet L. Cairo 1001 Years of the City Victorious [M]. Princeton，New Jersey：Priceton University Press，1971.

[2] Ministry of Development. General Organisation for Physical Planning Greater Cairo Region Long Range Urban Development Scheme Strategy Plan [R]. Cairo，1982.

[3] Aga Khan Award. The Expanding Metropolis Coping with the Urban Growth of Cairo [R]. Concept Media Pte Ltd Singapore，1984.

[4] Michel Fouad Gorgy. The Greater Cairo Region：Land Use Today and Tomorrow [R]. Concept Media Pte Ltd Singapore，1982.

[5] Zhi-Yong Yin，Dona J. Stewart ，Stevan Bullard，Jared T. MacLachlan. Changes in urban built-up surface and population distribution patterns during 1986～1999：A case study of Cairo，Egypt [J]. Computers，Environment and Urban Systems2005，29：595-616.

[6] CAPMAS (Central Agency for Population Mobilization and Statistics). General Census of Population，Housing and Buildings [R]. Cairo，Egypt，1986.

[7] CAPMAS (Central Agency for Population Mobilization and Statistics). General Census of Population，Housing and Buildings [R]. Cairo，Egypt.，1996.

[8] Hefny，K. Land-use and management problems in the Nile Delta(Egypt) [J]. Nature and

Resources，1983，18(2)：22-27.
[9] Ibrahim，S. E.. Cairo：a sociological profile. In A. Evin(Ed.)，The Expanding Metropolis：Coping with the urban growth of Cairo [C]. Singapore：Concept Media，1985，25-33.
[10] Harris，R.，& Wahba，M. The urban geography of low-income housing：Cairo(1947～1996)exemplifies a model [J]. International Journal of Urban and Regional Research，2002，26(1)：58-79.
[11] Ministry of Housing. The Preliminary Master Plan [R]. Cairo(in Arabic)，1970.
[12] Denis，E. Urban planning and growth in Cairo [J]. Middle East Report，1997，27(1)：7-12.

第9章
孟买大都市建设用地规模与结构变化分析

9.1 孟买大都市区空间范围及建设用地内涵的界定

9.1.1 孟买大都市区的空间范围界定

孟买(Mumbai)，印度西岸大城市和全国最大海港，是印度马哈拉施特拉邦的首府，也是印度的金融中心。在孟买岛上，距海岸16km，有桥梁与堤道相连。1534年为葡萄牙所占，1661年转属英国，为重要的贸易中心，印度西部门户。港区在岛的东边，长20km，水深10～17m，是天然的避风良港，有国际海运与航空线。孟买是仅次于加尔各答的工商业大城市，印度最大的棉纺织中心，纱锭和织机均约占全国的1/3。还有毛织、皮革、化工、制药、机械、食品、电影等工业。石油化工、化肥和原子能发电也发展迅速。出口棉花、棉织品、面粉、花生、黄麻、皮毛与蔗糖。

孟买2006年人口约为1300万人，是印度人口最多的城市，也是世界人口最多的城市之一。包括邻近郊区的孟买大都市区(Mumbai Metropolitan Region)人口约为2500万。孟买目前是世界排名人口第六位的大都市区，但由于年平均人口增长率达到2.2%，预计到2015年，孟买大都市区的人口排名将上升到世界第四位。

孟买位于马哈拉施特拉邦西海岸外的撒尔塞特岛，西临阿拉伯海(图9-1)。该市拥有一个天然的深水良港，承担着印度超过一半的客运量，货物吞吐量也相当大。

孟买是印度的商业和娱乐业之都，拥有重要的金融机构，诸如印度储备银行(RBI)、孟买证券交易所(BSE)、印度国家证券交易所(NSE)和许多印度公司的总部。该市同时也是印度印地语影视业(称为宝莱坞)的大本营。由于孟买广阔的商业机会和相对较高的生活水准，吸引了来自印度各地的移民，使得该市成为各种社会群体和文化的交融汇聚之地。孟买拥有贾特拉帕蒂·希瓦吉终点站和象岛石窟等数项世界文化遗产，还是非常罕见的在市界以内拥有国家公园(桑贾伊·甘地国家公园)的城市。

孟买大都市区是一个城市聚合体(或城市化区域)，由大都市孟买本身及其卫星城组成，包括5个市自治体(Municipal Corporations)和15个较小的市议会(Municipal Councils)。整个区域由孟买大都市发展委员会(Mumbai Metropolitan Development Authority)管理，它是马哈拉施特拉邦政府的一个组织机构，负责管理城市规划、开发、交通和住宅。

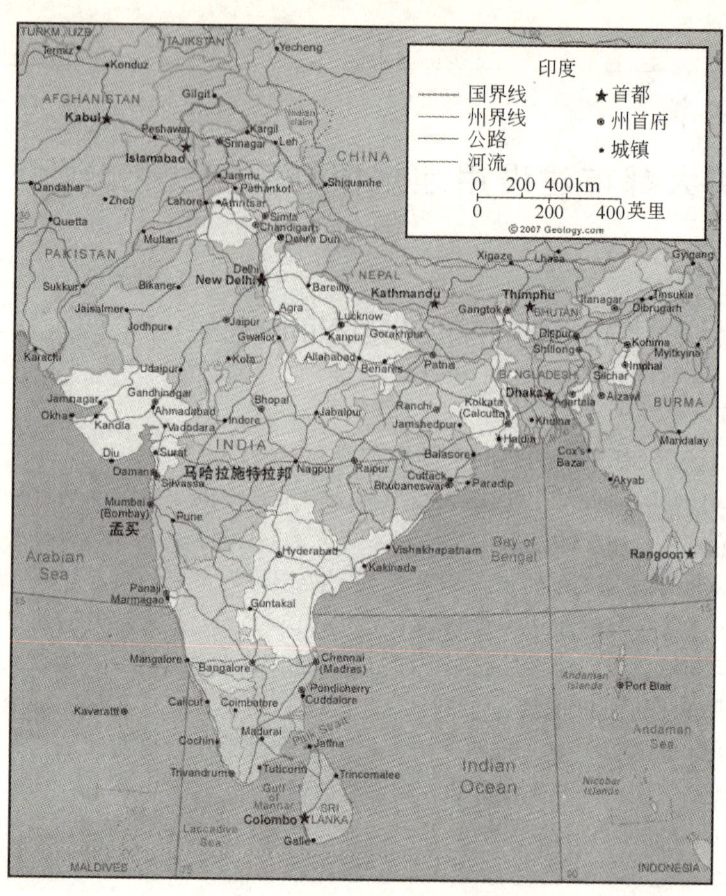

图 9-1　孟买区位分布图

一般地，孟买大都市区由以下 10 个区级及副区级区域组成，其面积分布如表 9-1 及图 9-2 所示。

孟买大都市区土地面积　　表 9-1

区级/副区级	面积(km²)
岛城(Island city)	73.9
郊区(Suburbs)	395
塔纳(Thane)	346
勃生(Bassein)	436.2
比宛迪(Bhiwandi)	687.1
卡延(Kalyan)	648
潘维尔(Panvel)	574
乌兰(Uran)	214
戈尔哈布尔(Kolhapur)	172
格尔杰德(Karjat)	309
总面积(Total Area)	3855

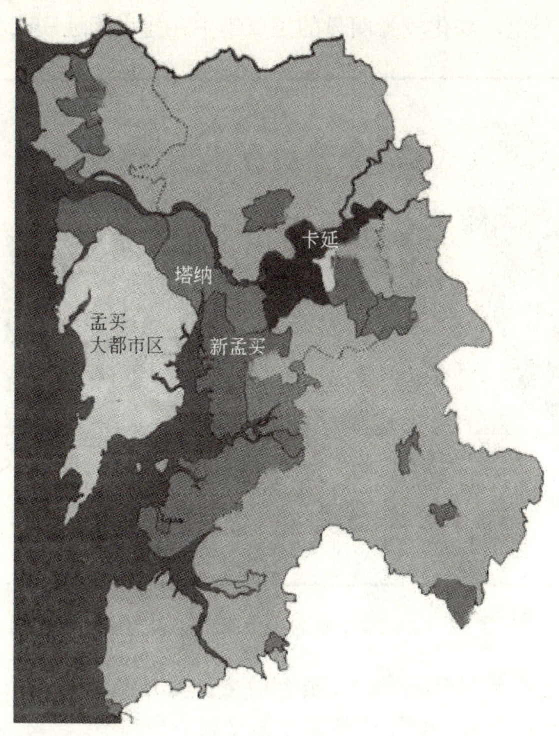

图 9-2　孟买大都市区示意图

事实上，孟买大都市区的行政界线在两次 20 年计划期内有所变动，1991 年孟买大都市区的边界扩大到包含阿里巴格(Alibag)和浦那(Pune)的区域，除此以外，副区级区域也被重新分类。同样，土地利用分类在第二个 20 年计划中也得到进一步细化。

9.1.2　孟买大都市区建设用地内涵界定

孟买大都市区将土地较为粗略地分为 7 个大类，并在此基础上划分二级类型。在孟买，狭义的建设用地是指城市建筑用地，包括城市绿化用地、交通用地、居住用地以及商业仓储用地等，可以认定为是为居住和日常生活服务的城市建成区用地，但不包含工业用地。广义地讲，建设用地包含城市建筑用地，工业用地以及其他非农业用地，与农业用地等其他用地属于同级类别。

1971 年，孟买大都市区建设用地(不包含工业用地)为 149.1km^2，占全部土地面积 3855km^2 的 4%不到，而 1991 年则占到总面积的 9%，估计到 2011 年，该比例将继续攀升，达到 28%。而广义的建设用地比例在 1971 年和 1991 年分别达到 5%和 12%，预计到 2011 年可达到 31%。

9.2　孟买大都市区建设用地规模的变化特征及其影响因素分析

9.2.1　孟买大都市区建设用地规模的变化特征

首先，通过图 9-3 我们可以直观地看到孟买大都市区各类用地在 1971～

1991年的规模变化，变化较为明显的主要集中在建设用地和森林用地上。

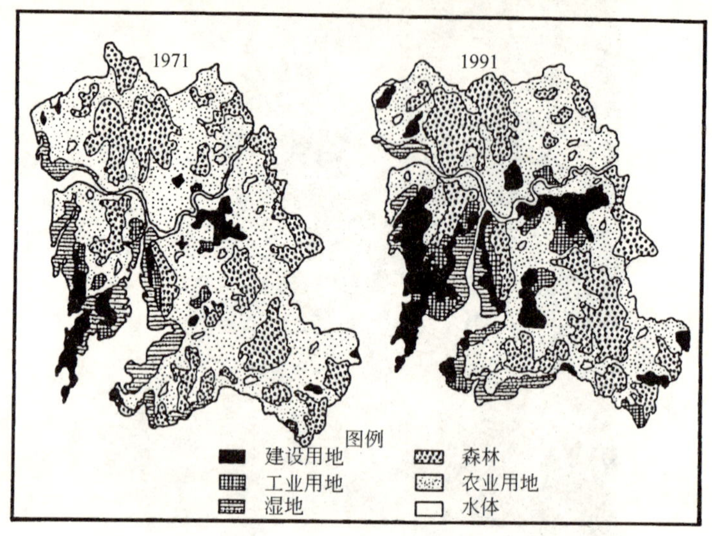

图9-3　1971～1991年孟买大都市区各类用地变化图

事实上，孟买大都市区管理委员会后来又另外制定了一个1996～2011年十五年计划，并且在该计划中将建设用地又划分为两类，一类为居住和经济活动用地，另一类为重要干道及其两侧1km以内用地，火车站1.5km半径内区域。这一改变无疑从另一个层面上增加了建设用地的数量。

尽管有上述计划制定的改变，但是从上面的表格中，我们仍可得出一些一般性的结论。

（1）城市建设用地规模总量成倍增长。除中心城区因受土地总面积限制，建设用地增长幅度较小外，其他卫星城及郊区建设用地均成倍增长（表9-2）。

孟买大都市区建设用地面积变化情况（km²）　　表9-2

年　份	1971	1991	2011（规划预测）
岛城（Island city）	45.2	51.8	56.8
郊区（Suburbs）	71	130.1	180.2
塔纳（Thane）	9.5	46.4	176
勃生（Bassein）	1.3	26.6	93.8
比宛迪（Bhiwandi）	1.6	17.9	92.4
卡延（Kalyan）	13.2	38.1	138
潘维尔（Panvel）	2	25.6	170.5
乌兰（Uran）	0.5	6.8	76.7
戈尔哈布尔（Kolhapur）	0.5	3.2	34.36
格尔杰德（Karjat）	4.3	4.8	55.28
总面积	149.1	351	1074.04

资料来源：孟买大都市区开发委员会，孟买大都市区区域规划草案（1971～1991，1996～2011）．2011年为预测数．

(2) 人均建设用地规模呈现明显的上升趋势。根据人口和建设用地总量，1971 年孟买总人口达到 7664069 人，总建设用地为 194.3km^2，人均建设用地为 25.35m^2，而到了 1991 年，人口数达到 14426517 人，建设用地面积达到 452.7km^2 时，人均建设用地为 31.38m^2，预计到 2011 年，人均建设用地可达到 54.56m^2。

但由于各个地区人口增长速率不同，建设用地增长规模也并不一致，因此，人均建设用地规模的地区差异明显。其中孟买郊区人均建设用地就处于下降趋势，主要是由于生活成本的提高，大量人口从岛城涌入临近郊区。而由于通勤成本的影响，原本可以转移到新城或其他地区的人口都选择了就近的郊区居住。

9.2.2 孟买大都市区建设用地规模的影响因素分析

影响孟买大都市区建设用地规模及其变动的因素主要有：人口迁移、经济发展水平、交通因素等。

1. 人口的迅速增长

人口的迅速增长是建设用地规模日益增大的最主要原因和动力。1971～1991 年，孟买大都市区人口由 766.4 万人增加到 1442.66 万人，约增长了 88.24%(图 9-4)；人口密度从 1989 人/km^2 上升至 3743 人/km^2，约增长了 88.19%(表 9-3)。预计到 2011 年，孟买大都市区人口将达到 2225.29 万人，比 1991 年再增加 54.25%；人口密度预计达到 5774 人/km^2，人口密度的增长速度约与人口总量的增长速度持平。

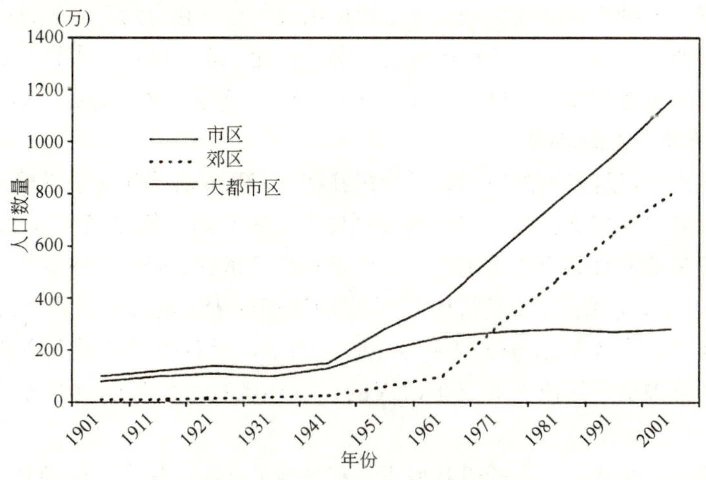

图 9-4 孟买大都市区人口数量变化

孟买大都市区人口分布及人口密度变化情况 **表 9-3**

区级/副区级	人口数量(人)			人口百分比(%)			人口密度(人/km^2)		
	1971 年	1991 年	2011 年	1971 年	1991 年	2011 年	1971 年	1991 年	2011 年
岛城(Island city)	3070378	3174889	2825000	40.1	22.0	12.7	42060	44096	39236
郊区(Suburbs)	2900197	6751002	10106000	37.8	46.8	45.4	7340	17087	25578
塔纳(Thane)	312348	1104759	2238934	4.1	7.7	10.1	903	3193	6471

续表

区级/副区级	人口数量(人)			人口百分比(%)			人口密度(人/km²)		
	1971年	1991年	2011年	1971年	1991年	2011年	1971年	1991年	2011年
勃生(Bassein)	200799	420263	1002031	2.6	2.9	4.5	461	964	2298
比宛迪(Bhiwandi)	241424	626056	1115319	3.2	4.3	5.0	351	911	1623
卡延(Kalyan)	500435	1365926	2545924	6.5	9.5	11.4	772	2108	3928
潘维尔(Panvel)	234415	427487	625645	3.1	3.0	2.8	408	745	1090
乌兰(Uran)	91557	390114	1616751	1.2	2.7	7.3	427	1821	7548
戈尔哈布尔(Kolhapur)	36577	72392	93167	0.5	0.5	0.4	213	421	542
格尔杰德(Karjat)	75939	93629	84141	1.0	0.6	0.4	246	303	272
合　计	7664069	14426553	22252912	100	100	100	1989	3743	5774

资料来源：孟买大都市区开发委员会，孟买大都市区区域规划草案(1971～1991，1996～2011).
2011年为预测数.

当孟买大量的人口涌入城市中心区后，由于其经济收入低微，多数人只能居住在市区的贫民窟中，然而这样的贫民窟也并非免费提供，而是每年要缴纳一定的费用才能居住。贫民窟问题是孟买地区一个较为棘手的问题，为了解决这一问题，孟买从20世纪70年代就开始着手建立一个新孟买，试图吸引人口到此居住，以缓解中心城区的紧张状况。

2. 经济发展水平逐渐提升

由于经济发展水平逐渐提高，孟买大都市区的工业由原来单一的棉花粗加工到后来的多种产业共同发展，各个地区出现了自己相应的产业，这样就吸引了大量就业人口流入，导致地区经济逐渐多样化。而地区经济多样化的发展又使得配套设施逐渐完善，进一步吸引外来人口到当地就业和定居。

3. 交通因素的影响

为了扩大经济发展的空间，马哈拉施特拉邦政府着手建立卫星城。同时在各个卫星城之间建立了较为完善的交通体系。孟买郊区铁路是世界上最复杂、利用程度最高的公共交通系统之一，线路总长度超过303km，由高架悬链线提供1500V直流电源。9节车厢和12节车厢车型的184辆火车，用于开行2067个列车班次，每天运送610万乘客。而事实上，当各个卫星城基础设施一跟上，较为低廉的生活成本和逐渐改善的经济环境就可以吸引越来越多的人口迁入。

孟买是一个南北走向的带状城市。这种地形状况，加之它周围有7个线状的岛屿相连在一起，因此，孟买的交通网络过度重视南北走向的路线，而东西走向联结线较为不足，致使轨道交通不适当地迂回，增大了道路交通量，导致出行时间延长、燃料的过度使用和环境污染。

1973年的《大孟买发展规划》(BMRDA：The Greater Bombay Development Plan，1973)将孟买都市区域构想成多结点结构，并以新孟买和格利扬(Kalyan)作为主要的区域增长中心。当时道路和郊区的轨道网络是沿袭殖民时期的交通设计布局。扩展的轨道网络包括5条轨道走廊，其中2条位于西部、

3条位于中部铁路线上，每天运行2000辆列车。道路网络也具有相似的3个南北走向的交通走廊，分别是西、中和东部，其中东部交通走廊承担了大部分的货运交通(图9-5)。

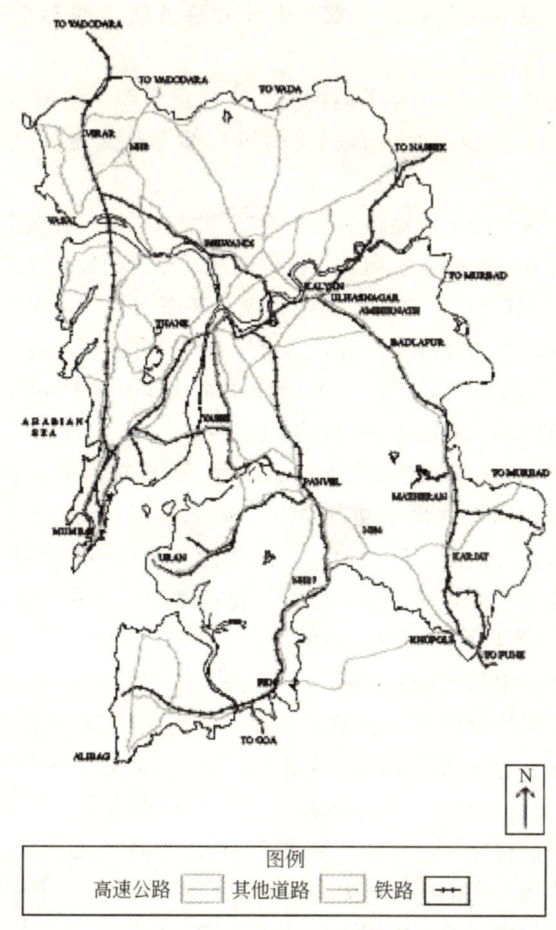

图9-5 孟买道路交通网

实际上孟买的道路网络是在汽车发明之前自然形成的。南北走向的布局是由地理走向规定的，但是源于殖民时代的设计将全部交通导向位于南端的CBD地区，导致商业、金融和办公都集中在都市南端。当地政府对于这种状况从没进行过认真的评价，也没有改建成多核心的模式。并且，由建造商说客团所支持的国有、工业和商业资本持续地强化孟买南部的土地利用，加重了交通及其他相关设计的压力。

第一个孟买城市交通项目(BUTP：Bombay Urban Transport Project)于1977年开始进行，于1984年完成，项目成本3.9亿卢比，世界银行提供了2500万美元的贷款。然而，由于将注意力集中在公共汽车网络上，导致建造了大量的立交桥。第二阶段，即BUTP Ⅱ，开始于1985年，目标仍然是增加孟买都市区域的城市交通系统的容量、效率和财政活力，特别是公共交通设施中具有相应政策和适当投资的大运量公交系统。这一研究促进了改善轨道交通的主动性，现存系统得以改进，并扩展到新的区域。虽然在1973年通过脆弱的道路系统和旺斯(Vashi，新孟买的主要节点)附近的一座桥建立了孟买和新孟买的联系，但直到这一阶段，期待已久的轨道线和一个适当的道路桥才得以建设。同时，在城市的各处，西部、中部和海港轨道线都在进行许多改善工程。

然而，与这些计划项目相矛盾的是，在轨道沿线大量的贫困家庭被迫搬迁，造成进一步的贫困，而所有相关的机构都不愿或无法解决他们的安置问题。

自由化和全球化的矛盾接踵而至。在20世纪90年代后期发生了激烈的变革，自由化政府通过开始一系列道路计划以迎合私人的机动化交通，使之优先于公共交通。在MUTP Ⅱ中隐藏的议程现在暴露出来了，在20世纪90年代末期，与新经济政策的宣言相一致，马哈拉施特拉邦政府绕过了孟买大都市区域发展委员会(MMRDA：Mumbai Metropolitan Regional Development Authority)的最高规划机构，将道路项目的规划和执行权力都授予了MSRDC，而MSRDC却没有承担这项工作的专业技术能力。这些项目的总成本超过8千万卢比，甚至就连MMRDA聘请的咨询公司W. S. Atkins公司于1994年就孟买都市区域进行综合交通规划咨询时，也认为孟买高峰小时客流的83%由公交方式承担，这是非常独特的。余下的17%是由其他的公共交通(出租车、机动三轮车)和私人交通(轿车、摩托车)承担，分别是8%和9%。当今孟买的交通计划中，交通市场中的9%享受到了全部的关注(D'Monte，2001)。

当前孟买交通计划的三个主要支柱是：①立交桥(跨线桥)；②海上联络线；③高速公路。这些项目全部都是用于鼓励个人机动车辆交通。城市各处正在修建50座立交桥。甚至一些桥的地下空间也将作为商业用途，这使得原定的缓解交通拥挤的目标无法实现。邦政府有系统地将立交桥作为解决交通拥挤和交通污染的终极方案，车辆以更高的流量和速度往来，加剧对附近居民建筑的污染，同时也给更多的车辆驶入创造了条件。它们占用了太多的道路空间，留给公交的地方越来越小。例如，公共汽车不得不以更低的速度运行，因为公共汽车无法使用在主要道路交叉口上修建的立交桥，公共汽车站只能建在地方主要道路上。

甚至MUTP Ⅰ和MUTP Ⅱ的主要赞助方——世界银行也质疑立交桥对环境(噪声和空气污染)、公共交通以及大众的可负担性所带来的负面影响，几个委员会对立交桥提出了反对意见(TCS，1998)。居民团体也在法庭上反对立交桥收费的制度，但是孟买高级法院维护了收费的合法性。在法庭上取得胜利之后，邦政府开始在城市入口的立交桥上实行收费。这又是一项带有偏见的政策(D'Monte，2001)。立交桥的全部财政负担因此落在邦政府的肩上，他们可以从公共税收中募集必要的资金，造福不到17%的道路使用者。

第二个重要支柱是建议修建4km长的Worli Bandra海上联络线，目的是减少车辆交通的时间距离，这一方案受到环境社团的激烈批评。已经征用了超过100英亩的土地，并且还要再征用几百英亩的土地，而人们奇怪的是为什么它被提升为海上联络线。邻近的玛希姆(Mahim)湾的渔民不得不搬迁，更令人心痛的是，红树林将被毁灭，生态系统将遇到危机。由于民众无权获知现在和将来可能的联络线的规划文档，印度人民法庭(Indian People's Tribunal)已经决定就这一问题举行一次公众听证会。所有被指派来仔细考察过这条联络线价值的团体都反对这一项目，指出它将给孟买南部的大片地区带来更为严重的交通拥挤。

第三项是孟买最具争议的道路项目——Wibur Smith公司20年前提议的高速公路项目(Wilbur Smith and Associates，1981)。有趣的是，这项当年被束之高阁的建议现在被大量的吹捧者奉为“现代城市发展计划”。项目主要内容有包括从沃里(Worli)跨过哈伊阿里(Hali Ali)湾的一座大桥的15km的道路、通往马拉巴(Malabar)山的沿海高速公路、从玛润(Marine)到纳里曼(Nariman Point)的第三座跨海湾的大桥，这些全部位于孟买南部。很难看到这一项目对大部分公众有所帮助，它将进一步加重孟买南部的交通拥挤，降低小汽车的行驶速度(平均车速已经从1993年的20km/h降低到1997年的12km/h)，并吸引更多的汽车交通到这一地区。

最近一项由中央政府(铁路)、邦政府、孟买供电和交通局以及市警察局共同制定的交通计划对改进郊区轨道服务提出了合理的和明智的措施，包括为迎合富裕阶层而引进空调车。增加的建议还包括：拓宽道路，修建和保养人行道、地下过街通道、桥下的地道，以及改进道路交通信号系统等。最后，适当的资金筹措是这些项目成功的基础。这类政策的本质作用就是增强郊区轨道和公共道路交通。

显然，从孟买正在进行的交通规划项目的性质可以看出，孟买的交通规划正在朝大众交通的方向努力。同时，也是在积极为私人交通作部署，由于交通的积极跟上，周边的区县必将吸引更多的人口迁入。

9.3 孟买大都市区建设用地结构的变化特征及其影响因素分析

9.3.1 孟买大都市区建设用地结构的变化特征

9.3.1.1 数量结构变化特征

孟买建设用地在各类用地中所占比例呈逐年上升的趋势，但各个地区增长幅度并不一致。1971年，整个孟买建设用地(不包含工业用地)为149.1km^2，占全部土地面积3855km^{2}的5%不到，而1991年则占到总面积的12%，估计到2011年，该比例将继续攀升达到31%。

而各个地区则差异较大，岛城由于土地面积限制，增长有限，1971～1991年增长幅度不到15%，而同时期的勃生(Bassein)增长幅度则为1900%。1991～2011年，岛城建设用地面积增长幅度估计为10%左右，而格尔杰德(Karjat)地区则可以达到1051%。塔纳(Thane)、勃生(Bassein)、比宛迪(Bhiwandi)等地区，由于原来建设用地面积较小，因此建设用地面积增长幅度较大。

9.3.1.2 空间结构变化特征

建设用地占全部土地面积比例在各个区域中趋于和谐。由于中心岛的发展带动了周边的迅速崛起，各个区域建设用地面积逐渐扩大，且多数已经超过中心地区面积。

从表 9-4 可以看出，建设用地在各个区县分布呈现平均化，1971 年仅岛城和孟买郊区建设用地面积就占整个地区建设用地的 77.9%，而到了 1991 年则下降为 51.8%，预计到 2011 年，由于各个区县建设用地面积的增加，岛城和郊区建设用地面积将可能下降到 22.1%，塔纳(Thane)和郊区的建设用地面积将大致持平。

孟买大都市区人建设用地结构变化情况　　表 9-4

区级/副区级	建设用地比例(%)		
	1971 年	1991 年	2011 年
岛城(Island city)	30.3	14.7	5.3
郊区(Suburbs)	47.6	37.1	16.8
塔纳(Thane)	6.4	13.2	16.4
勃生(Bassein)	0.9	7.6	8.7
比宛迪(Bhiwandi)	1.1	5.1	8.6
卡延(Kalyan)	8.9	10.9	12.8
潘维尔(Panvel)	1.3	7.3	1.6
乌兰(Uran)	0.4	1.9	7.1
戈尔哈布尔(Kolhapur)	0.4	0.9	3.2
格尔杰德(Karjat)	2.9	1.4	5.1

9.3.2 孟买大都市区建设用地结构变化的影响因素分析

9.3.2.1 城市发展方向

城市发展方向是政府制定城市发展战略、编制城市规划的基本依据。孟买定位于建成一个世界级的大城市，孟买经济和人口的增长不可避免，尊重这一市场趋势将增强城市的竞争力，所以提出了各个区域并行发展的战略，旨在巩固和提升其经济中心的地位。

孟买市政府为了应对快速的人口增长、恶化的基础设施、不充足的社会服务，以及对城市是否可以容纳未来人口增长的关注，在 20 世纪 60 年代后期及 70 年代初期实施了发展新孟买的计划。新孟买坐落在旧城港口的另一侧，规划面积 344km^2，覆盖了塔纳(Thane)和赖加德(Raigad)两个区。

新孟买发展模式为多中心模式，或称为节点模式，沿着主要的交通干线发展。每一个节点规划最终容纳至少 10 万人口，占地 400～800hm^2，在每个节点内实现就业-住房的平衡，并提供必要的社会服务设施，如学校、购物中心、娱乐场所和医疗健康中心(Jacquemin，1999)。第一个发展的节点在瓦希(Vashi)村及其周围，随后其他的节点也开始建立。到 1991 年，政府总共建立了 20 个节点。

然而，在新孟买发展项目实施 30 年后进行的定性和定量分析表明，新城的发展并不成功。比如，没有令人信服的证据显示新孟买的新城发展降低了孟买大都市区的人口增长速度。事实上，在新孟买 79000 个家庭中，只有 15.6%没有在旧城住过而直接迁入新城。因此，正如 Jacquemi(1999)所言，“因为没有在旧城住过而直接迁入新城的居民比重相对太小，新孟买建设很大程度上没有取得截断流向孟买的新移民的主要和最初目标”。

新孟买不仅没有成功地截断流向旧城的人口(旧城依然增长)，而且在就业方面仍然依靠旧城。虽然努力转移批发市场，如钢铁市场从传统的南孟买转移到卡拉波里(Kalamboli)城，农产品批发市场从南孟买转移到瓦希(Vashi)城附近的塔布(Turbe)，新孟买的就业机会增长速度仍跟不上人口的增长速度(Jacquemin，1999)。1995 年，新孟买居住人口达 70 万人，而就业岗位只有 15 万个，其中有 3 万个在政府部门及私人商铺。

在 1987 年，新孟买有 40.1%的工人要到旧城上班，到 1995 年，这一比重上升为 30.0%。同一时期内，在新孟买工作的劳动力由 47.7%上升到了 60.8%。尽管从这些百分比数字上看，就业-住房不平衡已经有所改善，但事实上每天需要往返于新孟买和旧城上班的人数从 1987 年到 1995 年翻了一番，即从 15520 人增长到 31336 人(Jacquemin，1999)。依据国家新孟买发展集团(CIDCO)关于人口和就业的数据，到 1995 年，8 个新城的人口和就业的不平衡仍然存在。1995 年，70 万人住在新孟买，但是那里只有 15 万个就业岗位。

9.3.2.2 城市产业结构调整

城市产业结构的调整直接影响了用地结构的变化。一般来说，当进入工业化后期以后，第三产业超越第二产业成为城市经济发展的主要动力。即第三产业对城市发展潜力和城市经济结构有着重要意义，是城市建设用地结构变化的直接动力。它不仅吸引大量的劳动力就业，使得配套的生活和服务设施用地增加，也占据了城市的黄金地段，使得城市中心建设用地的利用率得以提高。

在过去的 40 年中，孟买的传统初级加工工业渐渐衰弱，而金融和商务服务业在孟买和全印度经济发展中起到了重要作用，产业结构的调整以及经济整体发展水平的上升，势必改变建设用地在数量和空间上的分布。

9.3.2.3 城市居民生活质量的提高

城市居民生活水平的提高也在一定程度上改变着城市建设用地结构。随着生活水平的提高，城市居民的生活方式、消费理念发生变化，人们开始向往舒适、现代的生活方式。城市已是融工作、居住、休憩、交通等多种功能的综合体。各种大型公共设施(如大型超市、公立医院等)的兴建增加了市政公共设施用地的比例；越来越多的商业广场使商业用地面积增加；私人交通的发展对道路的使用条件提出了更高的要求，城市立体交通的发展和停车场的建设都直接影响了道路用地面积的增加。

本章参考文献

[1] Jacquemin，A. R. A. Urban Development and New Towns in the Third World：Lessons from

the New Bombay Experience [M]. Brookfield, VT: Ashgate Publishing Company, 1999.

[2] Michael Pacione. Mumbai [J]. Cities, 2006, 23(3): 229-238.

[3] Arun Kumar Acharya, Parveen Nangia. Population growth and changing land-use pattern in Mumbai Metropolitan Region of India [J]. Caminhos de Geografia 2004, 11(11): 168-185.

[4] Bernstein D. J. Land-use Consideration in Urban Management (UMP) [R], World Bank, Washington D. C, 1994.

[5] McKinsey & Co, Mumbai. Dossal. Bombay First Vision Mumbai: Transforming Mumbai into a World-Class City [M], 2003. Imperial Design and Indian Realities: The Planning of Bombay City, 1845~1975 [M]. Oxford University Press, Bombay, 1991.

[6] Harris, N. Economic Development, Cities and Planning: The Case of Bombay [M]. Oxford University Press, Oxford, 1978.

[7] Mukhija, V. Squatters as Developers? Slum Redevelopment in Mumbai. Ashgate, Aldershot [R]. 2003.

[8] Pucher, J, Korattyswaropam, N, Mittal, Nand Ittyerah. N. Urban transport crisis in India [J]. Transport Policy 2005, 12: 185-198.

[9] Shaw, A. Planning and local economies in Navi Mumbai: processes of growth and governance [J]. Urban Geography, 2003, 24(1): 2-15.

第 10 章
悉尼大都市建设用地规模与结构变化分析

10.1 悉尼大都市空间范围及建设用地内涵的界定

10.1.1 悉尼大都市的空间范围界定

悉尼位于澳大利亚东南海岸，是新南威尔士州的首府，它不仅是澳大利亚最大、最古老、最繁华的城市，也是澳大利亚重要的制造业、商业、金融、文化和旅游中心。悉尼拥有全球最大的天然海港——杰克森港(Port Jackson)，以及超过 70 个海港和海滩，包括著名的邦戴海滩，是国际性的贸易港和旅游胜地。随着 2000 年悉尼奥运会的圆满成功，其国际声望和知名度空前提高。悉尼已成为国际上最著名的大都市之一。

悉尼作为城市始建于 1788 年，以首批英国殖民者登陆悉尼为开端。第二次世界大战后，悉尼成为大量欧洲、中东、东南亚移民澳大利亚的首选之地。随着城市规模不断地扩大和发展，“悉尼”一词被赋予了不同空间尺度的含义(表 10-1)，主要有悉尼大都市区(图 10-1)、内悉尼(图 10-2)和悉尼城(图 10-3)。

悉尼的空间范围界定　　表 10-1

名　称	含　义	面积(km^2)	人口(万人)
悉尼中心(Central Sydney)	指中心商业区	6	2
悉尼城(City of Sydney)	指 2004 年悉尼中心与南悉尼合并后，由悉尼市议会管理的地理区域，属行政区划中的悉尼	26.15	16
内悉尼(Inner Sydney)	指悉尼城与邻接的 10 个地方政府，由当地议会管理不同区域，属非行政区划的悉尼。包括：东部城区、山区、内西区、下北岸、北部海滩、北岸、南悉尼、东南悉尼、西南悉尼、西悉尼和悉尼城	1687	—
悉尼大都市区(the sydney metropolitan Region)	包括内悉尼和附近 43 个小城市的悉尼大都市区，是澳大利亚统计局定义为悉尼统计区的悉尼	12145	420(2006 年)

资料来源：悉尼空间范围含义来自 Susatainable Sydney 2030；面积数据来自 BanksKruke 2008 Paths.

图 10-1　悉尼大都市区的空间范围

资料来源：Map of Sydney 2007 Stats：At a Glance 2007.

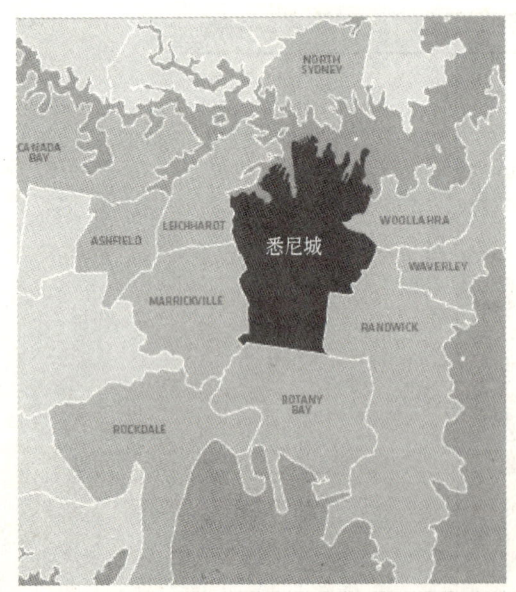

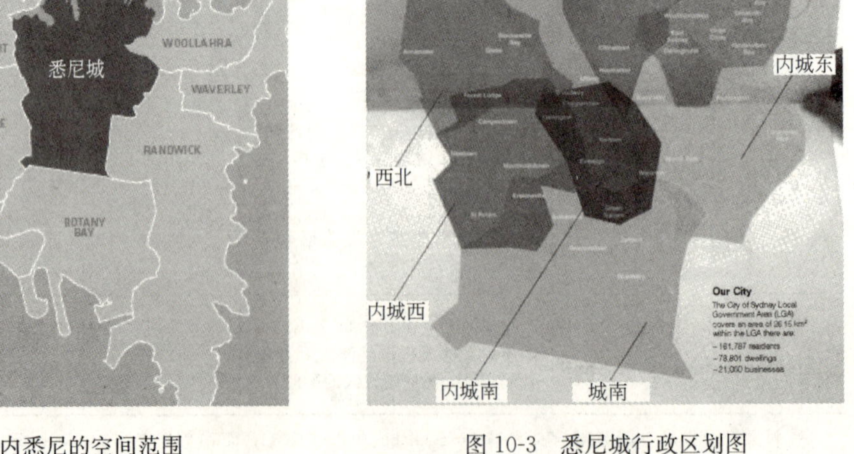

图 10-2　内悉尼的空间范围　　　　图 10-3　悉尼城行政区划图

资料来源：Sustainable Sydney 2030；City of Sydney Annual Review 2006/07.

10.1.2 悉尼大都市建设用地内涵界定

澳大利亚于1994年制定了土地利用管理系统（Australia Land Use and Management，简称ALUM），该系统根据土地利用的人为干预程度和利用强度，对其进行有序地分类，为进行全国范围的土地利用现状调查提供了统一的分类标准，也是澳大利亚空间数据基础设施建立土地利用数据集的重要依据（表10-2）。目前，澳大利亚土地利用管理分类更新至2005年第六版（Vision 6），该版本将全国土地共分为6个一级类，32个二级类，131个三级类（表10-3）。

1996/1997年澳大利亚土地利用分类（ALUM第二版）　　**表10-2**

分类		用地比例(%)	分类	用地比例(%)
农业用地		61.5	森林	2.0
其中	天然牧草地	56	水域	1.7
	改良牧草地	2.5	资源保护区	1.4
	耕地	2.8	矿业用地	<1
	园艺用地	<1	城市用地	<1
	灌溉用地	<1	特殊用地	15
传统原住民用地		12	总和	100
生物自然保护区		6.1		

资料来源：National Land Use 1996-97 Summary Statistics.

2005年澳大利亚土地利用分类（ALUM第六版）　　**表10-3**

一级类	二级类	一级类	二级类
1. 保护性自然环境	1.1 自然保护区	5. 高强度用地	5.1 高强度园艺
	1.2 资源保护区		5.2 高强度畜牧业
	1.3 其他特殊用地		5.3 工业用地
2. 生产性自然环境	2.1 天然牧草地		5.4 居住用地
	2.2 森林		5.5 服务业用地
3. 旱地农业和种植业	3.1 人造林		5.6 基础设施用地
	3.2 改良牧草地		5.7 交通和通信设施用地
	3.3 耕地	6. 水域	6.1 湖泊
	3.4 多年生园艺		6.2 水库
	3.5 季节性园艺		6.3 河流
	3.6 过渡型用地		6.4 沟渠
4. 灌溉农业和种植业	4.1 灌溉人造林		6.5 沼泽
	4.2 灌溉牧草地		6.6 沿岸水域
	4.3 灌溉耕地		
	4.4 灌溉多年生园艺		
	4.5 灌溉季节性园艺		
	4.6 灌溉多过渡型用地		

资料来源：http：//adl. brs. gov. au/mapserv/landuse/alum _ info. html.

其中，城市建设用地泛指建成区的用地，属于“高强度用地”，具体包括工业用地、居住用地、服务业用地、基础设施用地、交通和通信设施用地。

10.2 悉尼大都市建设用地规模的变化特征及其影响因素分析

10.2.1 悉尼大都市建设用地规模的变化特征

近年来，悉尼城市建设用地总体规模基本趋于稳定，建设用地建筑面积增长显著。1997～2001 年间，悉尼城建设用地占地面积仅增长 0.1%，达到 502.77hm^2。建设用地建筑面积增加了 12.3%，达到近 1800hm^2，其增幅远高于建设用地占地面积的增长(表 10-4)。各类建设用地规模的变化特征为：

1997～2001 年悉尼城建设用地规模比较 **表 10-4**

年　份	1997	2001	增幅
建设用地占地面积	5020809m^2	5027724m^2	0.1%
建设用地建筑面积	16011068m^2	17975515m^2	12.3%

资料来源：2001 Floor Space and Employment Survey City of Sydney Local Government Area Summary Report.

(1) 居住用地规模大幅增长。作为一个世界上最宜居的城市之一，人们对悉尼居住环境的要求越来越高，悉尼政府也通过一系列的举措鼓励住房建设。2001 年，悉尼城有住宅 17383 套，比 1997 年增加了 117.3%。2004 年合并南悉尼后，悉尼城有住宅 84123 套，并以年均新建住宅约 3677 套的速率递增，2008 年达到 97907 套。

(2) 悉尼旅游业的繁荣促进了旅游相关用地的增长，酒店、旅馆、商店和其他设施在内的旅游住宿设施增幅显著，从 1997 年的 11878 处上升到 2001 年的 22673 处，增加了 90.9%。

(3) 私人汽车已成为主要的出行方式，引起了公共停车场、商务停车场和家用停车场用地增加。2001 年，悉尼拥有停车库 60515 处，增幅 11%。其中，家用停车场从 1997 年的 4873 处增至 2001 年的 8384 处，增幅较大。

(4) 商业用地规模持续增加。2004～2008 年，悉尼商业用地面积年均增加 18.5hm^2，尤其是 2008 年新建商业用地达到 33.33hm^2，是 2007 年的 3 倍(表 10-5)。

2004～2008 年悉尼城用地趋势 **表 10-5**

年　份	2004	2005	2006	2007	2008
新建商业用地 (m^2)	85276	150859	246825	107404	333372
新建住宅用地(m^2)	4812	3706	2558	3368	3942

资料来源：http：//www.cityofsydney.nsw.gov.au/Environment/Land/CurrentStatus/

10.2.2 悉尼大都市建设用地规模变化的影响因素分析

影响悉尼建设用地规模及其变动的因素主要有：人口规模变化、经济发展水平提升、城市规划和政策控制、重大事件的影响等。

10.2.2.1 人口规模变化

人口规模是城市规模的最根本决定因素，在当前的城市规划以及土地利用规划中，人口规模是衡量城市规模的主要标准和预测城市发展的主要指标。一般来说，人口总量与用地需求是密切相关的，当人口增加时，满足人们日常生活的外部设施就必须相应增加，由此引发的土地需求也随之增加。

由于都市化进程带来大量农业人口向城市地区迁移与集聚，中小城市人口也向大都市或中心城市转移，城市空间日益紧张。为了容纳更多的人口居住，许多城市要么向外扩张，要么向城市建筑高层化发展。但盲目的扩张有可能使城市自身不堪重负，甚至造成资源的浪费与环境的破坏。建筑高层化又可能损坏城市固有的天际轮廓线及周边环境质量，削弱空间活动的灵活性和多样性。

悉尼城是澳大利亚人口增长最快的区域政府管辖区，分别经历了1991年和2004年的人口急剧增加的两个时期。1991年开始，大量的人口迁移到悉尼城居住，同时，议会颁布了鼓励住宅发展的计划，使得悉尼城人口从1991年的4万人增加到2004年的14.5万人。2004年，悉尼城与南悉尼合并，使得悉尼城人口进一步增加到2007年的16.18万人。据预测，2025年悉尼城人口将达到22万人，悉尼都市区的人口将从2003年的404万人增长到2050年的600万人(图10-4)。

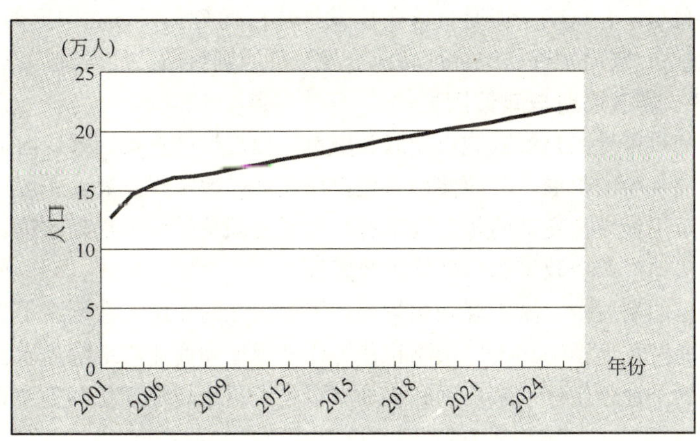

图10-4 2001～2025年悉尼城人口总量及预测

外来移民成为悉尼城市用地扩张和人口快速增长的主要因素。悉尼是世界上第二大移民城市，其人口增长主要依靠其他国家的移民和本国农村人口迁入城市。2004年，悉尼城的人口密度已接近6118人/km²。悉尼市中心日益膨胀的人口，需要城市提供相应的基础设施、住宅和就业岗位等满足其生活需求。近年来，悉尼每年需要新增23700套住房来满足整个城市日益增长的居住需求，并需相应地建设基础设施配套，这些都导致了悉尼建设用地建筑面积的增加。

10.2.2.2 经济发展水平的提升

城市经济发展水平对城市建设用地规模有着决定性影响：一方面，城市的经济增长影响着城市建设用地变动的速率；另一方面，城市经济的增长方式影响城市建设用地的空间布局。

1. 经济增长的活力

悉尼聚集了国际性的金融、商务和专业服务产业，在澳大利亚国民经济中占有举足轻重的地位。一方面，这种强有力的集聚效益吸引了诸多跨国公司，2/3 的企业将其澳大利亚总部选在了悉尼，带动了城市的经济活力，促进了悉尼市中心办公、商业用地的增长。另一方面，集聚型的经济增长主要是市场驱动以及人口自然发展等因素作用的结果，经济增长对基础设施、经济活动空间、住房、就业等用地提出需求，故经济增长直接影响了城市用地规模变动的速率。

2. 经济增长方式的转变

2030 年悉尼城市规划强调悉尼城市保持原有范围，不再扩张，新开发的土地将不用于城市发展。即经济增长容纳在现有城市建成区范围内，建成区规模不再扩大，而通过增加城市土地的开发强度，提高容积率、对宗地进行再开发等手段，增加可使用的建筑面积，集约利用城市建设用地。

虽然悉尼规划中未明确提出建设成为紧凑型城市(Compact City)，但其容纳经济增长的方式与伦敦等国际大都市相近。紧凑型城市是能够促进城市可持续发展的空间形态之一，有助于防止城市过度扩张，提高公共基础设施及社区资源的有效利用，并从减少交通量等角度发挥环保优势。在发达国家的大城市，“紧凑型城市、竖向发展、综合性功能开发”等原则目前已经得到广泛认同。

10.2.2.3 城市规划与政策因素

政府的政策导向是影响城市发展和城市用地规模的重要因素，时而限制城市建设用地规模的扩展，时而使城市建设用地规模超常规发展。一般而言，影响城市建设用地规模变动的相关政策有行政区划调整、城市规划政策、土地管理体制、房地产产业政策和特殊优惠政策等。

在悉尼的发展中，城市规划政策起到了关键性的作用，它调整了悉尼的行政区划，通过用地预测将人口预测转化为住宅用地和商业用地的需求预测，并制定严格的土地使用计划来控制和管理城市建设用地规模变化和各类用地的空间布局。

1. 悉尼大都市规划

悉尼大都市规划先后编制过 5 次，一般期限为 20～25 年，分别在 1948 年、1968 年、1988 年、1995 年和 1999 年进行过编制。悉尼历次规划的主要内容如表 10-6 所示。

悉尼历次规划的主要内容 **表 10-6**

	编制时间	规划背景	规划思路
第一次	1948 年	集中发展城市中心	城市建设集中在东部海湾，按 200 万人口进行规划，城市呈团状形态
第二次	1968 年	大量移民涌入，东部海湾地区已难以容纳日益增长的人口	向西、南方向沿交通走廊呈线型发展，城市用地呈指状形态

续表

	编制时间	规划背景	规划思路
第三次	1988年	私人汽车的快速发展改变了居民的出行方式和居住选择，环境优美的郊区受到青睐	城市沿海岸线向北发展，并向西、南延伸，提出建设卫星城，形成一个城市中心，三个外围地区，规划人口500万
第四次	1995年	通勤时间增加，交通压力和基础设施投资需求上升	鼓励商业、工业园区在基础设施附近发展，鼓励居住区靠近就业区发展，并提出增加居住密度和建设混合用地
第五次	1999年	城市形态复杂，旧城环境恶化	优化城市形态，强调改善城市基础设施和地区规划，改善城市环境和旧城更新

2. 可持续的悉尼——2030年悉尼规划

悉尼2030年规划以“建设长期持续繁荣、具有世界地位的活跃而生机盎然的城市”为目标。根据此规划，未来的25年悉尼人口预计增加110万，政府面临着道路交通、住房供应、基础设施建设和服务供给的诸多压力。其战略目标包括：适于居住、提高经济竞争力、保证公平、环境保护、高效治理。

整个悉尼2030年规划包括七个战略计划，分别为：经济和就业、中心和走廊、住房、交通、环境和资源、公园和公共区域、治理和执行。并同步启动了三个重大项目，即悉尼用水计划、西部悉尼公园地块和新城开发。

这些战略计划和重大项目，均影响到悉尼各类建设用地规模的变动。

10.2.2.4 重大事件的影响

通过阶段性体育赛事带动经济状况相对较差区域的发展，是许多主办国通行的做法，奥运会无疑是这些国际性赛事中最为举世瞩目的盛会。

尽管主办奥运会所带来的产出难以精确地量化，但主办城市无疑获得了显著的收益。赢得奥运主办权成了为城市振兴注入可持续发展资本的催化剂。奥运会的成功举办，使得主办城市的城市振兴得以提速，最显著的就是由体育场馆和奥运村建设引起的建设用地规模变动。悉尼利用举办2004年奥运会的契机，对赫姆布什湾进行了大手笔的改造，对城市建设用地的影响主要在于以下两点：

(1) 整治土地，改善环境。离悉尼市中心仅30km、占地760hm^2的垃圾倾倒场被重建成拥有世界一流的体育场馆、自然保护资源和公园的大型公共活动空间，在有效利用土地的同时，该区域已成为当地社区重要的环境资源。

(2) 新建房屋，发展城区中心。耗资33亿澳元的奥运村在赛后已经转变为纽因顿地区中等密度的社区，此举带动了周边区域房地产投资开发热潮。七八年时间里，该区域的房价翻了一番。大量新建住宅落成，各项城市基础设施配套齐全，就此打造了一个具有蓬勃生机的城区中心。

10.3 悉尼大都市建设用地结构的变化特征及其影响因素分析

10.3.1 悉尼大都市建设用地结构的变化特征

10.3.1.1 数量结构变化

从各项建设用地比例来看，2005 年悉尼城各类建设用地中，住宅用地比重最大，占总量的 33%，其次是交通用地，占总量的 23%，工业用地和商业用地共占用地总量的 12%，公共开敞空间占用地总量的 8%(表 10-7)。

2005 年悉尼城各项建设用地比例　　表 10-7

用地项目	面积(km^2)	比重(%)
1. 住宅用地	8.63	33
2. 交通用地	6.01	23
3. 悉尼中心	2.09	8
4. 工业用地	3.14	12
5. 开敞空间	2.09	8
6. 特殊用地	3.14	12
7. 商业用地	1.05	4
总和	26.15	100

资料来源：City of Sydney State of Environment 2004/05.

1997～2001 年间，住宅和工商业用地的建筑面积增长显著。住宅用地建筑面积占总建筑面积的比重从 5.5%上升到 11.3%，工业用地建筑面积增长了 310hm^2，旅馆和酒店建筑面积增长了 40hm^2，办公用地建筑面积占悉尼城总建筑面积的 35.3%(表 10-8)。

1997 和 2001 年悉尼城建设用地建筑面积比较(hm^2)　　表 10-8

	住宅	工业	旅馆、酒店	商店、餐饮	办公	总和
1997 年	74	—	—	36.8	—	1340
2001 年	175	—	—	41	547	1550
增加值	101	310	40	4.2	—	210

资料来源：2001 Floor Space and Employment Survey City of Sydney Local Government Area Summary Report.

10.3.1.2 空间结构变化

按照用地类型分，悉尼建设用地具有鲜明的空间分布特征。悉尼大都市区是一个低密度的开敞区域，拥有良好的城镇中心体系，各个区域空间具有明显的差异性。

在过去十年中，悉尼的就业岗位增长呈现出持续的空间分布模式：金融和保险业增长集中在悉尼城；交通和仓储部门主要集中在南部悉尼；北部悉尼主要为财产和商业服务部门；新城堡地区主要是政府管理和防卫；蓝山则集中了酒店和餐饮服务。

10.3.2 悉尼大都市建设用地结构变化的影响因素分析

10.3.2.1 城市职能和发展方向

城市职能和发展方向是政府制定城市发展战略、编制调整城市规划的基本依据。悉尼的发展定位是保持在全球经济中的重要作用，并不断发展和变化，具体如下：

(1) 大区域中的世界小城。沿海的悉尼城和北部悉尼被定义为世界级的经济、旅游、文化、健康、教育和娱乐中心。

(2) 世界的经济走廊。开拓更多的区域用于企业和商业活动，并建成高质量、更加便捷的交通体系。

(3) 西部悉尼的就业。根据创新集群战略，发展西部悉尼的高附加值的健康和教育活动。

(4) 保持悉尼的城市印记。即不会出现城市扩展，悉尼保持原有范围，新的土地开发不会用于城市发展。

(5) 中心城区将被购物、健康、高等教育、媒体和高密度的住宅所覆盖。

由此，悉尼建设用地结构在数量上表现为住宅、交通和工商业用地所占比重逐年增加，在空间上表现为高经济产出的产业进一步集聚至悉尼城。

10.3.2.2 城市产业结构调整

城市产业结构的调整直接影响了用地结构的变化。一般来说，第一产业比重在进入工业化后期即开始显著下降，第二产业比重上升，在第二产业比重达到极限后(一般不超过 50%)，第三产业超越第二产业成为城市经济发展的主要动力。即第三产业对城市发展潜力和城市经济结构有着重要意义，是城市建设用地结构变化的直接动力。它不仅吸引大量的劳动力就业，使得配套的生活和服务设施用地增加，也占据了城市的黄金地段，使得城市中心区建设用地的利用率得以提高。

悉尼的就业比重符合三次产业的发展趋势，近 80%的就业岗位来自第三产业，第二产业就业比重进一步下降。2001 年，财产和商业服务部门超过制造业成为悉尼最大的产业部门。

悉尼城的主导产业为商业和金融服务及通信业，占劳动力人口 45%的人在金融、保险和商业服务部门工作，其次为政府部门和酒店餐饮业。

10.3.2.3 城市居民生活水平的提高

城市居民生活水平的提高也在一定程度上改变着城市建设用地结构。随着生活水平的提高，城市居民的生活方式、消费理念也发生变化，人们开始向往舒适、现代的生活方式。城市已是融工作、居住、休憩、交通等多种功能的综合体。各种大型公建设施(如大型超市、公立医院等)的兴建增加了城市公共设施及市政共用设施用地；越来越多的商业广场使商业用地面积增加；私人交通的发展对道路的使用条件提出了更高的要求，城市立体交通的发展和停车场的建设都直接导致了交通用地面积的增加。

10.4 悉尼大都市建设用地绩效分析

城市是创造经济产出的主体，支撑着国家和区域的发展。城市的规模效益是指城市的经济产出能力和产出效益，是城市扩张的根本动因；反之，城市的建设用地规模也直接影响了城市的规模效益，两者存在着互动的关系。

城市建设用地单位面积产出是指单位面积上城市建设用地的经济产出能力，用以衡量建设用地的经济效益。

2004 年，悉尼城的 GDP 为 630 亿美元，占悉尼大都市区 GDP 的 30%以上，占新南威尔士州 GDP 近 1/4，占澳大利亚 GDP 的 8%。空间范围上的城市建设用地单位面积产出如表 10-9 所示，悉尼城的建设用地单位面积产出高达 24.09 亿美元/km^2，是悉尼大都市区建设用地单位面积产出的 141 倍，其经济效益在空间上的差异十分悬殊。

2004 年悉尼建设用地经济产出 **表 10-9**

	GDP(亿美元)	建设用地单位面积产出(亿美元/km^2)
悉尼城	630	24.09
悉尼大都市区	2100	0.17

资料来源：由 http：//www.cityofsydney.nsw.gov.au/AboutSydney/CityResearch/AtAGlance.asp 数据计算而得.

城市工商业用地单位面积产出是指单位面积上城市工商业用地的经济产出能力，可用来衡量工商业用地的经济效益。2004 年，悉尼城工商业用地规模为 6.28km^2，工商业用地单位面积产出为 100.32 亿美元/km^2，是悉尼建设用地单位面积产出的 4 倍之多(表 10-10)。可见，工商业用地是城市经济产出的源头，也是受市场影响程度最大的建设用地。城市工商业用地结构及其变动情况直接反映了一个城市的经济发展水平和发展潜力。

2004 年悉尼城工商业用地单位建设面积产出 **表 10-10**

	2004 年		2004 年
GDP(亿美元)	630	工商业用地单位面积产出(亿美元/km^2)	100.32
工商业用地面积(km^2)	6.28		

注：工商业用地面积包括工业用地、商业用地和悉尼中心占地面积.

10.5 结论与启示

10.5.1 小结

首先界定了悉尼的空间范围，回顾了悉尼城市扩张的过程，归纳了悉尼城市建设用地规模、用地结构及其变动特征，并分析了人口规模变化、经济发展水平、城市规划与政策、重大事件等对建设用地规模的影响，以及城市职能和发展方向、城市产业结构调整和城市居民生活水平的提升对城市建设用地结构的影响。

主要结论如下：

(1) 城市化发展后期，城市建设用地规模保持稳定，住宅、商业和办公用地和酒店用地的建筑面积增幅明显。即城市化发展阶段直接关系到城市建设用地规模的扩张。

(2) 城市建设用地结构变动体现在工业用地比重下降，住宅、商业服务业和旅游业相关用地日益增加。随着大量人口的迁移、房地产投资热潮和旅游业的持续繁荣，悉尼每年新建大量住宅以满足人们的居住需求和投资需求，住宅用地明显增加。悉尼城中心金融和商业的重要地位及国际旅游城市的定位促使悉尼办公和商业服务业用地逐年增加，工业用地随之减少，城市建设用地利用强度得以提高。

(3) 倡导集约型增长，创建“紧凑型城市”。城市横向扩张模式只是城市发展到特定阶段的产物，无限制地向远郊发展，将使政府负担不起基础设施投资，导致土地产出低下，并产生环境及治安问题。一味地采用横向扩张以满足城市发展用地需求并不是一种可持续的增长方式。而且，市中心的集聚作用是无可替代的，如何通过优化用地结构、增大建设用地开发强度(容积率、开发率、产出等指标)来集约利用城市建设用地，达到土地可持续发展的目标，是目前关注的重点。紧凑型城市作为能够促进城市可持续发展的空间形态之一，在西方国家得到了广泛的重视。

(4) 尊重市场的同时，注重行政和立法部门的有效干预，加强城市规划和土地利用规划工作。悉尼的城市规划管理是公私参半的，由州政府决定城市发展的地点和时间表，而土地开发、住房、财政和服务行业都由私人机构决定。这种管理模式在以“市场为主导”的前提下，由公共部门对城市建设用地的规模、布局和开发进度等方面进行科学严谨的规划和监督。

(5) 城市建设用地规模与用地结构要与社会经济发展紧密结合。城市规划是社会经济发展目标在城市空间地域上的落实，也是决定城市建设用地规模和用地结构的根本因素。作为宏观的战略性规划，必须由经济学专家和规划师共同参与编制，充分地将每一轮规划与当时的社会经济发展结合起来，并要具有一定的前瞻性。

10.5.2 启示

本文试图通过以上分析为上海的城市扩张提供参考。从经济发展水平来看，悉尼的城市发展阶段与上海类似，但在管理体制、规划体制等方面与国内不同，所以在借鉴时应充分考虑这些因素差异。

目前，上海正处于新城建设阶段，城市建设用地规模仍然是以外延扩张为主的增长模式，在城市空间的内涵扩展、城市空间利用集约度的提高和城市空间再利用等方面逐渐受到重视。本文基于对悉尼城市建设用地的分析，对上海城市发展的启示如下：

(1) 重视城市三维空间的开发，尤其是中心城区用地应坚持竖向增长的扩展模式，倡导“紧凑型城市”；新城建设和各类开发区建设不能过于求快，应突出其功能和特色。

(2) 在编制新城规划和土地利用规划时，需重视市场经济机制，尊重市场力量，同时以政策为辅助。科学的城市规划和土地利用规划是城市空间合理扩张的重要保障，适宜的土地供应计划是控制城市空间扩张速率和效率的有效手段。

(3) 在新城建设过程中，应注重城市生态环境的维护和改善。由于国情不同，澳大利亚的土地资源较为丰富。因此，相比控制建设用地规模，悉尼城市发展政策更为重视空气质量、土地污染、水源等生态环境的保护，这一点对上海城市建设用地的发展具有前瞻性的指导意义。城市的开敞空间和自然山水资源是城市的宝贵财富，新城建设初期应结合城市自身的生态环境资源，在规划中充分考虑城市公共开敞空间用地规模与空间布局，营造健康的生存环境，创造和谐的生活氛围。

本章参考文献

[1] City of Sydney. Sustainable Sydney 2030 [EB/OL]. http://www.cityofsydney.nsw.gov.au/2030/.

[2] Emma Banks, Laurel Kruke. Two Ports, Two Paths [EB/OL]. http://courses.cit.cornell.edu/crp101/student%20work/BanksKruke_2008_Paths.pdf

[3] Commonwealth of Australia. Australian Land Use and Management (ALUM) Classification [EB/OL]. http://adl.brs.gov.au/mapserv/landuse/index.cfm?fa=app.ALUMClassification.

[4] City of Sydney. 2001 Floor Space and Employment Survey City of Sydney Local Government Area Summary Report [EB/OL]. http://www.cityofsydney.nsw.gov.au/AboutSydney/CityResearch/FloorSpaceAndEmploymentSurvey.asp.

[5] City of Sydney Land Current Status [EB/OL]. http://www.cityofsydney.nsw.gov.au/Environment/Land/CurrentStatus/.

[6] City of Cities: A Plan for Sydney's Future [EB/OL]. http://www.metrostrategy.nsw.gov.au/dev/uploads/paper/introduction/index.html.

[7] 屠启宇，金芳. 金字塔尖的城市 [M]. 上海：上海人民出版社，2007：467-469.

[8] 李泳. 城市交通系统与土地利用结构关系研究 [J]. 热带地理，1998，18(4)：307-309.

[9] 李铁北. 浅谈奥运的长期影响——以悉尼城市规划为例 [EB/OL]. http://www.cnki.net.

[10] Sydney Olympic Park Master Plan 2030 [EB/OL]. http://www.sydneyolympicpark.com.au/developing_sydney_olympic_park/master_plan_2030.

[11] City of Sydney State of Environment 2004/05-2006/07 [EB/OL]. http://www.cityofsydney.nsw.gov.au/.

[12] 石忆邵，彭志宏等. 国际大都市建设用地变化特征、影响因素及对上海的启示 [J]. 城市规划学刊，2008，6：32-39.

[13] 季暑光. 奥运城市剪影——悉尼 [J]. 城市之窗，2008，2：66-67.

[14] 魏晓龙. 我国大城市用地规模影响因素的实证分析 [D]. 杭州：浙江大学，2007.

第 11 章
芝加哥大都市建设用地规模与结构变化分析

11.1 芝加哥大都市的空间范围及建设用地内涵界定

11.1.1 芝加哥大都市空间范围的界定

芝加哥有芝加哥市、芝加哥大都市区等不同称谓。

芝加哥市位于美国伊利诺伊州的东北部、美国五大湖之一的密歇根湖西南岸，是美国中西部地区最大城市，也是美国第三大城市，仅次于纽约市和洛杉矶市。按照美国调查局数据，芝加哥市区面积 606.2km^2（其中水域为 17.9km^2），2006 年人口为 283.33 万人，人口密度 4816 人/km^2（表 11-1）。芝加哥的传统制造业和零售业曾是美国中西部经济的主宰力量，在很大程度上影响了美国的经济，而如今随着以金融为核心的各种现代服务行业的发展，芝加哥又成为了新的国际金融中心之一。

芝加哥的空间范围界定　　表 11-1

		土地面积（km^2）	人口（万人）	人口密度（人/km^2）	范围界定
芝加哥	芝加哥市	588.3	283.33	4816	芝加哥市区(不含水域)
	芝加哥大都市区	9598	830	865	包括芝加哥市及其周边的 6 个县

注：芝加哥市人口为 2006 年数据，芝加哥大都市区为 2004 年数据.

芝加哥大都市区，或者称为大芝加哥地区，包括芝加哥市及其周围伊利诺伊州东北部的 6 个县(图 11-1)，即库克县(Cook County)、莱克县(Lake County)、杜佩奇县(DuPage County)、威尔县(Will County)、麦亨利县(McHenry County)和凯恩县(Kane County)。

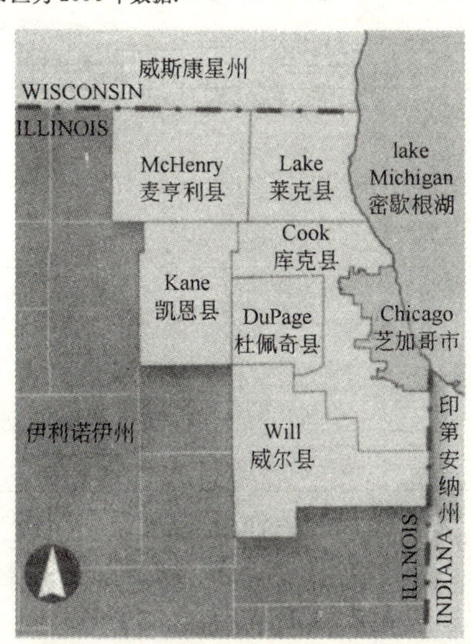

图 11-1　芝加哥大都市区县市分布图

2004 年芝加哥大都市区总人口超过 830 万人，面积 9598km^2，其中约有农业用地 3800km^2。芝加哥大都市区由 272 个大小城镇组成，最大的为芝加哥市；其次是奥罗拉市(Aurora)，人口 14.3 万人；排在第三位的是内珀维尔市(Naperville)，人口12.8万人；最小的城镇人口刚刚超过100人。芝加哥大都市区在伊利诺伊州占有重要的经济和政治地位，占全州总人口的65%，也是沿密歇根湖的三个州(北到威斯康星州的密尔沃基市、东到印第安纳州的瓦尔帕莱索)的核心，更是芝加哥市的直接腹地。

芝加哥大都市区是美国最复杂的都市区之一，每个地方政府都有自治权，无论是联邦政府、州政府还是县政府，都无法控制这些城镇土地使用的决策。从芝加哥中心区的摩天大楼到区域边缘的农田，涵盖了现代美国可以发现的各种开发密度和经济层面。

11.1.2 芝加哥市建设用地的类型

芝加哥市的建设用地主要包括：居住用地、工业用地、商业服务用地、交通通信设施用地(TCU)、公共事业用地、公共绿地等。

11.2 芝加哥大都市建设用地规模的变化特征及其原因分析

11.2.1 芝加哥大都市建设用地规模的变化特点

从表11-2中的数据可以看出，芝加哥市的人口在20世纪上半叶增长较快，50年时间增长了约65%，而下半叶随着工业化的推进，污染的加剧和闹市区犯罪率的与日俱增，越来越多的人们远离市区，市区人口开始因外迁而下降。近年来由于能源危机的影响，通勤成本的增加，一部分郊区居民又开始重返市区，相比20世纪初人口增长约为32%。因此，目前芝加哥市居民总数趋于稳定。

芝加哥市人口与建设用地变化 **表11-2**

年份	城市人口(人)	城市建设用地(km^2)	人口密度(人/km^2)	人均建设用地(m^2/人)
1910	2185283	492.628	4435.97	225.43
1920	2701705	513.519	5261.16	190.07
1930	3376438	536.658	6291.60	158.94
1940	3396808	551.315	6161.28	162.30
1950	3620962	551.315	6567.86	152.26
1960	3550404	551.315	6439.88	155.28
1970	3366951	588.580	5720.46	174.81
1980	3005072	590.820	5086.27	196.61
2000	2896016	587.930	4925.78	203.01

资料来源：伊利诺伊州东北部规划委员会(NIPC)；《世界大都市规划与建设》。

而建设用地面积规模也在一个世纪里增长了20%左右，而在20世纪末基本趋于稳定。

从图11-2可知，芝加哥大都市区的人口和城市建设用地的变化则与芝加哥市有着较大的区别，人口与建设用地规模在1970～2000年间有着较大的增长，人口增长幅度在20%左右，建设用地规模增长在40%左右。土地以快于人口增长的速度被消耗，这表明芝加哥大都市区的土地扩张具有“蔓延”的特征。

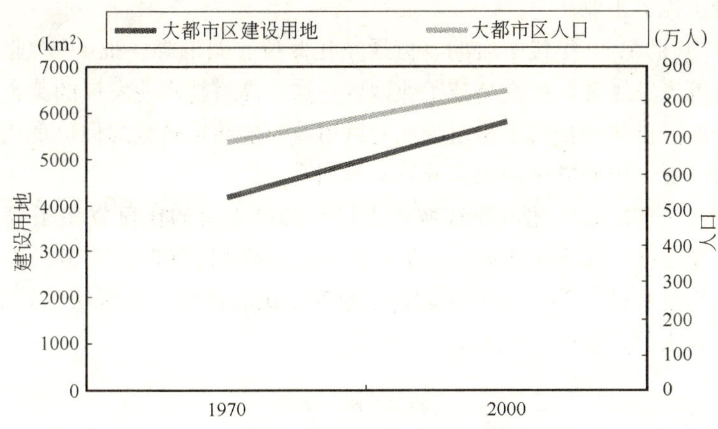

图 11-2 芝加哥大都市区人口和建设用地变化

资料来源：伊利诺伊州东北部规划委员会(NIPC).

从计算数据可以看出，芝加哥市从1910～2000年间，人均建设用地基本维持在150m² 以上，其中1910年高达225m²。随着人口密度的提高，下降到1950年的152m²。而后，又由于郊区化的进展回升至200m² 左右。而芝加哥大都市区的人均建设用地则更多，基本上达到了500～600m²。与其他国际大都市的人均建设用地相比，芝加哥市及芝加哥大都市区的人均建设用地面积都有所偏大。这从一个角度反映出芝加哥在土地利用方面效率较低，这是其“摊大饼”的城市扩张模式而造成的不利影响。

另外，由于1871年令芝加哥毁于一旦的“芝加哥大火”及其后为适应城市发展而提出的“芝加哥1909计划”，使得芝加哥的各大功能区及基础设施建设保证了“1909计划”对芝加哥城市基本格局的把握和贯彻。因而经历了一个世纪的发展，其核心区土地规模及人均用地规模得到了有效的控制。

11.2.2 芝加哥大都市建设用地规模变化的原因分析

芝加哥大都市区建设用地规模变化的主要原因就是其郊区化的扩展进程。

1960年，就业岗位的外迁使中心区第一次出现人口减少。环城公路和辐射状公路以及汽车的普及，使得城市与郊区之间的交通十分便利。计算机网络的发展，则使信息的获取、处理和传播更加迅速，为人口和企业的分散进一步创造了条件。黑人等少数民族的城市化也刺激了白人的郊区化。

20世纪70年代初的能源危机严重影响了芝加哥的制造业，导致部分工业企业倒闭。传统工业开始在郊区建立了众多的卫星城——工业园区。20世纪70年代初美国的工业园区多达2500个以上，其中芝加哥大都市区就有356个，制造业郊区化继续扩展。

20 世纪 80 年代初的经济萧条使工业受到进一步打击，芝加哥市内的制造业全面萎缩，传统基础产业——钢铁工业外迁，城市政府的发展重点完全转向服务业和旅游业。1989 年，芝加哥市政府提出发展“以服务业为中心的多元化经济”的目标，在大力发展服务业的同时，建立工业走廊和工业园区，保持和复兴传统优势工业。

到了 20 世纪 90 年代中后期，包括摩托罗拉、朗讯等一批 IT 产业和现代通信产业都入驻了郊区的高科技工业园区，这一高科技产业发展的黄金时代又给芝加哥的经济复兴提供了机遇。此时城市政府的政策转变为促进现代服务业和旅游业发展，中心城区的人口开始有所回升。

就业和居住的郊区化，导致城市人口和郊区人口的比例发生了较大的变化。中心城区人口比重从 1950 年的 70%左右下降到 2000 年的 37%左右，而郊区人口比重急剧上升。1970 年超过半数的市民居住在中心城区以外的郊区，郊区人口首次超过市区(图 11-3)。

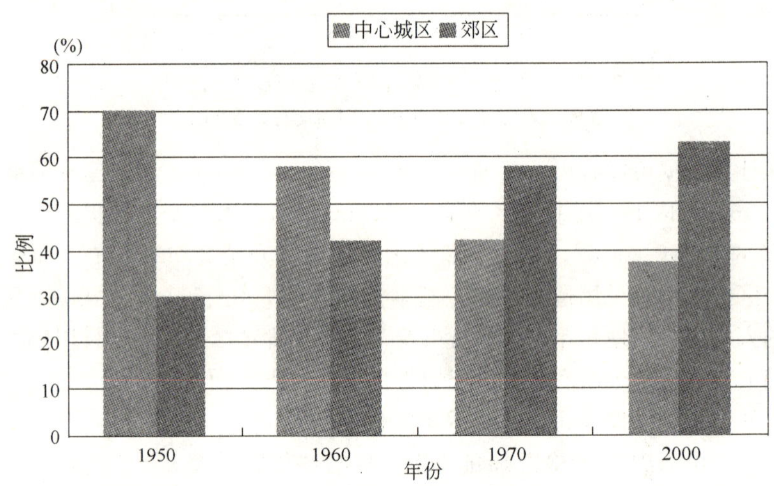

图 11-3　芝加哥中心城区与郊区人口比例变化

资料来源：伊利诺伊州东北部规划委员会(NIPC)；《世界大都市规划与建设》.

郊区化的扩展过程形成的芝加哥建设用地规模变化的主要特点如下：

第一，中心城区在经过人口大量增长后，扩张到一定程度。但是随着郊区化的不断发展，大量人口涌向郊区之后，中心城区的人口压力有所减弱，对居住、工业、交通的用地需求则不如之前迫切。而且城市空间已经基本饱和，因而中心城区的建设用地规模基本趋于稳定。芝加哥市从传统制造业中心向现代服务业中心转型后，通过不断的自我更新，从 50 年前的贫民区和工业楼房环绕的中心区，蜕变成目前公共环境得到极大改善、拥有完善基础设施、与现代信息化社会相适应的国际大都市。

第二，郊区化的进展使得郊区建设用地规模急剧上升，大都市区用地不断蔓延，呈现摊大饼式发展状态。

由于美国国家体制的原因，缺乏有效的协调机制，州对城市规划调控能力较弱。而各个城市虽然都有自己的规划，但其作用与总体规划还是相差甚远，而且都是主要从自身角度制定规划，为提升城市竞争力而不顾重复建设、资源浪费和过度竞争等。这种规划不能有力地控制郊区的蔓延。

第二次世界大战后美国大力修筑高速公路，加速了市郊之间的通勤，还实行了鼓励居民到郊区定居的住宅抵押保险制度和补贴制度。因此随着这种“美国式”的呈爆炸式或蔓延式的膨胀郊区化，低层低密度住宅沿公路向城区之外蔓延，大量森林、农田、空地被占用。土地的低效利用导致城市建设用地规模的急剧扩大。

大都市区土地蔓延的弊端显而易见，既浪费了土地，又浪费了城市基础设施，同时还危害了环境。人们距市中心区越来越远，工作地与居住地的距离越来越远，对私家汽车的依赖性越来越强，在无端消耗时间的同时，也使能源消耗呈大幅增长的趋势。城市中心区逐渐变得萧条破旧，商业服务、文化教育、休闲娱乐的优势得不到很好的发挥。过于分散的个人住宅和新居住区，加大了基础设施建设的成本，商业服务、文化教育等设施难以配套齐全。

11.3 芝加哥大都市建设用地的结构变化特点及其原因分析

11.3.1 芝加哥大都市建设用地数量结构变化特点

表 11-3 和表 11-4 中的土地利用类别并不完全相同，1990 年的城市土地利用分类增加了未利用地和交通及基础设施用地，而这两项数据与表 11-3 相比，相差太大，表 11-3 中的公共绿地与交通用地两者所占比重达到了 61.1%，而表 11-4 中两者之和仅为 16.65%，即使考虑大都市区土地扩张这一因素，其公共绿地与交通用地的减少数量仍然过大，并且无法解释其中变化原因，故在此不作讨论。

20 世纪 70 年代芝加哥大都市区的城市土地利用　　　　表 11-3

用地类型	所占比重(%)	用地类型	所占比重(%)
居住用地	24.1	交通用地	32.2
工业用地	6.9	公共事业用地	3.3
商业服务用地	4.6	公共绿地	28.9

资料来源：《世界大都市规划与建设》.

1990 年芝加哥大都市区的城市土地利用　　　　表 11-4

用地类型	所占比重(%)	用地类型	所占比重(%)
居住用地	43.27	交通及基础设施用地	3.99
商业服务用地	6.36	公共绿地	12.66
公共事业用地	5.39	未利用地	21.16
工业用地	7.18	其他用地	0.01

资料来源：伊利诺伊州东北部规划委员会(NIPC).

鉴于表 11-3 和表 11-4 的统计口径存在差异，在此仅进行部分用地类型的结构变化趋势的讨论。相比 20 世纪 70 年代和 1990 年芝加哥大都市区土地利用结构，其变化特点主要有以下两点(图 11-4)：

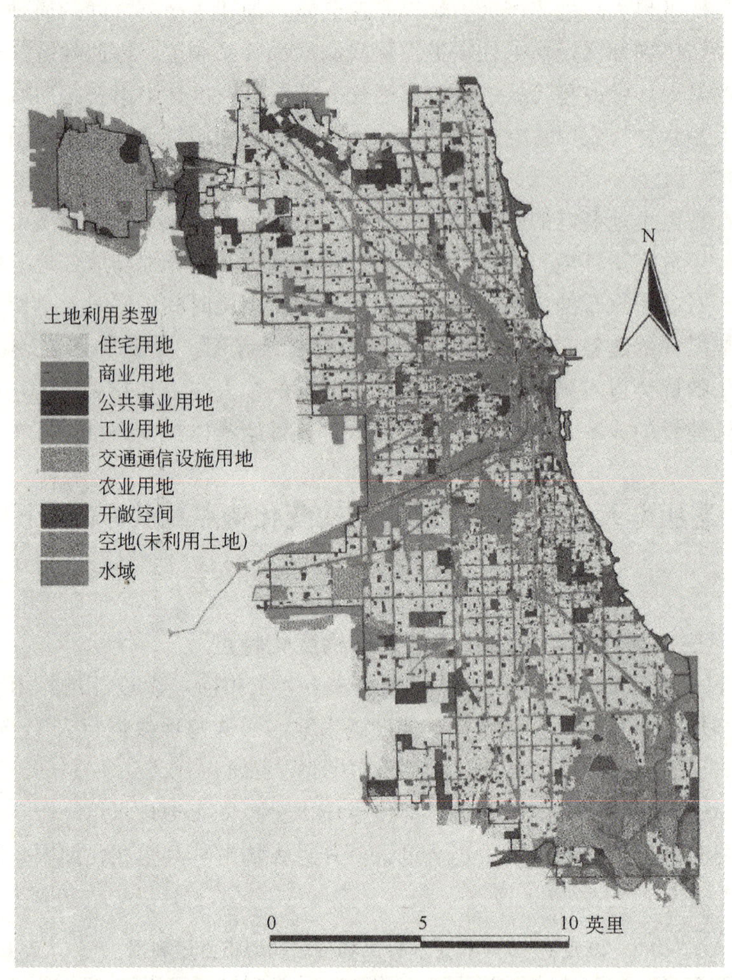

图 11-4　芝加哥市 1990 年土地利用分布图

资料来源：伊利诺伊州东北部规划委员会(NIPC).

(1) 商业服务用地、工业用地以及公共事业用地比重有着不同程度的增加，分别上升了 1.76%、0.28%、2.09%；

(2) 居住用地比重则上升较多，约为 19.17%，这一情况直接反映了芝加哥大都市区人口增长的用地需求。

这些是缘于芝加哥大都市区人口规模的不断增大，以及“摊大饼”式的用地蔓延，而导致了其居住用地的规模及比重急剧增加。相应的就业及公共设施用地也有一定的增长趋势。通过旧城改造所得的新增建筑面积很难满足城市快速发展所产生的房地产需求，因而城市向外扩张是必然的。

但是，美国的城市扩张形式与欧洲截然不同，并不是通过规划卫星城市来实现跳跃式发展，而是任由城市建成区在空间上连续扩张和外延，也就是“摊大饼”式扩张。而相对无力的规划和土地利用控制，又在一定程度上滋长了这种“摊大饼”式扩张，相应地也引发了一定的城市问题，如城市环境恶化、住房紧张、交通拥挤等。无节制的“摊大饼”式扩张也必将导致城市规模的失控。因此，如何促使这种模式转型越来越引起大家的重视。

11.3.2 芝加哥市建设用地的空间结构特点

芝加哥城市空间发展可以概括成以下几个特点：

(1) 城市持续地向外蔓延；

(2) 沿着高速公路地区比其他地区发展更快；

(3) 城市在向外扩张的同时，城市中心的土地被再开发(资本密度增加)；

(4) 城市蔓延过的空地的开发使城市已开发的土地趋于紧凑。

这是因为，一般靠近建成区或靠近交通干线的土地开发成本相对比较低，因此这些土地比远离建成区的土地被开发的可能性更大。而且由于基础设施的规模经济效益，城市成块开发的可能性远大于城市分散开发。土地开发成本的空间差异对城市空间发展趋于集聚起到了较强的积极作用。同时城市边缘地带与已有的劳动力市场联系也有着地理上的优势。

11.4 主要启示

目前我国经济加快发展过程中出现了建设用地规模扩张过快、耕地大量减少和环境恶化等问题，产业结构调整和人居环境建设对城市空间和土地资源的管理提出新的挑战。城市规划作为重要的调控手段将发挥日益重要的作用。在新的规划中，应积极吸取美国等发达国家在实践中总结出来的正确的发展理念。

芝加哥针对其城市蔓延问题已经提出了一整套城市发展原则：

(1) 通过对城市边界的控制，来有效限制城市向外扩张；

(2) 鼓励高密度开发，适当缩小街区，使人们可以步行到达较多的地方；

(3) 土地混合使用，尤其适用于商业中心区，减少单一使用区；

(4) 大力发展公共交通，控制私车数量增长，鼓励选择其他公共交通工具；

(5) 加快旧城更新，重建老商业区和社区；

(6) 保护没有建筑物的空地，包括保护森林、牧场、自然景观和重点环境区域；

(7) 进一步推广经济适用房，并鼓励不同收入阶层的人们在同一生活区域内居住。

我国一些同样有着“摊大饼”式扩张问题的大城市，虽然也提出了与上述相类似的发展原则，如统筹新区开发和老区提升，控制城市向外扩张的规模、保护基本农田、合理高效持续利用土地，积极发展公共交通，保护和发展历史文化，努力改善人居环境等。但面对利益的驱动，仍然没能将其贯彻始终。由此可见，真正解决问题的关键不仅仅在于提出好的政策，还在于坚决贯彻落实。

本章参考文献

[1] 世界大城市规划与建设编写组. 世界大都市规划与建设［M］. 上海：同济大学出版社，1989.

[2] 陈燕平. 芝加哥市中心：一个高效益的土地利用模式［J］. 世界建筑导报，1995，(3)：19-21.

[3] 黄玮. 中心·走廊·绿色空间·大芝加哥都市区 2040 区域框架规划［J］. 国外城市规划，2006，(4)：46-52.

[4] 龚希信. 芝加哥城市建设与发展［J］. 科技导报，1985，(6)：69-72.

[5] 罗思东. 美国郊区的蔓延：对交通拥堵与土地资源流失的分析［J］. 城市规划学刊，2005，(3)：43-46.

[6] 俞世恩. 芝加哥崛起的基石："1909 年计划"［J］. 国外城市规划，2001，(4)：39-41.

[7] SKIDMORE，OWINGS & MERRILL LLP. 芝加哥湖滨东区规划，伊利诺伊，美国［J］. 世界建筑，2002，(11)：32-36.

[8] 黄玮. 空间转型和经济转型——二战后芝加哥中心区再开发［J］. 国外城市规划，2006，(4)：53-60.

[9] 丁成日. 芝加哥大都市区规划：方案规划的成功案例［J］. 国外城市规划，2005，(4)：26-33.

[10] 武汉城市建设课题组. 武汉与芝加哥比较研究［J］. 学习与实践，2005，(5)：10-18.

[11] 白志刚. 解决城市问题的新方法：共同参与城市革新——芝加哥市 1996 年的实践［J］. 城市问题，1997，(2)：48-51.

[12] 梁雪. 芝加哥的滨水区建设［J］. 重庆建筑，2003，(2)：50-52.

[13] Chicago Metropolitan Agency for Planning. 1990 Land Use Summary for Northeastern Illinois［EB/OL］. http：//www. nipc. org/.

第 12 章 圣保罗大都市区发展述要

12.1 圣保罗大都市区的经济发展概况

圣保罗是巴西最大的城市、最大的工业中心。圣保罗市也是圣保罗州的州府，该市及其周边 38 个城市一起组成了“圣保罗大都市区”，即现今所谓的“大圣保罗”，也是南美第一大城市(表 12-1、图 12-1)。

圣保罗大都市区与圣保罗市的面积与人口(2007 年) **表 12-1**

地　　区	面积(km^2)	人口(万人)
巴西	8514877	18934
圣保罗州	248209	4103
圣保罗大都市区	7947	1959
圣保罗市	1523	1083

资料来源：巴西地理统计局.

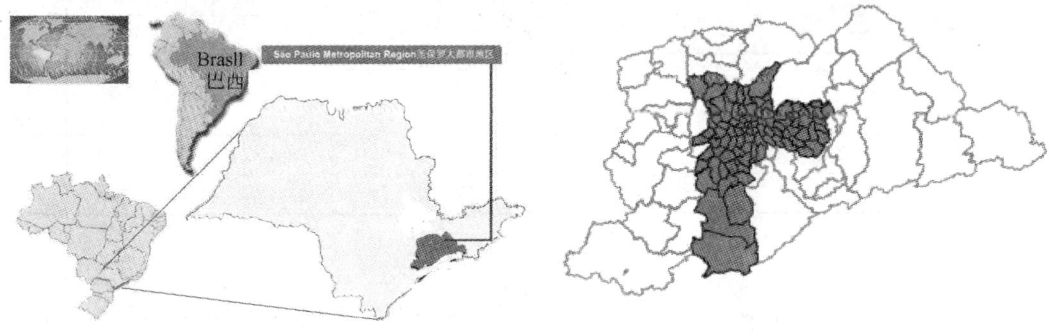

图 12-1 圣保罗大都市区与圣保罗市

圣保罗大都市区 2007 年有人口 2000 万左右，其中 55.4%居住于圣保罗市，是世界上人口最多的五大城市之一。大都市区以圣保罗市为核心城市，城市面积占整个都市区面积的 18.74%。圣保罗市 2007 年人口达到 1100 万左右。

圣保罗州是巴西人口最多、工业最发达、经济最繁荣的地区，也是全国最重要的贸易和金融中心以及最大的消费市场，有“巴西经济的火车头”之称。州内有三个大都市区：圣保罗大都市区、金边大都市区和巴夏圣提大都市区。圣保罗大都市区是经济发展水平最高、都市人口最稠密的区域。

2004 年圣保罗州国内生产总值达 1866 亿美元，几乎占了巴西国内生产总值的 1/3。圣保罗大都市区的国内生产总值有 939 亿美元，占了圣保罗州国内生产总值的 50%，占了巴西国内生产总值的 15.57%(图 12-2)。

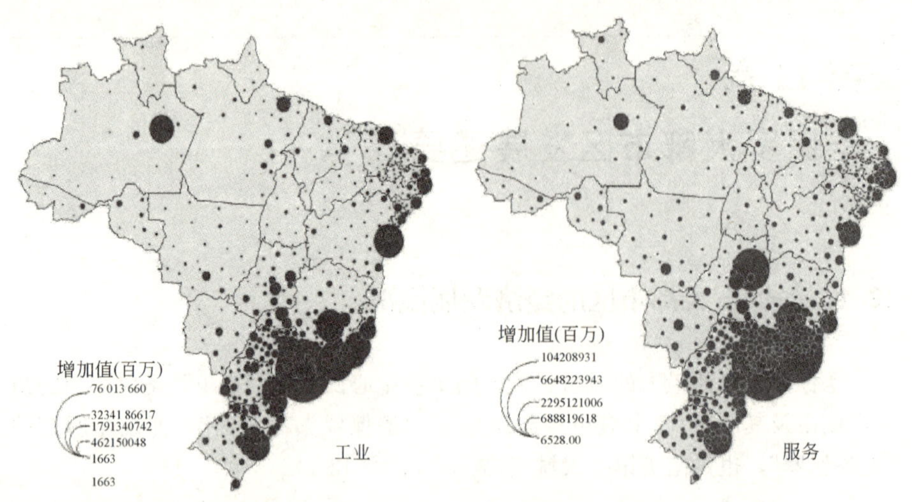

图 12-2　全国按经济活动分类的增加值分配

圣保罗市 2004 年国内生产总值达 548 亿美元，是巴西国内生产总值最高的四个城市之一，占全国国民生产总值的 11.57%，人均国民生产总值达 5058 美元(表 12-2、图 12-3)。

巴西、圣保罗州、圣保罗大都市区和圣保罗市国内生产总值情况　　**表 12-2**

地　区	国内生产总值(亿美元)				人均国内生产总值(美元)			
	2001 年	2002 年	2003 年	2004 年	2001 年	2002 年	2003 年	2004 年
巴西	4091	4594	5311	6029	2354	2604	2967	3320
圣保罗州	1367	1495	1689	1866	3599	3874	4307	4685
圣保罗大都市区	724	760	837	939	2884	3137	3658	4395
圣保罗市	458	478	502	548	4335	4484	4668	5058

资料来源：巴西地理统计局.

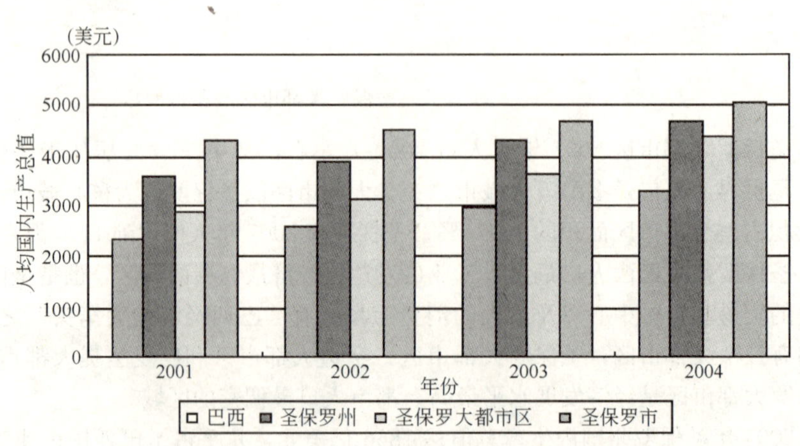

图 12-3　2001～2004 年人均国内生产总值比较

圣保罗州工业生产能力占全国的40%，产值占全国的45.3%，其工业52%集中在城市地区，其中20%在圣保罗大都市区，也是拉美地区的工业集中地(图12-4)。在圣保罗市周边地区有12家国际知名的汽车生产企业，年生产能力达120万辆汽车。因此，圣保罗州被认为是世界第12大汽车生产中心。

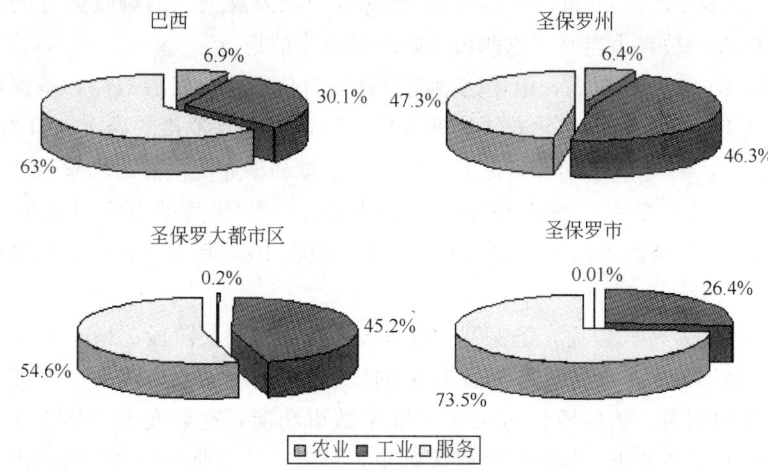

图12-4　2004年产业经济活动的增加值分布图

资料来源：IBGE，Emplasa.

圣保罗州也是巴西的商业和服务业中心，其中，60%集中在圣保罗大都市区，2003年该行业产值占全州国内生产总值的53.2%。巴西全国最大的30家商业企业有12家在圣保罗州，拥有ISO 9000认证的商业企业超过300家，银行和其他金融企业达5100家。

圣保罗市是巴西最大、世界第四大城市，也是全国的商业、金融和工业中心。大约在1850年左右，由于咖啡种植业的广泛兴起和欧洲移民的大量流入，加快了圣保罗的发展步伐。到了20世纪下半叶，各种制造业纷纷崛起，及至世纪交接时圣保罗市的经济活动已逐渐转向以商业、金融等服务业为主。今日的圣保罗是南方共同市场(包括巴西、阿根廷、委内瑞拉、乌拉圭与巴拉圭)的金融中心，有众多本国与国际银行业、法律事务所和消费者服务业聚集在此。

12.2　人口增长与城市扩张

圣保罗市历史悠久，最初起源于一个印第安人村落。1554年1月25日，葡萄牙殖民者在此始建殖民据点，由于这天正好是天主教纪念圣徒圣保罗皈依的日子，遂以“圣保罗”命名。1711年设市，1822年佩德罗一世在此宣布巴西独立。直至19世纪80年代，圣保罗仍是一座并不起眼的小城，市区面积仅2km^2，居民人口不到4万，当时的建筑大多用土坯建成，被人们形象地称为“泥巴城”。

从19世纪80年代起，由于咖啡种植业的广泛兴起和欧洲移民的大量流入，圣保罗市加快了发展步伐，开始步入现代城市化的发展轨道。1870年时圣保罗市城市人口仅3万多人，到1890年时已达到6万多；1890～1900年间，圣保罗市城市人口以每年14%的速度增长，到1900年时已达到24万左右。1905～1930年间，圣保罗市的城市人口从27.9万增至82.24万，增长了3倍，增加了50多万。到20世纪30年代，圣保罗市已发展为巴西咖啡区域的商业和工业中心，被誉为当时"巴西最兴旺、最进步的地方"。

20世纪30年代以后，由于巴西实行进口替代工业化发展战略，圣保罗率先进入工业化时期，城市化获得快速发展。1940年圣保罗市的城市人口为130万到20世纪50年代中期，圣保罗市在人口数量和工业产值方面均超过里约热内卢，成为巴西最大的城市和新的工业中心。1975年其城市人口达到1070万，在世界30个最大的城市中排名第6位，而在1950年，圣保罗市仅排名第23位。

20世纪80年代以后，圣保罗市进入城市化高速发展阶段，1990年圣保罗市人口增至1842万，在世界30个最大的城市中居第4位(图12-5)。在城市化高速发展的同时，圣保罗市进一步扩展了城市功能，逐渐发展为集工业、商业、金融及服务业为一体的综合性大都市。目前，其工业产值占巴西国内工业产值的31%，工业就业人数占巴西整个工业就业人数的25%，被誉为"巴西经济的火车头"、"新经济首都"。

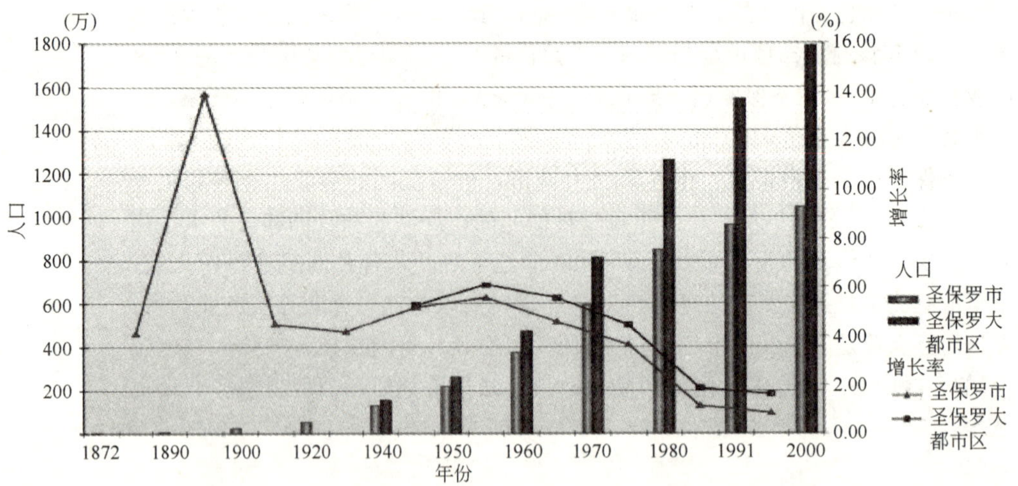

图12-5　1872～2000年圣保罗大都市区与圣保罗市人口增长

资料来源：巴西地理统计局.

起始于20世纪30年代的进口替代工业化导致异常迅速的城市化。1940年巴西城市人口所占比重为31%，1950年为36%，1965年为50%。1970年普查结果表明，城市人口所占比重第一次超过农村，为54%，1975年，城市人口比重达到60%，1980年为64%，到2000年为80%(图12-6、图12-7)。但是圣保罗大都市区从1940年开始城市人口比重始终大大高于农村人口比重。城市人口迅速增长适应了工业化的需要，为国家工业化提供了劳动力和市场条件。但是，城市化的急剧发展并未伴以城市建设，特别是住房和交通条件的改善。因此，城市化带来的问题便接踵而至，贫民窟现象日趋严重。

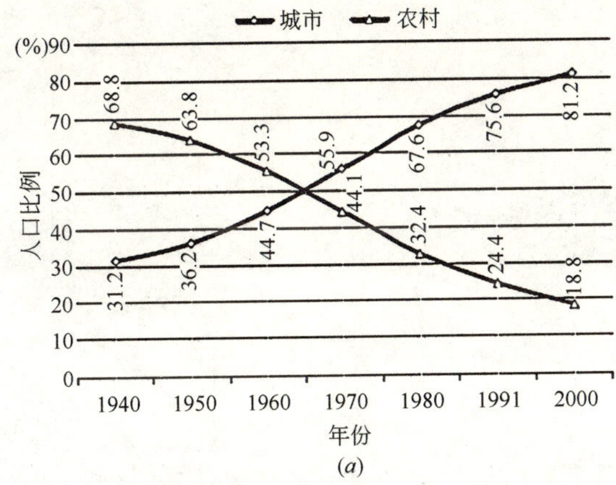

(a)

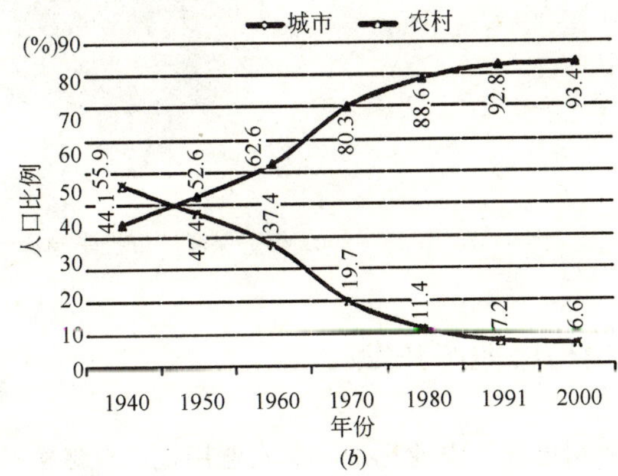

(b)

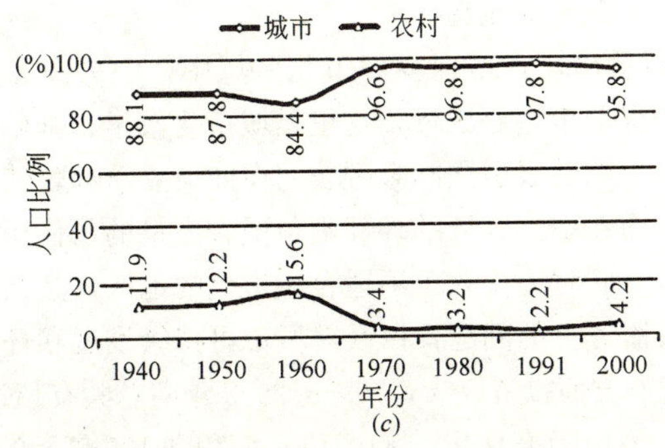

(c)

图 12-6　1940～2000 年巴西、圣保罗州与圣保罗大都市区城市、农村人口比例

(a)巴西；(b)圣保罗州；(c)圣保罗大都市区

资料来源：巴西地理统计局.

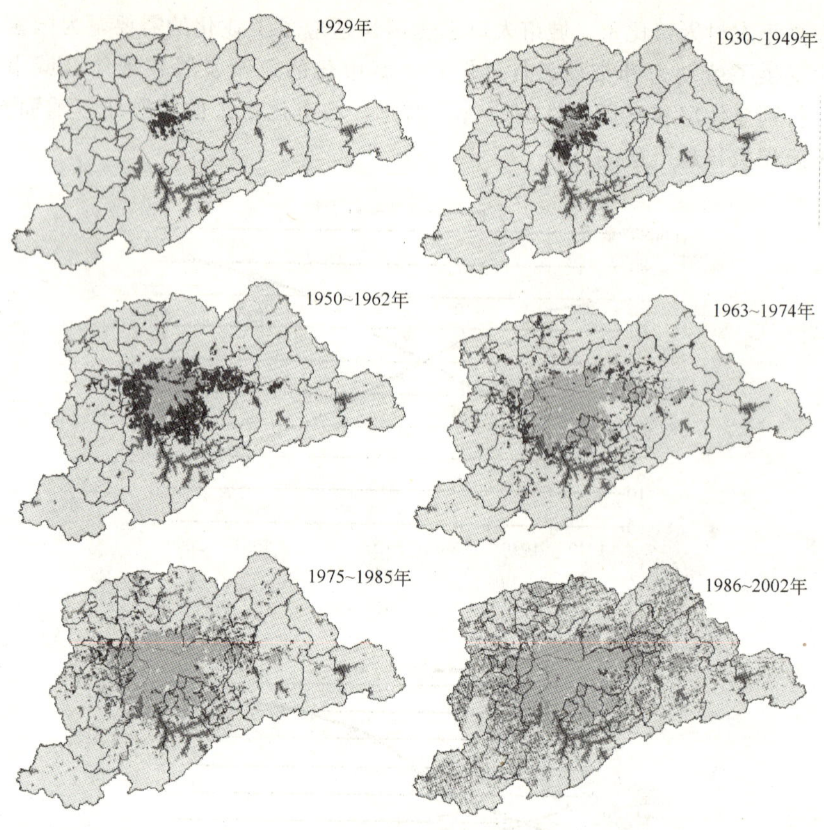

图 12-7　1929～2002 年圣保罗城市扩张趋势

12.3　土地利用与房地产开发

巴西的土地利用可分为农业用地、非农业用地、自然植被区域以及水域。非农业用地分为居住用地、工业用地、商业用地、工商业混合用地、运输、通信和公共事业用地以及矿业用地。

由图 12-8 可以看出，在圣保罗城市化区域中，中央商务区、工商业混合用地大多集中在圣保罗市中心区域，这里是城市化较早、基础设施和都市配套服务较完善的地区，能够吸引国际金融公司在此设立总部，使得中心区域高楼林立，异常繁华；而在中心区域的外部则包围着大量的居住用地，它覆盖了所有适合居住的地区，同时还侵入了不适合城市化的地区，其结果是造成许多基础设施和城市配套服务上的问题，以及对城市可持续发展和环境质量的破坏。

圣保罗在房地产方面投资巨大，1995～2003 年间总共有超过 7500 个房地产住宅项目，包括将近 40 万套住房，300 万 m^2 面积和 100 亿元的资金投入，但这些投资主要集中在人口减少的中心区域，而在市中心以外区域投资项目很少。

由表 12-3 及图 12-9、图 12-10 可以发现房地产价格与人口增长率存在明显的负相关性。人口高增长的外围地区房地产价格较低，每平方米价格 1000 美元都不到，在近 20 年甚至没有房地产开发项目的地区，房地产价格只有每平

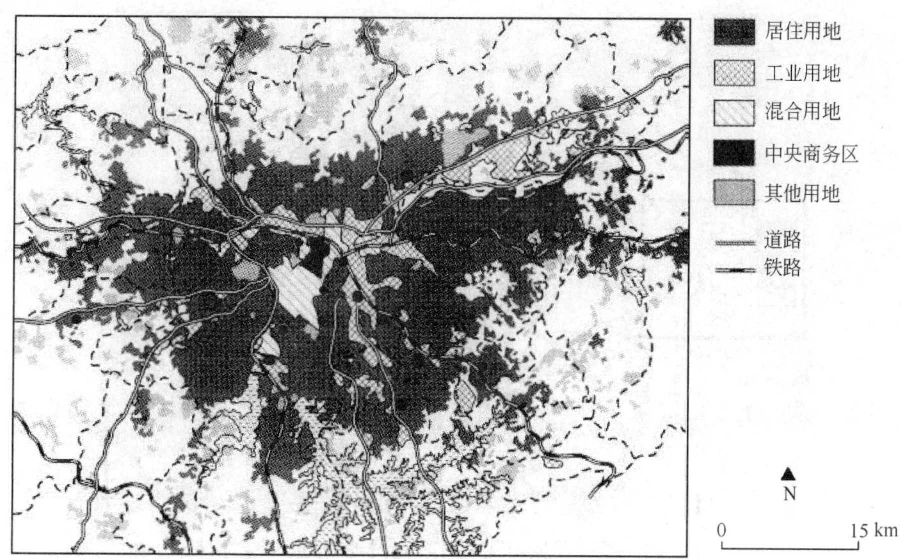

图 12-8 1998 年圣保罗土地利用分布图

圣保罗城市化地区的房地产价格、人口、人口增长率比较 表 12-3

1885～2003 年房地产价格(美元/m²)	1991 年人口(人)	2000 年人口(人)	1991～2000 年人口增长率(%)
未开发	5794062	7462966	2.85
<1000	4131638	4590084	1.18
1000～1500	4004931	3962867	−0.12
>1500	502645	452638	−1.16

资料来源：IBGE，1991 and 2000 and Embraesp，1985～2003.

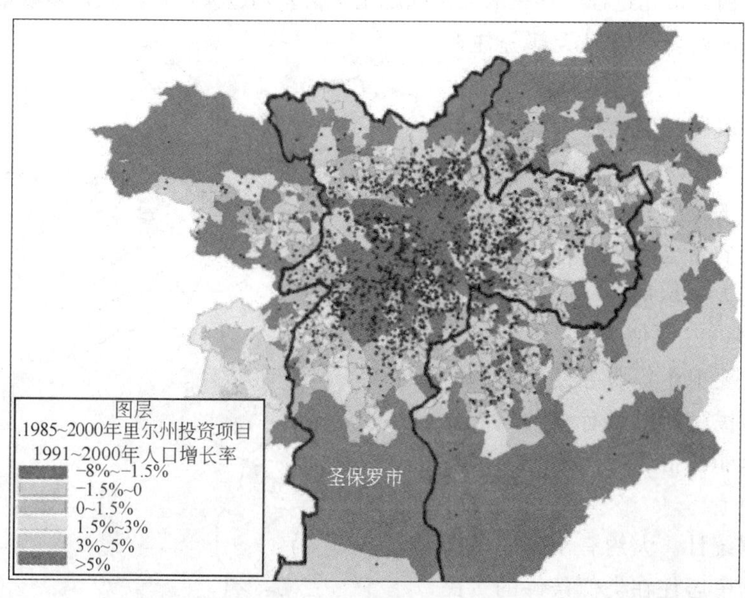

图 12-9 圣保罗城市化地区房地产开发投资与人口增长率

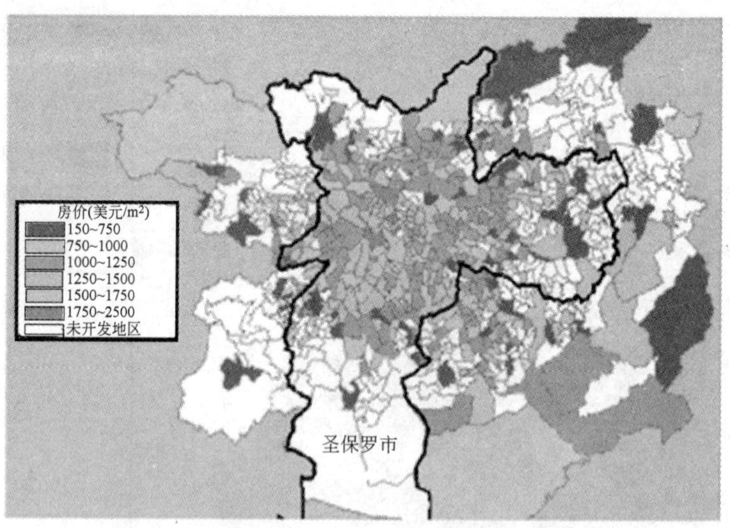

图 12-10 圣保罗城市化地区新建房地产每平方米价格

方米 150～750 美元；而人口呈负增长的市中心地区，属于繁华地段，居民人均收入较高，是房地产开发投资的主要区域，房价在每平方米 2000 美元左右，有的地方达到 2500 美元/m^2。

由于负担不起高昂的住宅价格，有数据显示那些住宅价格高的地区人口正在流失，而价格低的地区人口正急速增加，涌现了大量贫困居民，居民们在这些地区自己建房或者违章建房，形成了巴西比较严重的“贫民窟现象”。

12.4 贫民窟现象

巴西城市化过程中存在的突出问题是贫富差别过大，贫困人口多数集中于城市，巴西城市贫民大部分住在贫民窟。

贫民窟在巴西被称为“法维拉”(Favela)，指临时搭建的简陋住房的集中地。根据巴西地理统计局的界定，贫民窟是指 50 户以上的人家聚居在一起，房屋建筑无序，占用他人或公共土地、缺乏主要卫生等服务设施的生活区。贫民窟的形式有多种，最主要的是非法搭建的住宅与临时搭建的住宅。

图 12-11 2000 年圣保罗市贫民窟分布图

据统计，大约有 1/4 的圣保罗市居民居住在类似条件的贫民窟中(图 12-11)。那里居住、出行、卫生、教育条件极差，不仅影响当代人，也影响下一代人的发展；另一方面，贫民窟游离于社区和正常社会管理之外，很容易成为城市犯罪的窝点，影响社会安定；同时也给城市生态环境造成不良影响。

形成贫民窟的主要原因有以下几个方面：

首先，土地占有严重不平等，大量农民没有土地。巴西是世界上土地集中率名列第二的国家。全国大部分良田掌握在大庄园主手里，其规模最大的可以达到几万、十几万公顷。农村中小农户和无地农民处境艰难，大量无地农民向城市流动。由于他们在农村丧失了土地，因此流动是单向的，他们不可能再回流农村。这种流动虽然推动了工业的发展，但因超过城市工业发展提供的就业机会，一些人就由农村的无地农民转而成为城市的公开失业或隐蔽失业的贫困群体。

其次，过度城市化带来的城市人口的急剧膨胀，农村人口大量转移进城市。由于大批农民缺乏知识和技术，很难在现代工业部门中找到工作。而且，城市经济发展所创造的就业岗位供不应求，失业率居高不下。高失业率导致了城市贫困人口的增加。近20年来，巴西城市人口增长了24%，贫民窟人口增长了118%。目前居住在城市贫民窟中的就有3500万人，占全国城市人口的25.14%(表12-4)。

2000年圣保罗市贫困人口居住分布表 **表12-4**

	地区			
	人口负增长地区	人口慢速增长地区（增长速度≤3%）	人口快速增长地区（增长速度>3%）	总计(人)
临时搭建的住宅居住人口(人)	208478	527462	430283	1166223
非法搭建的住宅居住人口(人)	470112	591009	529862	1590983
总计(人)	678590	111847	1960145	2757206
临时搭建的住宅居住人口比例(%)	4.34	15.50	19.27	11.18
非法搭建的住宅居住人口比例(%)	9.80	17.37	23.72	15.25
总计(%)	14.14	32.87	42.99	26.43

资料来源：IBGE，2000.

第三，城市规划、建房用地、基础设施、社区发展没有考虑低收入人群的要求。城市贫民窟的居住人口中，有80%收入在最低工资标准以下，他们很难在城市获得建房用地和住房，又不能退回农村，就非法强占城市公有土地，如山头、城乡结合部的公地和私人土地，搭建简陋住房，搞违章建筑。为适应住房需要，贫民窟的房地产商及非法交易的黑市也发展起来。

第四，公共政策不够完善。如巴西的税收体制是根据各州工资标准确定税收，按税收贡献向各地返回，使地区差距拉大。

12.5 对上海的启示

巴西圣保罗的发展情况和发展速度虽然和上海不能相比，但发展规模以及发展趋势是上海未来即将要面临的，像城市人口急剧增长，长三角大都市圈的建立等，所以圣保罗在城市扩张，尤其是它的贫民窟问题，可以给上海提供一些可贵的警示。

第一，应注重城乡统筹发展。巴西的情况表明，进城农民就不了业，只不过是由农村的贫困人口变为城市的贫困人口。统筹城乡发展，关键是为农民进城创造更多的就业机会，使农民在城里有长期稳定生存的手段，只有这样，城市化水平才可能扎实地提高。

第二，要切实完善社会保障体系。当前由于户口仍在发挥作用，没有城镇户口就不能平等享受养老、医疗、失业等社会保障待遇。城市化是一国工业化进程中，人口、资本不断从农村向城市集中的过程，但是种种原因使农民工至今尚未纳入城市社会保障体系之中，加上其他因素，农民工仍然处于流动状态，从而严重阻碍了我国城市化水平的进一步提高。因此，提高城市化水平最重要的实际措施之一就是建立面向农民工的社会保障体系，使他们能够平等地享受到医疗、教育、养老等方面的社会保障待遇，真正从农村进入到城市之中。

第三，保持农民土地承包经营权的稳定，使农民在城乡之间能够“双向”流动。巴西的经验教训提醒我们，城市化能否健康发展，与农村的土地制度关系很大。我国的基本国情决定了在相当长的时期内，土地是农民最基本的生活保障。外出打工的农民，大多处于不稳定状态，在家乡有一块地，仍然是农民维持生计的最后一道防线。在农民到城镇落户未取得稳定的就业、收入保障以前，保留这部分农民的土地承包权，让农民在城乡之间“双向”流动，有助于防止大量的无地农民集中于城市而形成贫民窟。

第四，注重城市规划，保护环境。圣保罗发展到今天，几乎没有什么城市规划，导致其城市发展混乱，贫民窟问题严重。上海在城市规划发展方面就做得相当完善，使城市扩张和发展有法可依，走出了一条可持续发展的道路。

本章参考文献

[1] 李瑞林，李正升. 巴西城市化模式的分析及启示 [J]. 城市问题，2006(4)：93-98.

[2] 韩俊，崔传义. 巴西城市化过程中贫民窟问题对我国的启示 [J]. 中国发展观察，2005(6)：4-6.

[3] 程晶. 城市化进程中巴西圣保罗市环境问题探析 [J]. 武汉大学学报(哲学社会科学版)，Vol. 61(2)：200-204.

[4] Haroldo Torres、Humberto Alves、Maria Aparecida De Oliveira. São Paulo peri-urban dynamics：some social causes and environmental consequences [J]. Environment and Urbanization，Vol. 19，No. 1，207-223.

[5] Olhar São Paulo-Contrastes Urbanos [EB/OL]. http：//sempla. prefeitura. sp. gov. br/.

第 13 章
布宜诺斯艾利斯大都市区发展述要

13.1 布宜诺斯艾利斯概况

布宜诺斯艾利斯(Buenos Aires)是阿根廷的首都和政治、经济、文化中心，享有“南美洲巴黎”的盛名。在西班牙语中意为“好空气”。它东临拉普拉塔河，西靠“世界粮仓”潘帕斯大草原(图 13-1)，风景秀美，地势平坦，平均海拔 25m，地处南回归线以南，气候温和湿润，终年无雪，年平均气温 16.6℃，最热月(1 月)平均气温 23.6℃，最冷月(6 月)平均气温 10.8℃；年平均降水量 970mm，且季节分配均匀。

图 13-1　布宜诺斯艾利斯鸟瞰

布宜诺斯艾利斯面积约 200km²，人口近 300 万人；若包括郊区，面积达 4326km²，人口则有 1383 万人(2001 年)，约占全国人口的 1/3 以上，是南半球仅次于圣保罗的第二大城市。居民中 98%为欧洲移民的后裔。经济发展条件优越。邻近全国最富庶的潘帕斯农牧区，东连拉普拉塔河与大西洋相通，有发达的交通运输网络；城市人口集中，经济部门齐全，为全国最大的经济中心，其国民生产总值约占全国的一半。主要有肉类加工，面粉等食品工业和纺织、制革、机械、汽车、化学、造船、印刷等工业，其中食品工业和制革工业为传统工业，在全国占有重要地位。

布宜诺斯艾利斯拥有全国最大的贸易港。年吞吐量约 2600 万 t，为南美洲最大港口之一。主要出口牛肉、谷物、羊毛、皮革、亚麻等；进口机器、钢铁、燃料和工业品。

布宜诺斯艾利斯拥有全国最大的陆、空交通枢纽。铁路、公路呈放射状分布，并与全国各地相联系。有 2 个国际机场，其中埃塞萨国际机场辟有 20 条国际航线。市区内有 5 条高速公路，自市中心呈扇形向外延伸，与作为城界的高速公路帕斯将军大道连接。另有 5 条地下铁道，长 36km，年客运量达 2 亿人次。

作为全国最大的文教中心，全市共有 40 多所大学，其中布宜诺斯艾利斯大学(1821 年创办)最有名。另外还有许多图书馆、博物馆、科研机构以及体育场、剧院、影院、公园等文化设施和娱乐场所。也是全国出版中心和南美洲西班牙文书刊的出版中心之一。

郊区卫星城镇职能分工明确，西部和西北部的城镇为人口稠密的工业区和住宅区，南部的城镇为重要工业区，北部的城镇为工业区。

13.2　布宜诺斯艾利斯的城市发展

布宜诺斯艾利斯始建于1536年，后被印第安人所毁。1580年重建。1776年成为拉普拉塔总督辖区首府。随着港口的开埠，发展成为潘帕斯地区大量牛皮、羊毛、小麦等产品和西欧进口物资的集散地。1880年成为阿根廷联邦首都。1887年设布宜诺斯艾利斯联邦区。1910年发展成为铁路中心枢纽。20世纪50年代随着工业化的发展，城市工业布局和人口向郊区迅速发展。1970年联邦区人口达297.2万。卫星城镇的人口由1947年的167万猛增到1970年的538万，使大布宜诺斯艾利斯的人口达到835万人，占全国总人口的36%，加入世界特大城市行列。图13-2～图13-15详细展现了布宜诺斯艾利斯的城市发展历程。

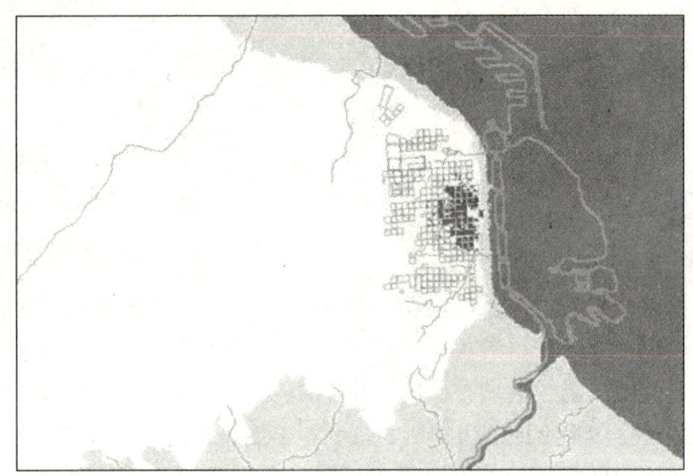

图13-2　1750年的布宜诺斯艾利斯

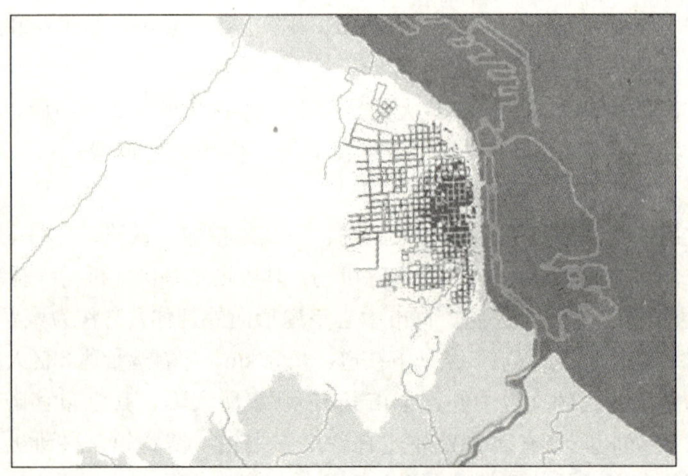

图13-3　1776年的布宜诺斯艾利斯

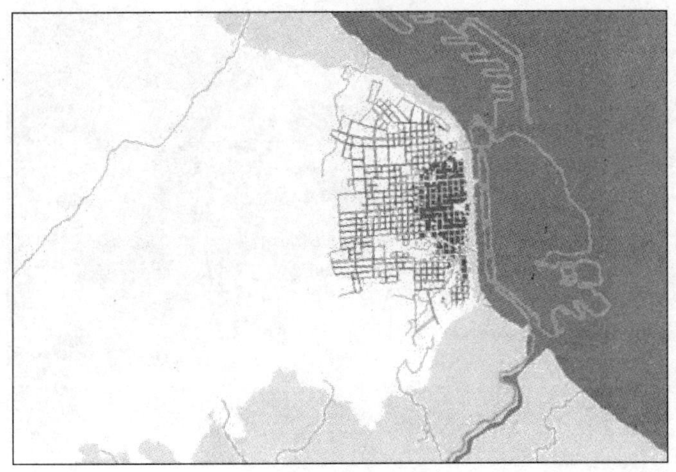

图 13-4　1809 年的布宜诺斯艾利斯

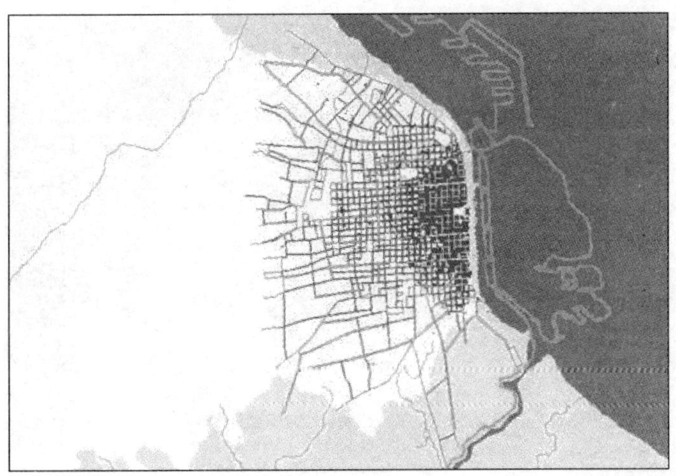

图 13-5　1836 年的布宜诺斯艾利斯

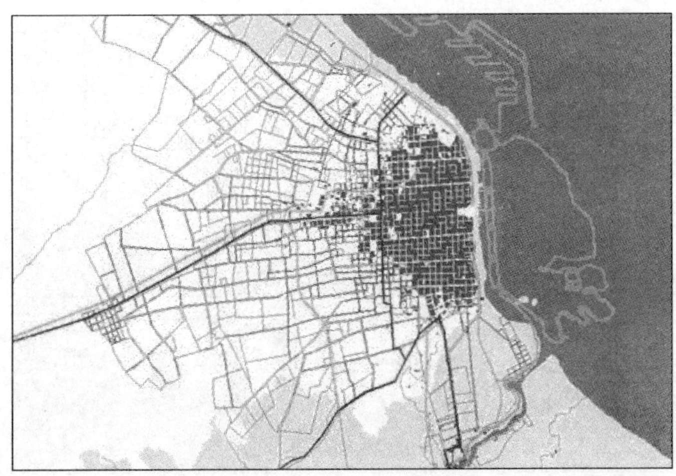

图 13-6　1867 年的布宜诺斯艾利斯

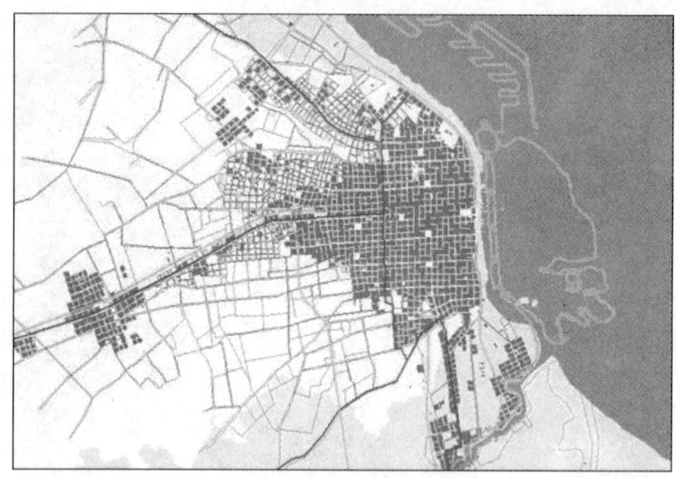

图 13-7　1887 年的布宜诺斯艾利斯

图 13-8　1896 年的布宜诺斯艾利斯

图 13-9　1916 年的布宜诺斯艾利斯

图 13-10　1948 年布宜诺斯艾利斯市区

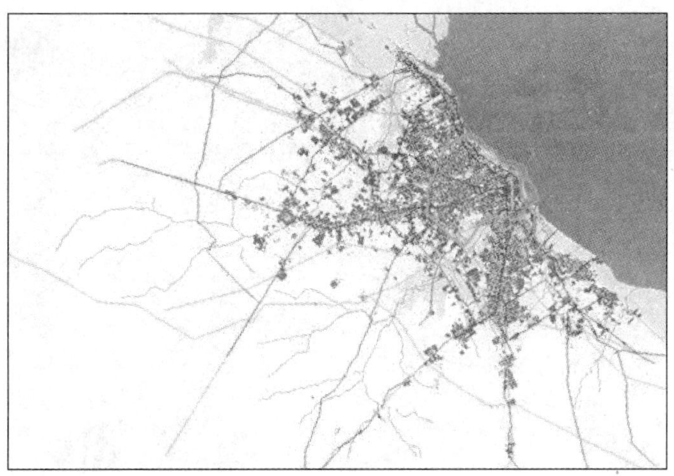

图 13-11　1948 年布宜诺斯艾利斯全景

图 13-12　1996 年布宜诺斯艾利斯市区

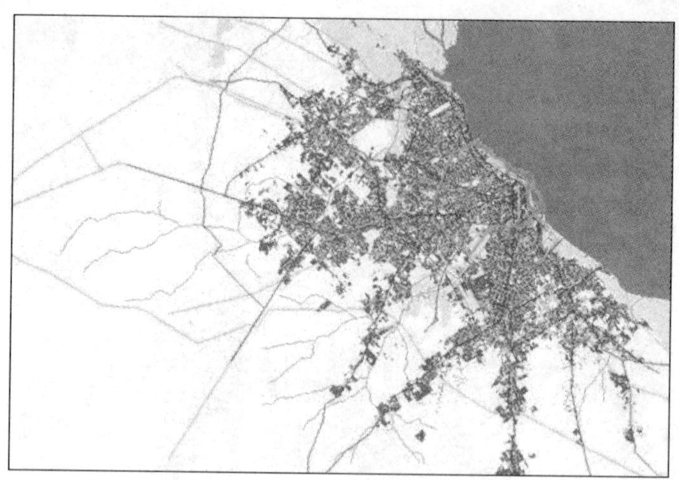

图 13-13　1996 年布宜诺斯艾利斯全景

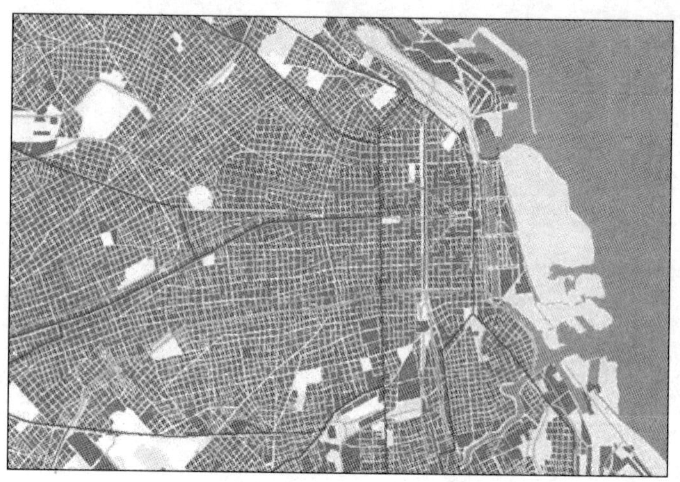

图 13-14　2004 年布宜诺斯艾利斯市区

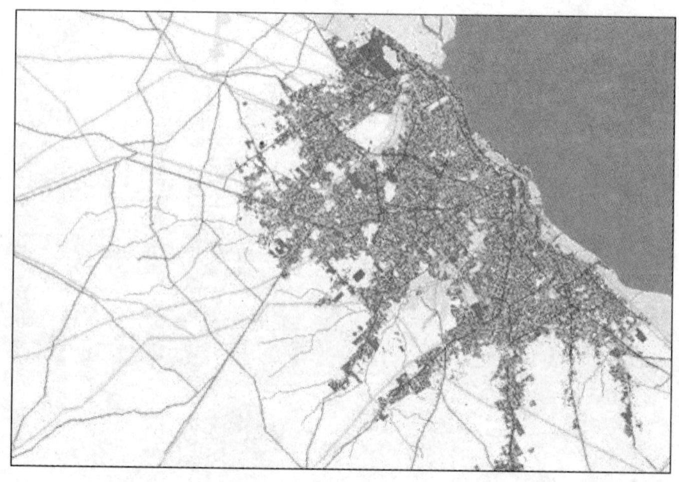

图 13-15　2004 年布宜诺斯艾利斯全景

13.3 布宜诺斯艾利斯的人口增长与分布

据 2001 年统计，布宜诺斯艾利斯大都市区共有人口 1200 万，是拉丁美洲仅次于墨西哥城和圣保罗的第三大城市。阿根廷全国有近 1/3 的人口生活在布宜诺斯艾利斯大都市区，这使得布宜诺斯艾利斯要比阿根廷的第二大城市的规模大很多。

布宜诺斯艾利斯市区人口统计 **表 13-1**

年份	总人口(人)	年份	总人口(人)
1990	3021165	2000	2996951
1995	3001854	2006	3025772

由表 13-1 可以看出，布宜诺斯艾利斯市区人口在 16 年里几乎没有变化，而整个城市人口的增加主要是在郊区完成的。由图 13-16 可知，布宜诺斯艾利斯大都市区人口分布具有如下特点：

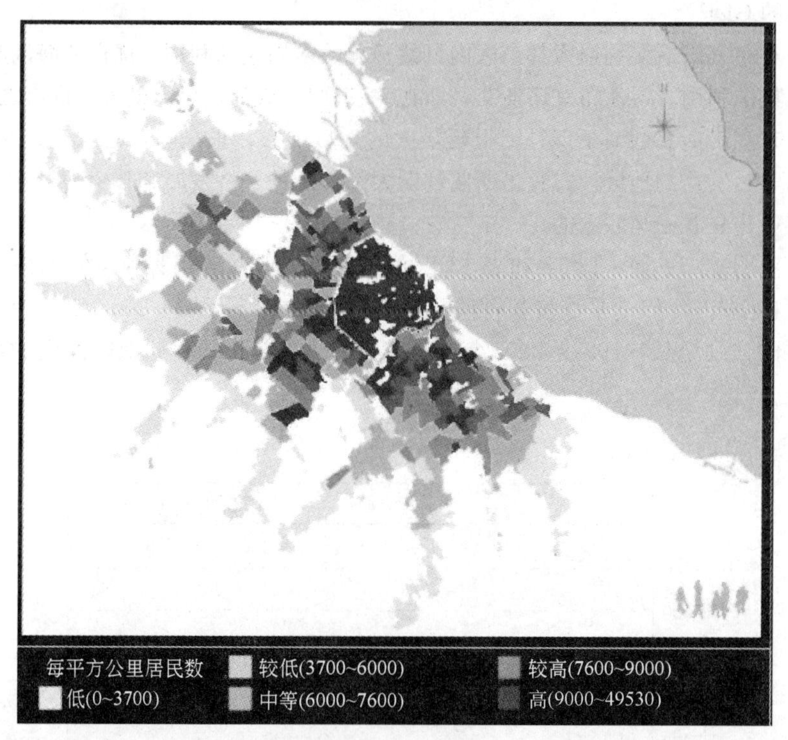

图 13-16 布宜诺斯艾利斯大都市区人口密度分布图

(1) 市中心区人口密度最高，距离市中心区越远，人口密度越低，部分郊区卫星城的人口密度和市中心区已经基本持平。

(2) 结合图 13-15，可以看出人口的分布具有沿交通线集中的特点。

(3) 北部人口较南部更为集中。

造成人口如此分布的主要原因是：

(1) 自然地理条件。南部沿海地区地势低洼而且容易遭遇洪水，故而人口较少。

(2) 土地利用方式影响人口分布。在布宜诺斯艾利斯大都市区西部的坎波梅奥(Campo de Mayo)地区，因为有大量的城市绿化(相当于城市的绿肺)，故而少有居民。在大都市区的港口区，物流集中，运输繁忙，噪声等污染也较大，故而居民也较少。

(3) 与市中心区的距离。考虑到郊区的医疗卫生、教育等基础设施条件比市中心区还有差距，以及对于出行成本和就业的考虑等，大多数居民选择与市中心区较近的地区居住。

13.4 布宜诺斯艾利斯的经济发展

布宜诺斯艾利斯大都市区是阿根廷最大的人口和工业集中分布区域。布宜诺斯艾利斯大都市区面积只占全国领土的 1%，却集中了全国 30%的人口和 50%的 GDP。

对布宜诺斯艾利斯大都市区内自然资源的多用途的利用、优良的海港和土地的集中利用，促使布宜诺斯艾利斯在 19 世纪就成为世界上最大的都市之一。

布宜诺斯艾利斯不仅是阿根廷最大的人口中心，也是阿根廷工业、商业、服务业最发达的地区。布宜诺斯艾利斯大都市区的经济发展和整个阿根廷国家的工业化是有密切联系的。

由图 13-17、图 13-18 和表 13-2 可以看出，布宜诺斯艾利斯的国内生产总值在 1999 年以前平稳增长，1999～2002 年处于下行期，2003 年开始有恢复性的强劲增长。1999～2002 年的连续下降主要是因为在此期间发生的金融危机。

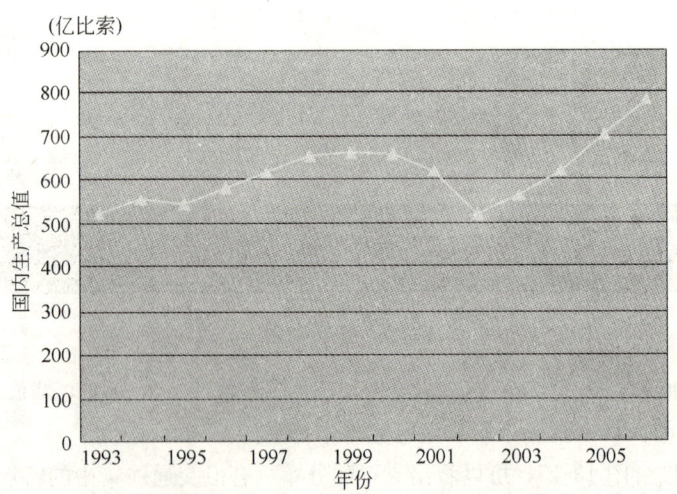

图 13-17 布宜诺斯艾利斯国内生产总值增长

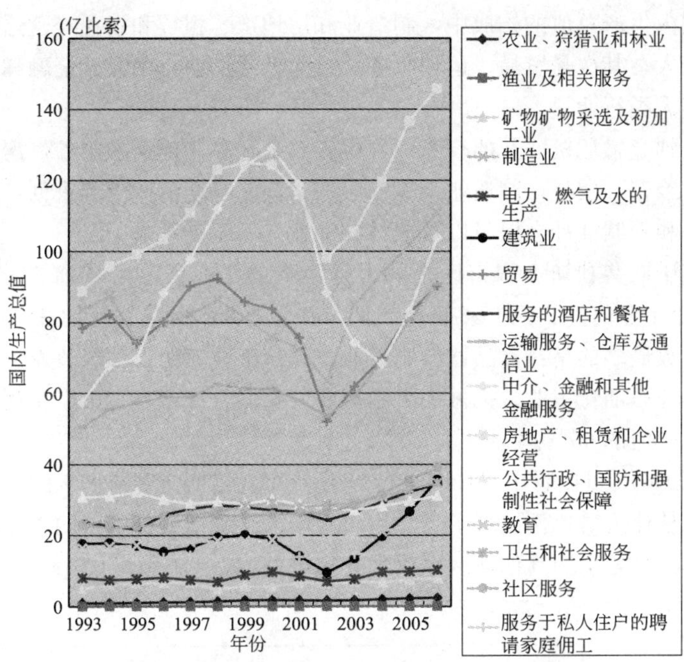

图 13-18 布宜诺斯艾利斯国内生产总值增长分类

布宜诺斯艾利斯国内生产总值(亿比索) **表 13-2**

类别 \ 年份	1993	1994	1995	1996	1997	1998	1999	2000	2001	2002	2003	2004	2005	2006
国内生产总值	524.65	554.46	542.70	581.35	614.88	655.36	661.08	658.93	619.17	522.92	564.24	618.78	702.23	782.29
农业、狩猎业和林业	0.96	0.97	1.08	1.21	1.29	1.45	1.82	1.88	1.82	1.70	1.82	2.07	2.25	2.48
渔业及相关服务	0.07	0.08	0.09	0.09	0.09	0.10	0.10	0.10	0.13	0.10	0.11	0.12	0.12	0.13
矿物采选及初加工业	5.05	6.04	6.58	6.63	6.70	4.76	5.84	5.53	6.73	6.47	6.94	6.74	7.53	7.95
制造业	83.57	87.32	75.05	79.67	82.24	86.42	81.41	75.75	72.73	63.42	84.80	93.96	101.77	110.91
电力、燃气及水的生产	8.02	7.45	7.71	8.15	7.45	6.94	8.95	9.75	8.60	7.07	7.73	9.72	9.83	10.28
建筑业	17.64	17.86	17.07	15.45	16.55	19.43	20.13	18.94	14.17	9.59	13.49	19.77	26.60	35.68
贸易	78.30	82.27	73.96	80.14	90.14	92.29	85.75	83.76	75.68	52.06	61.88	69.80	82.60	90.28
服务的酒店和餐馆	23.83	22.65	21.67	25.73	27.47	28.44	27.96	27.09	26.64	24.25	26.42	29.44	32.16	34.43
运输服务，仓库及通信业	50.52	55.45	57.28	58.93	58.96	62.42	61.25	61.27	57.90	53.59	59.02	69.18	80.38	90.73
中介、金融和其他金融服务	57.43	67.80	69.61	88.27	97.84	111.86	124.03	128.87	118.90	88.42	74.20	68.28	82.89	103.78
房地产、租赁和企业经营	88.81	95.76	99.15	103.43	110.86	123.03	125.01	124.47	116.07	98.14	105.61	119.62	136.71	145.78
公共行政、国防和强制性社会保障	30.71	30.93	32.08	29.99	28.85	29.43	28.94	30.01	28.75	27.56	27.02	28.18	29.60	31.03
教育	16.40	16.85	17.21	18.19	18.14	18.47	18.53	18.72	19.70	18.87	20.17	21.12	22.61	23.50
卫生和社会服务	22.87	24.43	24.65	25.48	25.80	26.69	28.17	29.14	27.88	28.53	29.07	30.91	32.96	34.70
社区服务	22.79	22.03	22.60	22.90	24.77	25.68	25.49	25.76	26.33	26.44	28.45	31.74	35.56	39.09
服务于私人住户的家庭聘请佣工	14.26	13.05	13.39	13.73	14.38	14.34	14.49	14.71	13.96	14.30	14.72	15.08	15.28	17.68

在国内生产总值的构成中，制造业和房地产、租赁和企业经营这两大类占的比重最大，其次是贸易、运输服务，仓库及通信业，中介、金融和其他金融服务这三大类行业。

在受到金融危机波及的行业中，中介、金融和其他金融服务，房地产、租赁和企业经营，贸易，制造业，运输服务、仓库及通信业受到重创，而公共行政、国防和强制性社会保障以及农林牧渔业几乎不受影响。

布宜诺斯艾利斯大都市区是阿根廷最大的工业区，在 2004 年的统计中，共有 40 个工业门类 29521 家工业企业，占全国 85535 家企业的 34.5%。工业中就业人数最多的是：食品饮料制造业、烟草工业、纺织和服装业、皮革制造业、化学和石油化工业、机械加工制造业，它们合计占布宜诺斯艾利斯大都市区工业总产值的 65%。

由图 13-19 可以看出，1964～1994 年，布宜诺斯艾利斯市区的工业从业人员所占总从业人员比例出现了下降，布宜诺斯艾利斯大都市区的工业从业人员比例基本持平，全国其他地区则出现大幅增长。

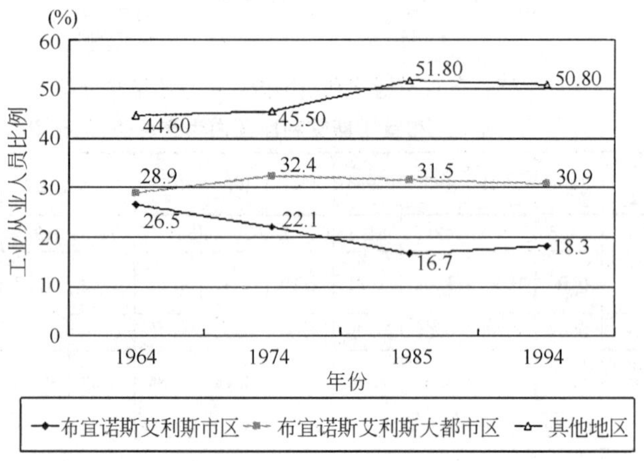

图 13-19　布宜诺斯艾利斯工业从业人员变化图

从 20 世纪 60 年代开始，布宜诺斯艾利斯政府就开始立法规划工业的发展，鼓励工业向园区和自由贸易区集中，并鼓励向布宜诺斯艾利斯以外的地区转移，促进全国其他地区的工业发展。市区由于工业产业结构老化以及企业组织规模相对较小，使人们对市中心区工业的发展出现不是很乐观的看法。而近郊区和北部郊区的工业发展势头和市区迥异，因为郊区拥有广阔的发展空间和便利的基础设施，适合建设大型工厂，而且随着整个城市的发展，郊区与市区的联系更加紧密，这些都为郊区尤其是北部郊区工业的发展创造了条件。

13.5　布宜诺斯艾利斯的城市建设

由表 13-3 和图 13-20 可以看出，布宜诺斯艾利斯的城市建设同样受到经济危机的严重影响，1990～1998年，建设用地的增减是比较平稳的，但1999～2002年，城市新增的建设用地大幅下降，由此可见，布宜诺斯艾利斯在这几年城市的发展几乎陷于停顿，经济危机过后，城市又迅速发展起来。

布宜诺斯艾利斯历年新增建设用地面积　　　　表 13-3

年份	全部(m²)	新建(m²)	扩建(m²)
1990	1084277	891093	193184
1991	1719824	1449297	270527
1992	1930304	1678078	252226
1993	1399576	1112976	286600
1994	2，228085	1943844	284241
1995	1，157746	930306	227440
1996	1，266305	965591	300714
1997	2，154130	1702877	451253
1998	2，236126	1992179	243947
1999	1，736821	1525659	211162
2000	1，636295	1381962	254333
2001	1027069	776276	250793
2002	297867	237365	60502
2003	1284，977	1119432	165545
2004	1382，557	1185240	197317
2005	2160872	1954598	206274
2006	3103450	2782329	321121

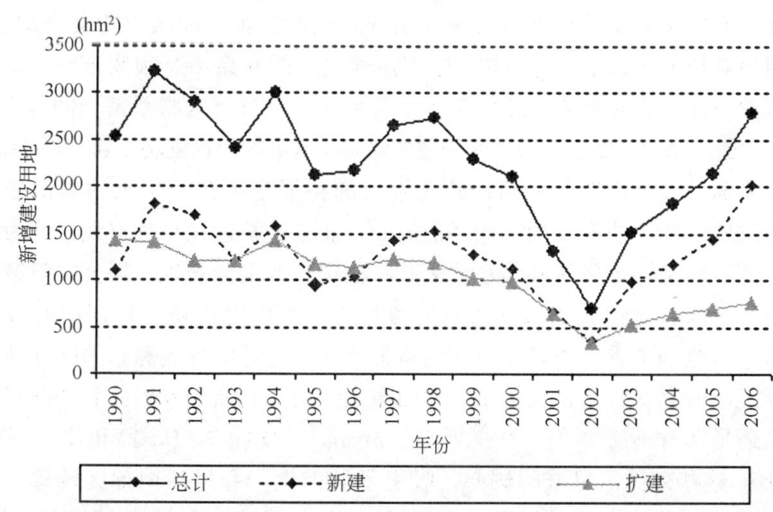

图 13-20　布宜诺斯艾利斯 1990～2006 年新增建设用地面积

由图 13-21 可以看出，新增建设用地最多的地区几乎全都处于近郊区，市区几乎没有增加，远郊区的增量稍低于近郊区，而且城市向西北方向发展的趋势非常明显。

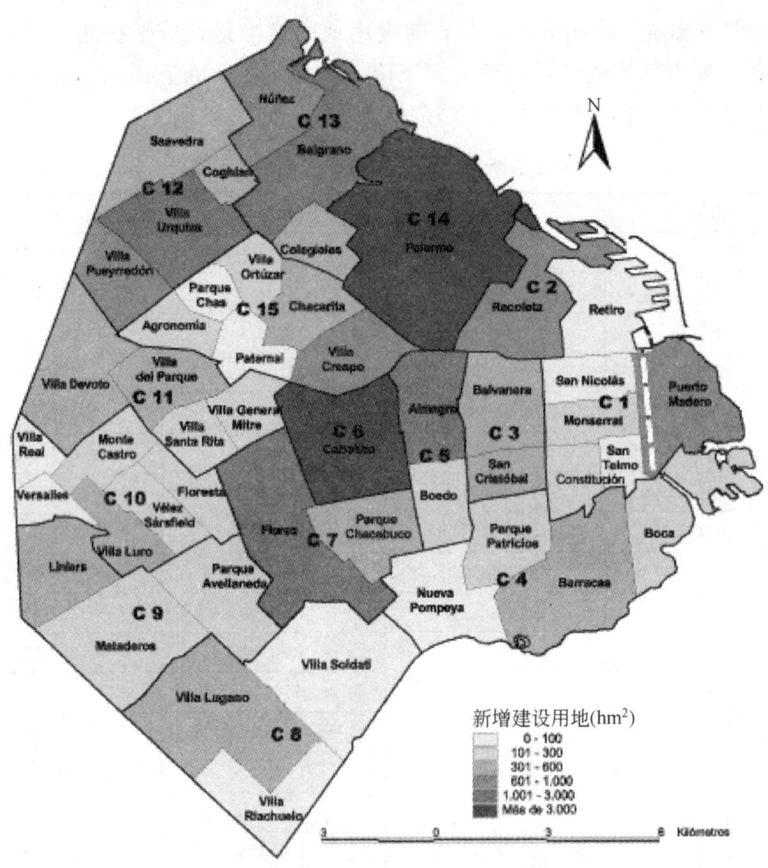

图 13-21　2006 年布宜诺斯艾利斯新增建设用地面积分布

布宜诺斯艾利斯城市的发展呈现出碎片化的特征，即城市发展非均质化，郊区卫星城与市区联系较为密切，但卫星城之间的联系不是很紧密。卫星城的分布就像一件打碎的瓷器，散落在潘帕斯平原上。与市区联系密切的卫星城成为城市发展的触角，而卫星城之间松散的联系使城市的面状发展受到一定的阻滞。

一方面，布宜诺斯艾利斯碎片化发展的特征是由整个国家的类似于“停止—再发展”的经济发展周期循环造成的，而且这是近几年来宏观经济为弥补和适应恢复经济平衡发展和缩小地区差距而调整的部分表现。但公共政策实施经常发生中断，已经造成布宜诺斯艾利斯的工业化进程缺乏长期而有效的策略。从全球范围来看，布宜诺斯艾利斯最近几年的经济发展和它的国外债务以及全球经济的起伏具有密切关系。然而布宜诺斯艾利斯的发展面貌和阿根廷其他地区还是非常不一样的。坎帕纳(Campana)、皮拉尔(Pilar)和埃斯科瓦尔(Escobar)这些郊区卫星城的崛起，吸引了城市生产和生活向郊区转移，提高了郊区在布宜诺斯艾利斯大都市区的地位，尤其是促进了布宜诺斯艾利斯大都市区北部地区的发展(图 13-22、表 13-4)。2000 年发生的债务危机彻底改变了阿根廷的财政和汇率政策，这为布宜诺斯艾利斯大都市区生产的恢复创造了新的条件。然而收入分配的巨大差距大大降低了国内市场对经济发展的拉动作用。

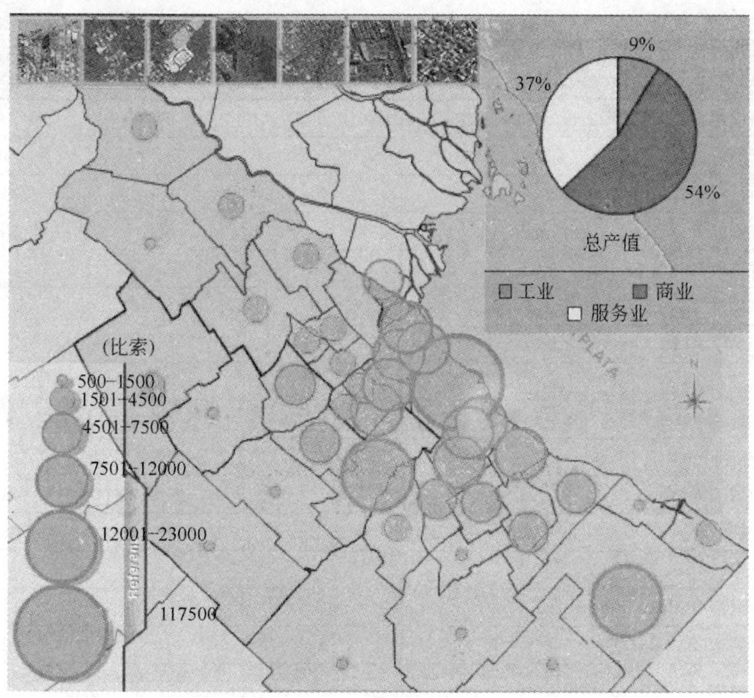

图 13-22　布宜诺斯艾利斯工业、商业、服务业产值及比重

2004 年布宜诺斯艾利斯工业、商业、服务业占总产值百分比(%)　　表 13-4

地　区	工业占总产值比重	商业占总产值比重	服务业占总产值比重
布宜诺斯艾利斯大都市区(Buenos AiresMetropolitan Areas)	9	54	37
布宜诺斯艾利斯(Buenos Aires)	8	47	45
拉马坦萨(La Matanza)	12	64	24
拉普拉塔 (La Plata)	5	52	43
洛马斯德萨莫拉(Lomas de Zamora)	8	60	32
基尔梅斯(Quilmes)	9	56	35
格拉圣马丁(Gral. San Martín)	21	51	28
莫隆(Morón)	10	57	33
圣伊西德罗(San Isidro)	8	53	40
拉努斯(Lanús)	15	58	27
特雷斯克日(Tres de Febrero)	18	55	27
维森特洛佩斯(Vicente López)	14	51	35
梅洛(Merlo)	5	70	24
阿尔米兰特布朗(Almirante Brown)	7	64	29
艾维兰达(Avellaneda)	14	58	29
提格雷文(Tigre)	10	59	32
莫雷诺(Moreno)	6	70	24
贝拉扎特圭(Berazategui)	7	62	30
埃斯特万埃切维里亚(Esteban Echeverría)	8	61	31

续表

地　　区	工业占总产值比重	商业占总产值比重	服务业占总产值比重
弗洛伦西奥瓦雷拉(Florencio Varela)	5	66	29
圣米格尔(San Miguel)	5	64	31
埃斯科瓦尔(Escobar)	7	58	35
皮拉尔(Pilar)	9	58	33
圣费尔南多(San Fernando)	11	61	27
哈林罕(Hurlingham)	11	60	30
伊图萨因戈(Ituzaingo)	9	64	27
卢汉(Luján)	8	58	34
萨拉特(Zárate)	6	58	36
角拉巴斯(José C. Paz)	5	72	23
坎帕纳(Campana)	8	58	34
埃则扎(Ezeiza)	6	66	28
贝里索(Berisso)	9	54	37
罗德里格斯(Gral. Rodriguez)	7	55	38
恩塞纳达(Ensenada)	7	61	32
裴隆(Pte. Perón)	4	65	31
圣维森特(San Vicente)	6	61	33
肯拉斯(Cañuelas)	7	67	25
马科斯拉巴斯(Marcos Paz)	7	65	27
狄拉克鲁兹(Exaltación de la Cruz)	7	55	38
布兰森(Brandsen)	9	59	33
拉斯维加斯赫拉斯(Gral. Las Heras)	4	57	39

另一方面，布宜诺斯艾利斯市区和近郊区的商业发展出现了严重的衰退。技术的不断革新和经济发展中的不确定性促使布宜诺斯艾利斯在发展中出现集聚现象。资源的多样化和大都市区的激烈竞争促使公司努力适应经营成本的变化，他们若想在布宜诺斯艾利斯继续经营下去，就不得不为此付出较高的土地成本，但企业又不想失去在布宜诺斯艾利斯经营所能得到的在交通、人力资源等方面的便利，两相权衡，许多企业纷纷迁到距离布宜诺斯艾利斯市中心区不远的郊区。这也造成了布宜诺斯艾利斯市区的衰落和郊区的发展。

13.6　布宜诺斯艾利斯的建设用地变动特点

布宜诺斯艾利斯建设用地变化的主要特点是：

(1) 城市发展呈现明显的沿交通轴线扩散的现象。

(2) 城市发展经过指状生长——指间空间密实——面状扩散阶段。

(3) 工业用地、商业用地、服务业房地数量均出现下降的趋势，其中市中心区下降明显，郊区有不同程度的增长。中心城区(布宜诺斯艾利斯城)出现衰落迹象。

1) 布宜诺斯艾利斯及其附近的艾维兰达、拉努斯、圣马丁、特雷斯克日，维森特洛佩斯区，工业发展呈现明显的下降态势。皮拉尔因为它的工业园区和与布宜诺斯艾利斯的便利交通而发展成一个新的工业区。布宜诺斯艾利斯及其附近地区，伴随着工业的衰落，第三产业逐步加强。第三产业的发展建立在新的商业中心和布宜诺斯艾利斯城区的高速公路的连接上，如图 13-23 所示。

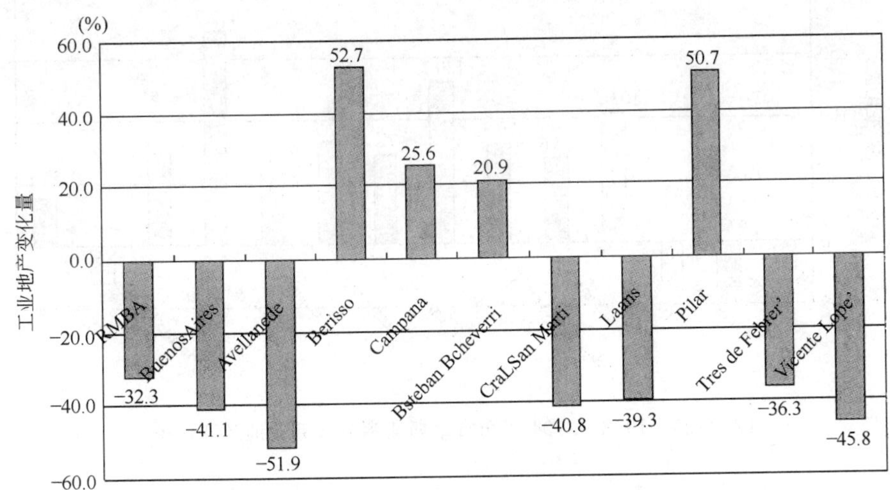

图 13-23　1993～2004 年布宜诺斯艾利斯工业地产变化图

2）在大布宜诺斯艾利斯地区，虽然接近布宜诺斯艾利斯城的高级百货商店的建立对下降的趋势产生反作用，但商业地产的数量减少了 30%。1993～2004 年，皮拉尔、莫雷纳、埃斯科瓦尔和坎帕纳是建设商业地产的最有吸引力的地区，如图 13-24 所示。

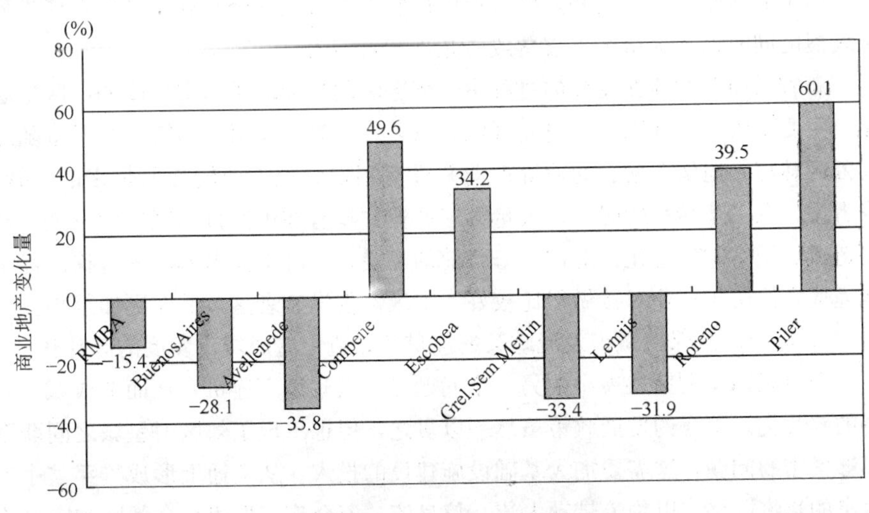

图 13-24　1993～2004 年布宜诺斯艾利斯商业地产变化图

3）在皮拉尔、莫雷纳、埃斯科瓦尔和坎帕纳地区，个人企业显著增长。一方面，布宜诺斯艾利斯、艾维兰达和维森特洛佩斯表现出商业地产呈现 30%的下降，在整个布宜诺斯艾利斯都市区，商业地产数量下降 18%。另一方面，布宜诺斯艾利斯城和其周围地区经济和土地的集中过程，虽然这些地方巩固了其作为商业和服务业中心的地位，但大的购物中心多新建在卫星城通向市中心的高速公路旁边，如图 13-25 所示。

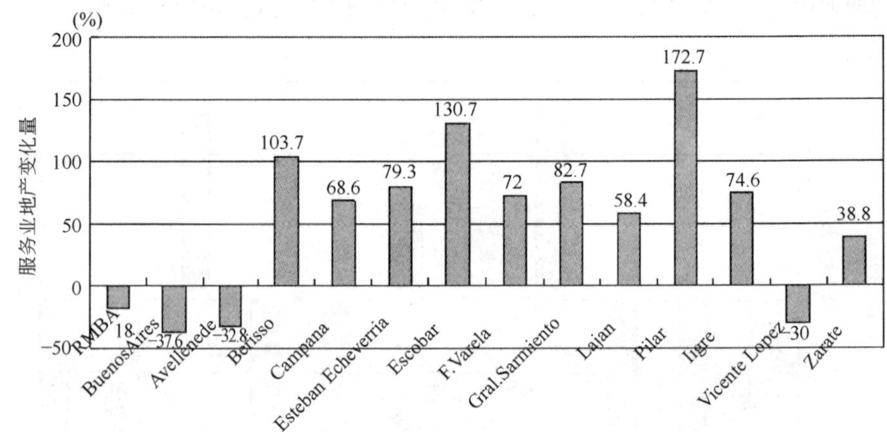

图 13-25　1993～2004 年布宜诺斯艾利斯服务业地产变化图

13.7　对上海的启示

1. 应当注意在促进郊区发展的同时，确保市区不衰落

通过以上分析可以看出，布宜诺斯艾利斯和上海的城市发展有很多相似之处，例如卫星城的建设、郊区工业的发展、城市人口由市中心区向郊区的迁移等，但上海从布宜诺斯艾利斯的发展中应吸取的最大的经验就是如何在促进郊区发展的同时而保证市区不衰落或者是不相对衰落。

布宜诺斯艾利斯在发展的过程中，郊区崛起却造成了一定程度的市区空心化。主要是因为市区工业大量向郊区转移，许多为工业服务的第三产业也随之向郊区转移，但像金融、商业等产业并没有很快弥补工业转移所带来的空缺，或者说，在工业转移的时候，大量第三产业并没有在市区得到很好的发展，从而造成了城市的空心化。对比上海目前的发展，上海工业向郊区的转移已经基本完成，但由于产业对接做得比较好，市区不仅没有衰落，反而更加繁华。

2. 应当注意保持城市发展政策的连贯性，避免造成城市发展的碎片化

布宜诺斯艾利斯发展中的另一个问题是发展政策不连贯，从而造成城市发展的碎片化。上海的发展政策虽然一以贯之，但也出现了郊区卫星城之间联系不够紧密的问题，这需要加大基础设施建设的投入，从交通上形成贯穿整个上海市的物流网络，以物流带动人流、信息流、资金流，形成一个郊区和市区你中有我，我中有你的大上海都市圈。

3. 应当努力增强国际大都市的抗风险能力

布宜诺斯艾利斯的发展与国际经济形势关系紧密，但抗震性不强，容易受国际经济形势变化的影响，造成经济发展的大起大落。目前上海的发展也已经

步入了国际化的快车道，如何在风云变幻的国际经济形势下保持自身的快速、平稳发展则是需要认真思考的重大问题。

本章参考文献

[1] Ciudad Autonoma de Buenos Aires [EB/OL]. http://mapas.becasyempleos.com.ar/03/03-089.aspx.

[2] Zaida Muxí Martínez. Transformaciones territoriales y consecuencias. Análisis de ciudades latinoamericanas [EB/OL]. http://www.ub.edu/grptc/docs/jornades07/3juliol/6_transformacions_territorials_el_cas_de_buenos_aires_zaida_muxi_text.pdf.

[3] Buenos Aires [EB/OL]. http://www.atlasdebuenosaires.gov.ar/aaba/index.php?option=com_content&task=view&id=34&Itemid=161&limit=1&limitstart=1&lang=en.

[4] 阿根廷 B2B 网站 [EB/OL]. http://www.dragon-guide.net/guobie/meizhou/Argentina.htm.

[5] Buenos Aires [EB/OL]. http://www.buenosaires.gov.ar.

[6] Buenos Aires [EB/OL]. http://www.buenosaires.gov.ar/areas/hacienda/sis_estadistico/buscador.php?tipopubli=4&subtipopubli=&titulo=&anio=2007&mes.

[7] 布宜诺斯艾利斯统计局. 布宜诺斯艾利斯统计年鉴 [M]. 2003～2007.

第 14 章
首尔大都市区发展述要

14.1 首尔大都市区概况

首尔市(Seoul，“首都”的意思)是韩国政治、经济、文化和教育的中心，也是全国陆、海、空交通枢纽。位于朝鲜半岛中部、地处盆地，汉江迂回穿城而过，距半岛西海岸约 30km，距东海岸约 185km，北距朝鲜平壤约 260km。全市南北最长处为 30.3km，东西最长处为 36.78km，总面积 605.5km^2。

对首尔都市区的地域范围存在几种不同口径。一种口径是指首尔市，面积 605.5km^2，人口 1036 万人(2006 年)，由 25 个自治市政区构成，下面又分为 522 个洞一级的地区单位(表 14-1、图 14-1)。另一种地理区域包括整个京畿道、首尔和仁川市所管辖地区，总面积 11686km^2，人口 2020 万人(1995 年)，即首都圈或首尔大都市区。首都圈的形成开始于 20 世纪 70 年代中期，1982 年颁布的“首都圈管理法”首次确定了这一区域的边界。

首尔市行政区的组成　　表 14-1

自治区	面积(km^2)	人口(人)	洞(个)	统(个)	班(个)
道峰区(도봉구)	20.82	379755	15	512	3876
东大门区(동대문구)	14.21	385712	26	608	4317
铜雀区(동작구)	16.35	414978	20	615	4709
恩平区(은평구)	29.72	467940	20	669	5302
江北区(강북구)	23.61	351624	17	368	3188
江东区(강동구)	24.58	465203	21	766	5755
江南区(강남구)	39.55	564658	26	988	6484
江西区(강서구)	41.39	559845	22	543	4163
衿川区(금천구)	13.00	263989	12	383	2910
九老区(구로구)	20.11	436786	19	576	4550
冠岳区(관악구)	29.56	545995	27	723	5628
广津区(광진구)	17.05	381540	16	530	4364
钟路区(종로구)	23.91	172690	19	402	2772
中区(중구)	9.97	136348	15	337	2141
中浪区(중랑구)	18.51	429404	20	662	5127
麻浦区(마포구)	23.87	397049	24	666	4903
芦原区(노원구)	35.45	621676	24	945	6764
瑞草区(서초구)	47.14	413970	18	732	4312

续表

自治区	面积(km²)	人口(人)	洞(个)	统(个)	班(个)
西大门区(서대문구)	17.60	356652	21	552	4358
城北区(성북구)	24.55	478511	30	565	3838
城东区(동대문구)	16.84	340895	20	489	3575
松坡区(송파구)	33.89	612527	28	979	7235
阳川区(양천구)	17.41	505606	20	489	3878
永登浦区(영등포구)	24.56	429816	22	695	4949
龙山区(용산구)	21.87	243033	20	473	3636

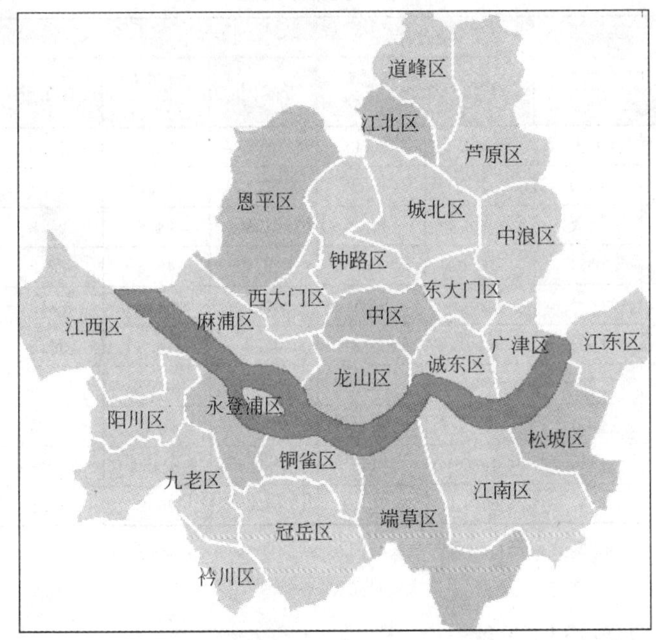

图 14-1　首尔市的行政区域图

作为韩国工业化和现代化中心，首尔大都市区的各种职能在全韩占有极大的比重。首尔大都市区只占韩国 1/10 的土地面积，却聚集着全韩 40％的人口和 45％的国民生产总值。1970 年，首尔市的制造业就业人数占 33.9％，到 1989 年虽减至 17.2％，但同期首尔大都市区制造业就业人数的比例不断上升，由 44％增至 47.4％。由此可见，尽管首尔市的首位度在下降，但首尔大都市区的功能却得到加强。此外，不管首尔大都市区还是首尔市，它们所具有的绝对数值都在上升，这在其他几项指标如大学生人数、医院数及存贷款量上均有体现(表 14-2、表 14-3)。

首尔市社会经济发展状况　　**表 14-2**

项　目	首　尔　市	占韩国比重
面积	605.5km²	0.6％
人口	982 万	20.8％
地区生产总值	1984 亿美元	22.82％

续表

项　　目	首　尔　市	占韩国比重
创业型企业数量	3832家	31.3%
个人收入税	30.9亿美元	46.56%
公司所得税	135.2亿美元	57.09%
银行存款	279343亿韩元	49.71%
大专院校毕业生	69903人	26%

资料来源：屠启宇，金芳等．金字塔尖的城市：国际大都市发展报告［M］．上海：上海人民出版社，2007．

首尔市和首尔大都市区主要指标　　**表 14-3**

		1970年		1980年		1989年	
		首尔市	首尔大都市区	首尔市	首尔大都市区	首尔市	首尔大都市区
制造业就业	（万人）	29.2	39.6	44.5	92.4	55.3	152.0
	（%）	33.9	44.0%	22.1	45.9	17.2	47.4
大学生	（万人）	9.8	10.1	21.1	24.8	28.8	42.7
	（%）	67.1	69.2	39.4	46.3	28.2	41.8
医院	（个）	4201	5281	4785	6120	7319	10063
	（%）	40.0	50.3	35.9	45.9	36.5	50.3
存款	（亿韩元）	5000	5390	80680	88070	372360	443360
	（%）	63.3	68.2	64.9	70.9	55.6	66.3
贷款	（亿韩元）	4630	4890	78640	84460	351180	409440
	（%）	64.1	67.7	64.4	69.2	56.1	65.5

资料来源：项鼎．韩国汉城都市区的发展与问题［J］．城市问题，2000，(4)：61．

14.2　人口增长与迁移

14.2.1　人口的集散特征

20世纪60年代，韩国进入了快速的工业化、城市化时期，人口和就业岗位迅速增加。首尔市作为韩国经济发展中最重要的地区，吸引了大量的外来人口。1990年，首尔市常住人口已超过1000万人，成为世界上最大的城市之一。2006年，首尔市人口达到1035.6万人，首尔大都市区的人口达到2300万人。人口的迅速增加和经济的快速发展，促进了城市空间不断向外扩展，最终形成了包括首尔、仁川和议政府在内的首尔大都市区(表14-4)。

根据韩国国家统计局的资料，1970～1995年间，每年国内地区间的人口迁移有一半都集中在向首尔大都市区的人口迁入，以全罗道(Cholla)最多，占总迁移人数的32.4%，超过其迁出人口的一半以上。因此，这一时期首尔大都市区成为韩国人口增长最快的地区。从图14-2可以看出，在1970～1995年的25年间，通过地区间人口迁移，首尔大都市区每年净增人口301201人。

20世纪60年代首尔市增长的人口占韩国总增长人口的57%，而且这一比例在此之后持续上升，到1970年时达到73.8%，1980年超过了80%。由于每年有大量人口流入首尔大都市区，到20世纪90年代，全国人口约1/4集中于首尔市，约一半集中于首尔大都市区内的城市，而首尔市和首尔大都市区面积仅分别占韩国国土面积的0.6%和11.8%。首尔大都市区的城市化率达96%，单位面积城市分布密度为每万平方公里21.3个，城市平均人口密度为每平方公里3240人，城市平均人口规模为83.9万人(表14-5)。这诸多方面的指标显著高于其他地区，而城市平均面积明显小于其他地区。

随着首尔人口的持续高速增长，一系列的社会问题接踵而至，如交通拥挤，住房短缺，地价上涨，环境恶化等。为了缓解这些矛盾，政府开始鼓励房地产业的发展，并着手在首尔周围建设新城，促进郊区的发展，借此来疏散中心城区的人口。相对于中心区而言，郊区环境优美、地价低，成为众多人口迁居的目的地，由此促进郊区的人口和就业迅速上升。首尔市人口从1990年的1060万人减少到2000年的985万人，而在此期间仁川的人口则由181.6万人增加到246.63万人，10年间增加了80万人。

1980～1990年首尔大都市区家庭与住房数量及变化率 表14-4

地域	家庭			住房		
	数量(万户)		变化率(%)	数量(万户)		变化率(%)
	1980年	1990年	1980～1990年	1980年	1990年	1980～1990年
首尔	183.69	281.48	53.2	96.81	143.10	47.8
仁川	24.36	48.54	99.3	13.24	30.99	134.1
议政府	83.92	161.92	93.9	51.57	99.80	82.0
总计	291.97	491.94	68.5	164.62	273.83	66.4

资料来源：韩国国家统计局《人口与住房普查报告》(1980，1990)，经计算处理.

首尔不同区位类型的新商业空间比较 表14-5

类型		韩国全国(A)		首尔大都市区(B)		首尔市(C)		集中度B/A(%)		集中度C/A(%)	
		1989年	1999年	1989年	1999年	1989年	1999年	1989年	1999年	1989年	1999年
国土面积(km²)		99239	99800	11680	11754	605	606	11.8	11.8	0.6	0.6
人口(万人，1990年数据)		4279.4	4754.0	1801.2	2183.0	1014.2	1032.0	42	45.9	24	21.7
总产业	收入(亿韩元)	1236180	3768000	711600	1704000	503310	828000	58	45.2	41	22.0
	人员(万人)	527.3	2028.0	270.7	930.0	162.2	446.0	51	45.9	31	21.7
制造业	人员(万人)	321.0	250.8	152.0	113.6	55.3	26.9	47	45.3	17	10.7
大学	学校数(所)	104	161	47	66	34	39	45	41.0	33	24.2
	学生数(万人)	102.1	166.5	42.7	65.3	28.8	42.3	42	39.2	28	25.4
金融业	存款(亿韩元)	359250	3234000	240630	2198000	209530	1694000	67	67.9	58	52.4
	贷款(亿韩元)	367810	2502000	256960	1557000	230130	1130000	70	62.2	62	45.2

资料来源：赵丛霞，金广君，周鹏光. 首尔的扩张与韩国的城市发展政策[J]. 城市问题，2007，(1)：90-96.

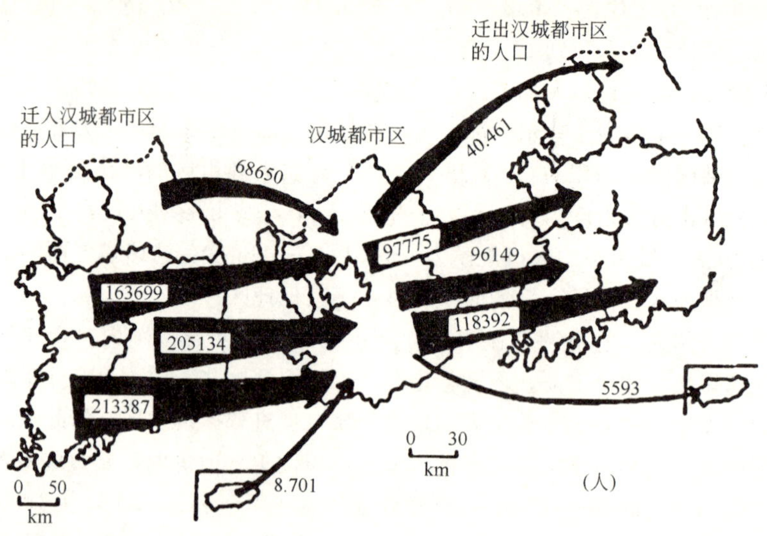

图 14-2 1970～1995 年间首尔大都市区年均迁入和迁出的人口

资料来源：Kwon Yongwoo，Lee Jawon. Re idential mobility in the Seoul metropolitan region，Korea [J]. Geo Journal，1997，43(4)：389-395.

14.2.2 人口集散的原因分析

14.2.2.1 就业机会的增长

经济发展初期，影响首尔市人口集聚的根本因素是就业机会。1988 年，人们迁移到首尔市多为就业机会吸引，而交通、家庭和住房等对首尔市人口的集聚影响力明显偏弱，仅占 20%。与其他地区相比，首尔市从 20 世纪 60 年代开始，工业化迅速推进的趋势更加明显，能够提供更多的就业机会，就业潜力大，因此韩国涌入城市的人口中绝大多数迁入首尔市。

14.2.2.2 住房供给的变化

当城市发展到一定程度，随着城市住房问题的出现，住房的建设与分布对人口的集散作用日趋明显。1988 年，韩国近 40%的人由于住房原因而迁居。由表 14-4 可见，1980～1990 年，首尔大都市区的家庭数量增长了 68.5%，而住房仅增长了 66.4%，住房增长速度跟不上家庭数量的增长速度；首尔中心城区这一差值更达到了 5.4%，住房短缺现象严重。这一时期，首尔政府实施了“建造 200 万住房单元的计划”，20 世纪 90 年代又着手建设郊区新城。由于郊区在此期间住房建设速度加快，能提供家庭相对较多的住房，吸引部分家庭开始向郊区分散，从而引起 2000 年以后首尔市人口持续下降，这在一定程度上缓和了人口过分集中于首尔市的状况，也有效地缓解了中心城区住房短缺的问题。

14.2.2.3 区域政策的调整

总的来看，首尔大都市区的发展政策可以分为四个阶段。

第一个阶段是 1960～1970 年的“限制政策”阶段。1964 年韩国出台了大城市政策，明确提出了控制首尔城市的增长，限制乡村人口进入首尔市。然而，由于这一时期政府主要强调经济发展，“限制政策”并没有起到明显的效果，迁入首尔大都市区的人口反而更多了。

第二个阶段是1971～1976年的“分散政策”阶段。这一时期政府采取了一系列辅助措施，如对教育、服务和文化设施实行了分散化配置；开展了一系列的规划活动；工业外迁政策，促进了首尔市人口的外迁，首尔市随之向外扩张，大量的农田被占用，于是政府又在外围建造了大量绿带，防止城市的继续蔓延。

第三个阶段是1977～1990年的“住房政策”阶段。住房短缺使得政府不得不制定新的政策来鼓励房地产业的发展。1982年，首尔大都市区实施了“住房安置计划行动”，并将其划分为5个郊区，重新进行功能分区，工业被迫外迁。

第四个阶段是1990年以后的“扩展政策”阶段。为了鼓励首尔大都市区的发展，许多用于限制大都市区发展的政策开始削弱，郊区新城逐步发展起来，仁川国际中心机场的建设也出现在这一时期。

14.3 经济发展

从20世纪60年代初开始，韩国政府一直致力于建立一种“政府指导的资本主义体制”，或实行“政府主导型增长战略”，即在充分发挥市场机制作用的同时，政府利用其强大的行政管理职能，通过各种途径有力地推行经济计划，使政府对经济的干预程度达到最大限度。从五年计划的目标，到各个发展阶段的战略工业的选择以及各项经济政策的制定，均体现出政府对经济的很强的计划性干预。

20世纪60年代初，韩国的财力、物力、技术积累有限，在此情况下，韩国政府强调规模经济效益和对有限资源的有效配置，确立了“工业为主，大企业为主，大城市为主”的政策，从而使韩国的产业布局和经济发展高度集中。在空间布局方面，韩国政府的指导思想是以原有城市为依托，实行工业的集中布局。

20世纪50年代，尽管所建工厂数量有限，但是在产业分布上已呈现出一定的区域性，主要集中于首尔一仁川地区，部分集中于釜山市和大丘市。但是，当时出现这种格局，并不是由于国家政策干预所致，而主要是因为这些地区具有相对区位优势。20世纪60年代，韩国政府把产业区位发展中心区设在了京(首尔)仁(仁川)地区和东南地区，在京仁地区集中建设劳动密集型轻工业园区，在东南地区集中进行大规模重化学工业园区的开发。

20世纪80年代以来，首尔市第一产业的从业人员数一直处于极低水平，并呈现出不断下降的趋势。农、林、渔业的从业者比例从1980年的0.9%下降到1998年的0.3%。同期，第二产业从业人数呈现先升后降的态势。就制造业来说，1980年制造业人员占总从业人数的比例为30%，到20世纪80年代末这一比例有所上升，但进入90年代后，从业人数又开始持续减少，到1998年，这一比例仅为18.7%。与此相反，第三产业从业人员则开始节节攀升，1997年，首尔市三大产业从业人员的构成为1∶19(包括建筑业)∶80，与1980年的1∶38∶61构成比例相比较，第一产业的从业人数在一定程度上保持了原有比例，第二产业的从业人员大幅度转移到第三产业。由此可见，首尔市的劳动力很早就逐渐地被集中到金融、服务和贸易等行业(表 14-6～表 14-10)。到了 20 世纪 90 年代，首尔大都市区第二产业和第三产业的就业机会已分别占到全国的 51.7%和 49.6%。

首尔市各产业就业分布状况　　表 14-6

年份	从业人员数(万人)					从业人员构成(%)				
	农林渔	采矿	制造	建设	社会基础和服务	农林渔	采矿	制造	建设	社会基础和服务
1980	2.1	0.4	71.8	20.2	144.7	0.9	0.2	30.0	8.5	60.5
1985	2.7	0.5	83.5	27.2	178.7	0.9	0.2	28.5	9.3	61.1
1990	2.1	0.5	132.0	40.2	267.6	0.5	0.2	29.8	9.1	60.5
1995	2.1	0.2	112.6	43.7	329.3	0.4	0	23.1	9	67.4
1998	1.4	0.1	83.4	34.1	326.2	0.3	1	18.7	7.7	72.2

资料来源：1999 年韩国统计年鉴.

首尔市制造业发展状况　　表 14-7

年份	公司数(个)	月平均从事者数(人)	生产额(亿韩币)	附加价值(亿韩币)
1980	7652	445242	58653.2	29131.1
1985	13636	482235	102428.1	40010.9
1990	19523	470617	186068.7	82494.0
1995	20288	369607	289682.9	137351.1
1998	14878	241400	268832.8	123983.6

资料来源：1999 年韩国统计年鉴.

首尔市制造业从业人数的变化(人)　　表 14-8

年　份	1993	1994	1995	1996	1997	1998
食品饮料	16984	14234	11362	9423	9196	7643
纺织	38568	34101	31771	29027	25203	21297
服装皮革	116815	110675	111952	102589	91152	70199
造纸	7728	7619	7107	5812	5618	5030
出版印刷	62398	61282	62395	61743	57370	46924
化学	7093	5608	4387	3582	3272	2648
橡胶塑料	11793	11358	9554	8088	6956	—
非金属矿物	3774	3255	3253	2564	2285	1760
第一次金属	4260	3385	2872	2346	1702	1296
装配金属	12354	12624	11491	10783	9024	6142
机械装配	27009	25103	21544	20272	16891	13399
电器机械	16923	15873	15240	16073	13421	10919
音像通信	32996	31455	28946	26960	19163	18014
医疗光学	8642	9334	9093	8160	6774	5566
家具	18310	16703	14322	12811	12065	10097

资料来源：1999 年首尔统计年鉴.

首尔市第三产业各行业从业人员数(人)　　表 14-9

年份	总计	批发零售	餐饮住宿	运输仓库通信	金融保险	房地产	教育服务	保健社会福利
1993	2275135	939465	294714	220516	323742	275105	140160	81433
1995	2427346	973871	322905	255802	248330	344074	173608	98756
1998	2193133	773923	302472	253385	223990	366795	162427	110141

资料来源：1999 年首尔统计年鉴.

首尔市第三产业各行业 GDP(亿韩币)　　表 14-10

年份	批发零售	餐饮住宿	运输物流	通信	金融保险	房地产	市内总生产
1992	112857.5	15859.6	41821.2	23982.4	67754.8	132852.7	603037.6
1995	148716.4	21982.7	67633.2	29461.2	118505.6	210629.0	845987.3
1997	163814.9	24577.9	76673.6	36568.6	175682.4	249722.1	979468.9

资料来源：1999 年首尔统计年鉴.

至 2005 年末，首尔市的区域总产出达到 1984 亿美元，占韩国 8696 亿美元 GDP 总量的 22.82%。如果包括首尔大都市区(含首尔市、仁川市和京畿道)，该数字增加到 4120.5 亿美元，占韩国总量的 47.39%。从产业上看，首尔市的金融、房地产、交通运输、批发和零售行业相对比重高于韩国其他地区的平均水平(表 14-11)。

2005 年首尔市和韩国各产业比重(%)　　表 14-11

产业	韩国	首尔市	产业	韩国	首尔市
制造业	10.29	9.30	交通运输	10.39	12.70
电力、燃气、水务	0.05	0.03	通信服务	0.28	0.28
建筑业	2.63	2.63	金融保险	1.06	1.12
批发零售	27.53	30.48	房地产和商务服务	3.55	4.47
住宿餐饮	20.18	16.42	其他	24.04	22.57

2005 年，首尔市出口额达 244.85 亿美元，占韩国出口总额的 8.6%；进口额为 510.16 亿美元，为韩国进口总额 19.52%(表 14-12)。进出口额相比 2004 年分别上升 18.2%和 5.4%。

2005 年首尔市进出口情况　　表 14-12

类　别	出口金额		进口金额	
	(百万美元)	(%)	(百万美元)	(%)
总计	24485	100	51016	100
初级产品(农产品和水产品)	771	3.1	6291	12.3
轻工产品	10183	41.6	7912	15.5
重工产品　信息技术产品	4850	19.8	10756	21.1
其他	8681	35.5	26057	51.1

外国直接投资对首尔市经济发展作用巨大。作为韩国各类商务活动的中心，首尔市外国直接投资始于1962年，2004年超过1000亿美元。从1998年起到2005年末累计外国直接投资额为90.8万亿美元。这意味着过去7～8年间的外国直接投资大于过去43年的总和。这也显示了管制放开和政府大范围激励计划成功吸引了海外投资。2005年，首尔市外国直接投资为68.5亿美元，占韩国总量的56.9%。这些数据表明，多数外国投资者将首尔市视为他们在韩国进行商业运作的基地。这是因为该市具有良好的基础设施、信息通信和服务产业，以及巨大的消费市场。

首尔市外国直接投资近年的快速增长主要集中在服务行业，而不是制造业。2002年投资项目中服务业数量占到85%，金额占77%，2005年两者又分别上升到87%和86.5%，显示出外国直接投资在服务行业更为集中。

14.4 城市与区域发展规划

首尔市地势险要，是韩国重要的军事要塞和物资集散地、陆运交通枢纽，国际航空站、韩国政府机关及金融、企业、文教事业和宣传机构均云集于此。首尔市集中了韩国各种企业总数的29.7%，国内生产总值的28.8%，金融、机关、商店总数的41.6%，批发零售额的37.4%(表14-13)。蚕岛上建有韩国最大的汝矣岛广场和全市最高的建筑物(63层的国会议事堂)及使馆区。韩国证券交易所(KSE)设在汝矣岛。

首尔企业发展情况(按行业分类)　　表14-13

行　业	企业数量(个)	雇员数量(人)
农业	16	349
渔业	12	497
采矿	52	494
制造	69982	473643
电力、燃气和水务	180	12580
建筑	19924	225224
批发零售	222079	748028
餐饮住宿	127552	393018
交通运输	95222	249765
通信	2266	44860
金融保险	8577	212151
房地产和租赁	33632	138050
商务服务	35165	540908
公共管理、援救国防、社会安全	1443	112526
教育服务	23314	245483
公共卫生和社会福利	17488	160950
文化娱乐	28474	190921
其他服务	65851	174563
首尔大都市区	741229	3843010

14.4.1 都市区规划管理的政策选择

面对大首尔都市区发展中出现的各种矛盾，韩国中央政府采取了一系列强有力的政策措施。其中包括：区域性土地利用控制和绿化带的建设、城市职能的分散、新城的建设以及首都圈以外地区的倾斜投资等。这些政策的关键点是分散经济活动、控制人口流入首尔，同时促进韩国其他地区迅速增长，与首都圈达到协调发展。

14.4.2 城市与区域规划

14.4.2.1 区域规划

为了实现首尔大都市区人口和经济活动的合理再分布，韩国建设部于1984年制定了首尔大都市区整治规划。该规划将首尔大都市区划分为5个分区，对各地区实施不同的发展战略(表14-14)。规划的主要目的是根据不同地区的基础条件，指定和限制各自行为，通过发展鼓励开发地区，吸纳从限制和控制发展地区分散出来的人口和工业。

1990年首尔大都市区五个分区的主要特征　　表14-14

分　区	面积(km^2)	人口(万人)	主要城市	策　略
鼓励开发地区	1012	42.1	安城、平泰	扩展土地利用
限制开发地区	1725	1153.1	首尔、城南	分散和疏散
控制开发地区	1658	542.1	水原、安养、仁川	防止城市扩张
环境保护地区	4035	61.2	延州、广平、永平	保护汉江
特殊开发地区	3256	51.2	东图、富川	保留将来使用

资料来源：项鼎. 韩国汉城都市区的发展与问题[J]. 城市问题，2000，(4)：62

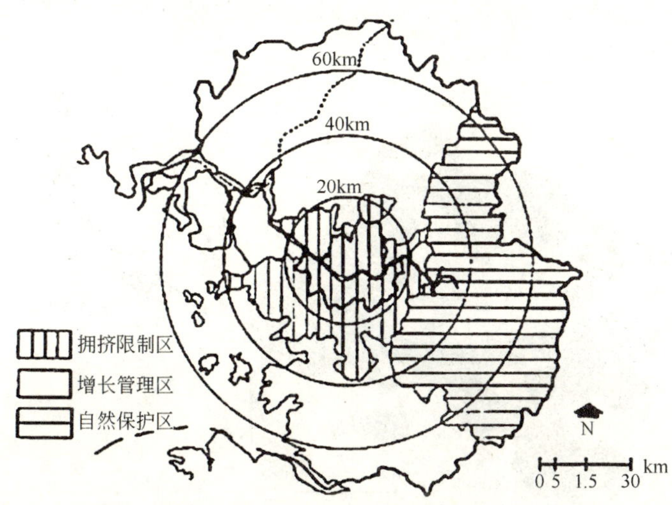

图14-3　首尔大都市区分区

资料来源：Kwang Sik Kin，Nick Gallent. Regulating industrial growth in the south Korean Capital region [J]. Cities，1998，1998(1)：9.

1993年，对首尔大都市区整治规划进行了修改，将5个区合并为3个区，即拥挤限制区、增长管理区和自然保护区(图14-3)。在新规划中，由首尔和其郊区组成的拥挤限制区受到严格控制，主要以工业和人口的疏散为主，生产性设施、办公楼和其他发展项目只有满足特定要求，才被允许建设；在增长管理区，大型工厂外只允许建立一般的工厂，以及满足基本需要的办公、研究机构、企业、居住等设施；而在汉江上游的自然保护区，则基本保持原状，不进行开发。修正后的规划相对放宽了先前过于严格的地区划分，使之有利于私营企业的发展和灵活设施的建设。

14.4.2.2 绿带规划

为了防止大城市市区的无序扩散，韩国参考了英国大伦敦规划，即在大城市周围设置绿带、开发卫星城市的做法。1963年，韩国制定了绿带规划，但是直到20世纪60年代末，当爆炸性的城市扩张成为公众关注的一个主要问题时，它才受到认真对待。1970年，韩国的城市规划法颁布，该部法律是创造开发限制区(主要就是绿带)的法律基础。1971年开始设置开发限制区域，首先设置在以首尔为主的大城市周边区域，然后逐步扩大设置于中小城市周边地区。首尔的绿带由农田和林地构成，设在围绕城市密集区15km半径处(图14-4)，总计1567km^2，占首都地区的29%。

首尔绿带政策成功地控制了城市向周围农村地区的蔓延，并且保护了城区周围的自然和半自然环境。这项政策的成功是由于政府对指定地区土地使用强有力的法律控制。正如Tashiro和Ye(1993)指出的，对该地区的限制严格到可以称作是“禁令”。

关于绿带政策，也存在一些问题。1985年，韩国对绿带政策进行问卷调查，超过85%的韩国市民支持该政策，然而，对绿带内私有土地的严格控制严重影响了土地所有者和农民的利益。调查显示，住在绿带内的市民有67%对开发限制政策持反对意见。而且，对首尔增长的严格控制反过来鼓励了绿带外围卫星城市的蔓延。绿带对限制首尔的规模膨胀起到了很大的作用，但是对于首都圈的膨胀却贡献不大。

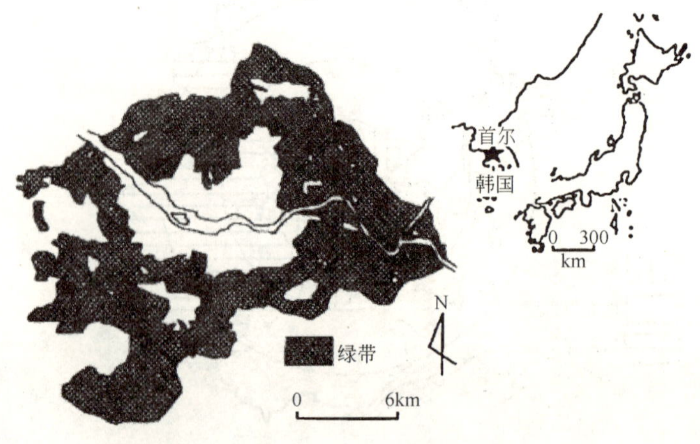

图14-4 首尔绿带

资料来源：Makoto Yokohari，Kazuhiko Takeuchi Beyond greenbelts and zoning a new planning concept for the environment of Asian mega-cities [J]. Landscape and Urban Planning，2000(47)：163.

14.4.2.3 新城规划

新城建设是韩国为了解决首尔高度集中的职能和人口问题提出的。由于不同时期政府实施政策的侧重点不同，新城也就发挥着不同的作用。20 世纪 60～80 年代，韩国政府一直在推行新城政策，以分散首尔过度集中的人口和职能。新城政策在各个阶段有不同的具体任务和目标。

20 世纪 60 年代初，韩国的新城政策是根据当时的区域振兴政策而推进的，开发了昌元、骊川、丘尾等新城市。

20 世纪 70 年代韩国新城建设政策是以重化工业的疏散为重点，首尔西南部区域的安山新城就是为了转移首尔市内中小工厂以及公害企业而建设的。

进入 20 世纪 80 年代以后，为解决严重的住宅不足和土地、住宅价格上涨等问题，1988 年韩国建设部决定在首尔的绿带外建设五个新城市，即盆唐(Pundang)、一山(1Lsan)、坪村(Pyongchon)、山本(Sanpon)和中洞(Chungdong)，这五个新城的规划人口为 120 万，占地 4500hm^2(图 14-5)。并且不同于以往卫星城的开发，这些新城的产业开发以第三产业为主。新城的建设本以独立自主为目标，但由于这些城镇距首尔很近(多在 1h 路程之内)，各城间又有着便捷的交通体系来连接，因此它们仅起到缓解首尔中央商务区拥挤的作用。

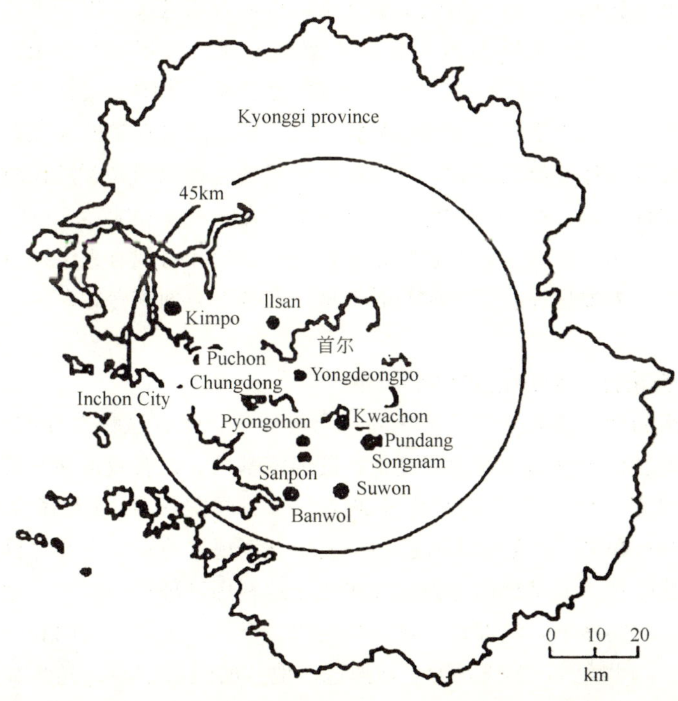

图 14-5 首尔大都市区中的新城

资料来源：Kwon Yongwoo，Lee Jawon. Residential mobility in the Seoul metropolitan region，Korea [J]. Geo Journal，1997，43(4)：389-395.

14.4.2.4 新村促进运动

20 世纪 70 年代初期，韩国曾经实施了“新村促进运动”，主要通过政府投资建设农业基础设施和公用设施，提高农产品价格，在农村创造就业机会，提高农民收入，以减少农村向城市的移民。“新村促进运动”虽取得了进展，使农村向城市的移民数量一度有所减少，但是由于农村产业结构未作根本性调整，加上稻米生产已达技术极限，农村家庭收入仍未达到城市家庭的水平，从20世纪70年代后期起还是产生了更大规模的农村向城市的移民浪潮。

14.4.3 20世纪的城市发展

城市的生产设施和行政教育机构是城市吸引人口的主要因素。首尔市人口急剧增长与其高就业机会紧密相关。为此，首尔政府把工业布局的调整作为减少人口向首尔流入的重要政策。1977年韩国制定了工业布局法，规定制造工业必须再布局。它明确要求与城市土地利用规定相违背的工厂必须进行搬迁。同年公布了环境保护法，该法将污染工业强行迁至首尔西南的安山新城。为了加速外迁的过程，韩国政府还通过税收杠杆来刺激工业布局的调整。它对首尔大都市区迁出的公司和企业实行减免税，而对都市区企业的建立和扩张征以3～5倍的重税。经过多年的努力，上述政策措施已在实践中初见成效，首尔市制造业比率正逐步下降；但京畿道在20世纪80年代却出现了增长的趋势。

与制造业相比，政府机构的重置并未取得多大的进展。出于生活方式和子女教育机会的考虑，大多数政府官员不愿举家迁出首尔。20世纪70年代后期，韩国在首尔南部的广川建立了一个政府办公城，容纳了包括建设部在内的许多部级机关。但由于广川与首尔相距不远，故实际对首尔的疏散并没有多大作用。在分散其他职能的同时，韩国政府也越来越意识到高等院校对首尔人口控制的重要性。自1970年开始，政府颁布了几个相关的政策法规。在首尔，不仅严格控制学生的数量，而且禁止建设新的学校和对现有大学进行扩建。这些措施从另一方面也缩小了首尔与其他地区在教育方面的差距。

14.4.4 都市区以外地区的协调发展

不平衡的增长战略导致了地区间的两极分化，随着这种差异的日益增加，政策制定者已认识到迫切需要提高地区的经济基础，以有效地遏制首尔大都市区的过度集聚，促进经济的全面协调发展。韩国第一个国土综合开发计划(1972～1981)和第三、第四个社会经济发展五年规划的一个主要目标就在于加强各道的战略性工业基地的建设。在国家土地利用管理法(1972)、地方工业促进法(1970)的实施下，南部地区城市如光州、全州、里里、蔚山和春州等得到较快发展。20世纪80年代，为了增强这些地区的经济中心，光州和大田先后被提升为直辖市。

在第六个社会经济发展五年规划中，韩国引入了地区经济发展轴战略。以大田、光州、釜山、大邱为地区经济发展轴中心，凭借这些城市雄厚的经济基础来带动其他地区的发展，进而在全国范围内形成统一、协调的经济合作网。1991年制定的第三次国土综合开发试行方案(1992～2001)则进一步明确把中部地区、西部地区培养成20世纪90年代的“新产业地带”。在牙山、群山、大田等地建设发展产业与技术的据点，优先吸纳首尔大都市区迁来的工业企业，形成“中西部新产业地带”；而在西南部则以光州、大佛、光阳等产业基地为中心，向西部方向扩散。实践证明这些措施起到了一定的效果。近年来，尽管其他地区生产总值比重变化不大，但韩国的两大增长极——首尔和釜山地区却都有下降；与此同时，区域发展的侧重点也渐渐转移到了长期被忽视的、较落后的西部沿海地区。

14.4.5 新世纪城市发展战略

在2002年公布的《首尔2006年蓝图》中提出了把首尔发展成为“首尔，世界一流城市”的市政目标，10～20年间成为世界四大城市之一的战略。为了实现这个市政目标规划的三大蓝图：温暖的首尔、便利的首尔、充满活力的首尔，市政府规划了20个中心课题和10个部门的350个项目。比如：清溪川改造工程、新镇的开发、“首尔的森林”工程和绿地空间的扩大、城市公共交通体制改造、城市文化带的开发、汉江江边公园的继续开发，等等。这些项目中也包括城市文化发展的重要政策。

首尔市的这一市政目标和蓝图以及各项目的政策不同于20世纪后期以开发和扩张为主的市政方针。这个发展战略反映了首尔市政府以可持续发展为目标，以人为本的21世纪世界大城市发展战略和城市规划的新范式。

首尔城市发展战略的精神也在2005年10月1日清溪川改造工程竣工当天公布的“世界城市市长论坛”(Seoul World Mayors Forum)的《首尔宣言》中更为清楚地得到阐述。宣言提出的城市发展基本原则如下：

(1) 与城市环境资源共存的城市规划，超越国界的城市之间的合作和相生；

(2) 以人为本的城市步行环境和以公共交通体制为中心的城市交通体制的建设；

(3) 高价值的城市开发，确保城市竞争力，利用信息知识的城市改造工程；

(4) 保证生活质量的福利城市的建设；

(5) 保证和平安全的城市发展；

(6) 扩大市民的参与和更民主的行政等等。

近年，首尔市政府规划的2020年长期发展战略中也反映了这种城市发展的精神和原则。首尔市政府决定“治愈高度成长期的城市问题”，“恢复首尔的历史和自然环境”，并放弃过去开发优先成长为主的政策，现在要走管理生活质量的城市发展之路。

14.5 住房、交通与文化

14.5.1 住房

为寻求可持续发展，首尔对居住区划分类别，每类均对居住密度有不同的限制要求：

（1）风景区：限高 3 层，建筑密度 30%，容积率 0.9 或更少；

（2）高档居住区：2 层限高，建筑密度 50%，容积率 1.0；

（3）Ⅰ类居住区：4 层限高，建筑密度 60%，容积率 2.0；

（4）Ⅱ类居住区：10 层限高，建筑密度 60%，容积率 2.5；

（5）Ⅲ类居住区：建筑密度 60%，容积率 3.0。

首尔有各种形态的住宅区，外国人可以在签合同之前去看房子。房子和楼房搬进前是空着的。所以居住者得准备冰箱，空调和取暖设备等家庭生活中必备的用品。以下是住宅的类型。

（1）平房：它属于私有地，带有庭院。取暖主要利用石油和管道暖气。

（2）集合住宅：在一个建筑物内多个家庭生活的共同住宅。其规模比一般公寓较小，一般 5 层以下。

（3）一般公寓：这类建筑物一般 5 层以上。这种楼房是个人保安管理楼房安保。一般带有私人停车场和庭院。

（4）商住两用房：它是一种办公室与住房兼用的房子。主要集中在江南地带。

14.5.2 交通

到 2010 年，首尔市的发展目标是“建设成清洁的、充满魅力的国际化大都市”。为此，首尔市的交通部门依托先进的 IT 技术，持续扩大对公共交通领域的投资，在提升整体服务能力的同时，通过积极的交通需求管理，严格控制车辆数目的增加，使得城市的大气质量能够得到有效的改善。另外，2007～2010 年间，将公共交通的利用率从 62.3%提升至 63.3%；同时，将车辆在城市中心的平均行驶速度，从 2007 年的 14km/h，提升至 2010 年的 20km/h。在环境方面，通过有效的改善措施，逐年减少能耗及温室气体的排放数量。

首尔与日本、东南亚及欧美各国均有航线相连。在国内，首尔同釜山、仁川等主要城市也有高速公路相通，交通十分方便。首尔—仁川线是韩国第一条现代化高速公路。首尔—釜山高速公路途经水原、天安、大田、龟尾、大邱和庆州等工业中心城市。首尔地下铁路有 5 条线，铁路体系总长度达 125.7km，居世界第七位。

首尔市将持续强化公共交通服务体系。首先，针对公共交通条件较为薄弱的地区，导入新型交通手段，并规划建设 7 条长度为 62.2km 的公交线路。计划追加建设 16 条长达 191.2km 的公交专用道。为了扩充首尔大都市区的交通基础设施，计划持续性地推进首尔大都市区 BRT 及城郊地铁等辅助交通设施的建设。通过在地铁站台设置屏蔽门等各项措施，有效地改善地铁的空气质量。在交通工具的管理计划方面，目前，首尔市的交通部门正在积极筹划针对混杂地区的车辆通行费征收政策。为此，计划组建“市民委员会”，及时听取广大市民的建议；实施通行费征收系统的技术性测试；扩充混杂地区的公用交通设施和停车设施。

14.5.3 文化

首尔有众多的文化机构。博物馆机构有国立中央博物馆、国立民俗博物馆、世宗大王纪念馆、战争纪念馆、国乐博物馆、乐天世界民俗博物馆、三星出版博物馆、韩国刺绣博物馆、韩国泡菜博物馆等100多家。剧场和美术馆有世宗文化会馆、国立中央剧场、国立国乐院、贞洞剧场、LG艺术中心、KBS厅、艺术的殿堂(剧场和美术馆)、首尔市立美术馆、德寿宫美术馆、综合美术馆、朝鲜日报美术馆、首尔画廊、乐天画廊等上千家。著名的电影院有CGV和Megabox。首尔市内有包括首尔大学在内的36所本科高等院校，占韩国大学总数的35%，大学生总数的2/3。

在首尔的城市发展战略当中，文化城市所占的比例日益增加。首尔虽然举办过奥运会和世界杯等国际性的大型活动，也有比较完善的地铁网络、公众交通网体系、因特网等基础设施，而且是排名第十位的世界大城市，但是生活质量方面却远远落后于其他世界大城市。首尔市政府认为，从目前的现状来看，离世界一流城市还有一定的距离。2005年首尔市政府制定了以文化为中心的政策，并且规划了未来十年发展首尔为世界一流城市的文化城市发展战略，同时，在2020年长期城市发展战略中也把以文化为中心的市政方针放在首位。根据《为创建“文化城市——首尔”文化艺术部门十年计划》，首尔要实施发展成为文化城市政策的必要性如下：第一，在信息化和知识经营时代所要求的文化艺术的创造性就是竞争力的源泉，所以要尊重文化，要建立以文化为中心的社会；第二，首尔已经几乎已经完成了城市基础设施的建设，所以要把市民休闲和高档次生活质量的文化需求反映到市政方针上；第三，文化产业已经成为创造收入的最有利于地方经济的产业，所以市政府一定要支持和投资文化产业。

在《首尔2006年蓝图》的城市发展战略当中，文化政策包含了五个方面的30个项目：

1. 政策的环境

解决各阶层、各行业市民享受文化艺术欲望增加的需求；确保带有首尔独有特色的城市竞争力的必要；适应剧增的国内外旅游的需求；解决因青少年新文化的出现而深化的代沟矛盾问题的需要；解决继续在增加的参与体育活动的需求。

2. 五个方面、30个项目

(1) 扩大市民享受文化艺术机会的方面。成立首尔文化财团，组成1000亿韩元的基金，支援民间和地区文化活动；举办首尔国际节日活动，象征首尔的标志性的文化活动；扩充文化艺术基础设施，建立歌剧院、音乐院和传统国乐表演场，文化会馆和图书馆；建设以市民休闲为主题的公园；改造市民文化机构的经营体制，包括市立博物馆、美术馆、世宗文化会馆；支援培养电影产业，成立首尔影像委员会；扩大举办传统文化节目，包括清溪川民俗文化活动。

(2) 保存和传承历史文化的部门。保护文化遗址的工作，包括首尔城郭、北汉山城、丰纳土城；历史传统文化的传承和保存，包括开发清溪川的文化和恢复传统的地名；文化设施的经营和传统文化节目的多样化，包括南山韩国家屋村。

(3) 创造便捷的旅游环境。构筑有效率的旅游基础设施，包括首尔城市旅游线建设，增加低价位的外国人旅游住宿设施，开发改善旅游特区(梨泰院、明洞、东大门)；开发有竞争力的旅游商品，包括皇宫守卫交接班仪式、北村旅游资源；开发汉江沿岸的旅游景点区；开发四大城门内的文化旅游带，包括开发徒步旅游线。

(4) 培养青少年健康的文化活动。扩充青少年文化活动设施和改造经营体制；提高青少年文化节目的水准和多样化；支援教育青少年活动；对青少年有害环境的改善，包括设定青少年禁区。

(5) 振兴市民生活体育和专业体育活动。改造学校体育设施；扩建市民业余体育活动空间；扩大休闲体育空间；支援业余体育活动和专业体育；有效地经营体育设施。

首尔市政府为了以上的文化政策，从2003～2006年间共投入了11658亿韩元(折合约90亿人民币)。同时首尔市政府正在规划上面提出的《为创建“文化城市——首尔”的文化艺术部门十年计划》，准备未来十年的城市文化工作。首尔市政府在2020年长期城市发展战略上决定了以“历史和文化共存的城市”为目标的文化政策和建立城市文化纽带的规划。

14.6 房地产价格与政策

房地产价格在韩国居高不下，在首尔地区尤为严重。近年，韩国有关房地产的新闻报道连篇累牍，占据每天重要新闻的首位。

韩国房地产市场近年来出现的“塔楼比板楼贵、公寓比独栋贵、郊区比城区贵”的三大怪现象让人多少感到有些不可思议。事实上，这几个怪现象与1988年汉城奥运会不无关系。1988年奥运会前后，韩国房价开始飞涨。仅1987～1989年，首尔的地价就上升了68.2%，房价上涨了82%。最重要的是，从那时起，韩国开始大量建设现代化的住宅区，完善的配套设施和社区文化深得家庭主妇的喜爱。中产阶级都以在高价地段拥有一套公寓作为衡量事业成功的标准。

而1997年的金融风暴更加剧了房价的上涨。当时的韩国总统金大中为了刺激低迷的经济，出台了一些政策鼓励公民购房，降低房地产税收，减免新购住房的注册税和转销原住房税等，以搞活房地产行业，带动国家经济发展。

后来，经济恢复景气，但是房地产价格却不断上涨。在首尔偏远处买100m^{2}的住房都得支付5～6亿韩元以上，市区和中心区更加昂贵，达到10亿韩元以上，即在首都买一套100m^{2}的住房，需要500～600万以上人民币，中心区则需要1～2千万以上人民币。也就是说，首尔市住房最低价是每平方米

5万人民币左右，最贵的地方则达到10万元人民币以上。而且，诸如首尔江南区的繁华市区一套住房曾经一夜之间暴涨1千多万韩元。在首尔江南地区的三成洞，一套240m^2的公寓价格高达430万美元，而如果将这笔资金存入银行，按5%的利息计算，每天利息额为590美元，与韩国最高级饭店里双卧双浴的豪华套间房费相近。江南地区一般公寓的单位价格甚至超过了日本东京黄金地段豪华宾馆的地价，达到每平方米近2万美元，而韩国的人均收入还不及日本的一半。

针对房价问题，卢武铉政府连续出台有关抑制房地产价格暴涨的一系列政策，但收效不大。2006年11月15日，韩国政府又出台了一系列新举措：

(1) 成立以建设与交通部副部长为委员长，由20多名学界、研究机构、市民团体等各界人士参加的出售住房制度改善委员会，尽快出台能够降低房价的可行方案；

(2) 新建城市或居住区，扩建住房，筹资准备建设100万套低收入和无房户的住房；

(3) 规范住房贷款。经过进一步完善，还将出台相关政策；

(4) 继续扩大现房出售规模，从目前40%的完工率逐步提高到2009年的60%以上；

(5) 提高多处住房转销税收；

(6) 完善实名交易与申报制；

(7) 加强物业管理和服务，增加透明度；

(8) 加强出租房产市场的管理，防止租赁投机行为。

14.7 城市发展面临的主要问题

首尔大都市区在其快速发展的城市化过程中产生了大量的问题，如房屋短缺、交通拥挤、地价高涨、城市环境质量下降以及环境污染等。引起这些问题的根本原因在于有限地域中人口和经济活动的超常集聚。有学者认为集中带来的弊端已经超过了大都市区本身所具有的优越条件。首尔市和首尔大都市区不合理的高比重不仅给首尔带来了负面影响，使城市生活质量日益退化，而且首位度的提高使繁荣的首尔大都市区与其他地区之间的区域差异更加扩大了。

14.7.1 区内生活质量下降

首尔大都市区存在着各种各样的问题，使城市生活质量日趋退化，其中最严重的是住房问题。20世纪50年代，由于朝鲜战争大量的难民涌入首尔，他们在山区和汉江支流附近搭建陋房形成众多的棚户区。至1970年，首尔15%的房屋还是这种临时帐篷。尽管韩国政府过去一再加大房屋建设的资金投入，但仍远远落后于首尔人口的集聚。据统计，1969～1978年间房屋短缺率仅从51%降至45%；而在1970～1975年间，虽然人均居住面积从5.68m^2上升至8.08m^2，但拥挤度仅从原来的2.67人/间下降至2.51人/间。由于家庭增长率大大高于住房供应率，1990年的缺房率从1980年的41.1%上升到了42.5%。此外，住房的费用也在快速增长，首尔一般的单元房屋费用相当于其他地区城市的2倍。

与首尔居民日常生活紧密相关的另一重要问题是城市交通问题。随着经济的快速发展，人民生活水平的提高，越来越多的市民拥有了自己的汽车，这给城市空间带来了严重的影响。资料表明，自20世纪70年代以来，首尔已注册的汽车数量年平均增长率为31.5%，1993年已超过170万辆。这一时期，私有汽车的增长已超过2倍，但是道路的增长率却只有22%。而在首尔大都市区，由于道路投资远远落后于首尔市，这一比率则更小。交通需求与交通设施供给的严重失调，导致了首尔车行速度的下降。1990年交通高峰期的车行速度已下降到了19.5km/h。有人预测交通高峰期的车行速度进一步下降到7～8km/h。私人汽车的快速增长也造成了停车问题的日渐严重。当时只有68%的机动车拥有停车设施，于是非法停车随处可见，街道变得更为拥挤。

大气污染、噪声、水污染以及其他环境问题也正日益加重。首尔大都市区空气中SO_2含量长年较高，而噪声远超过可忍受水平，有些地段高达85dB以上。同样，森林的砍伐、耕地的减少无时无刻不在发生。所有这些都阻碍了首尔大都市区20世纪90年代的正常发展，使其生活质量日趋下降。

14.7.2 区际差异日益扩大

首尔大都市区问题不仅仅是指区内生活质量的下降，而且还包括区际发展不平衡日趋严重的问题。20世纪60～70年代，韩国工业化使得政府对关键产业进行倾斜投资。在此政策下，东南沿岸地区凭借其优越的临海条件和区位优势得到了与首尔大都市区的同步发展，但其他地区则仍普遍处于落后状态。

自20世纪70年代中期以来，韩国经济地域差异越来越大。从国民生产总值的地区分布来看，1975年，江原道、忠清北、忠清南、全罗北、全罗南及济州六道占韩国国民生产总值的比重为29.7%，而到了1985年降至25.6%，1991年则进一步减少到24.4%。反观首尔大都市区，尽管首尔的比例逐年有所下降，但京畿道却经历了一个快速增长期，1975～1991年净增长70%以上。从总体上说，首尔大都市区生产总值比重由1975年的40.4%上升到了1991年的45.8%。相对而言，东南沿海地区在韩国国民生产总值中占有的比重较为稳定，一直徘徊在30%左右。随着地区差异不断扩大，区际间的不平衡已成为韩国20世纪末一个备受关注的问题。

本章参考文献

[1] 项鼎. 韩国汉城都市区的发展与问题［J］. 城市问题，2000，(4)：60-63.

[2] 项鼎. 汉城：都市区的发展与规划管理［J］. 城市开发，2000，(8)：18-20.

[3] 郭宁，李新. 试述国外人口政策对中国的启示——以首尔为例［J］. 国土与自然资源研究，2008，(2)：21-22.

[4] 蒋荣. 韩国近年城市化多元发展趋势的微观分析 [J]. 世界地理研究，2005，(4)：64-69.
[5] 吕婷婷，穆新伟，任建兰. 韩国经济发展及经验借鉴 [J]. 世界地理研究，2003，(2)：25-31.
[6] 李奎泰. 首尔和上海的城市发展战略和城市文化政策之比较 [J]. 当代韩国，2006，(1)：85-90.
[7] 赵丛霞，金广君，周鹏光. 首尔的扩张与韩国的城市发展政策 [J]. 城市问题，2007(1)：90-96.
[8] 金尚范. 首尔可持续发展的交通政策 [J]. 城市交通，2008，22(2)：15-17.
[9] 袁志刚，李哲圭. 上海与汉城就业结构的比较研究 [J]. 世界经济文汇，2001(3)：62-67.
[10] Kwon Yongwoo，Lee Jawon. Residential mobility in the Seoul metropolitan region，Korea [J]. GeoJournal，1997，43(4)：389-395.
[11] Park，Sam Ock. Industrial restructuring in the Seoul metropolitan region，major triggers，and consequences [J]. Environment and Plannting A，1994(26)：527-541.
[12] National Statistical Office of Korea：Reasons for moving identified in the housing surveys of 1988 [R]. 2000.
[13] Newbold，K Bruce，Liaw，Kao-Lee. Return and onward interprovincial migration through economic boom and bust in Canada，from 1976-81 to 1981-86 [J]. Geographical Analysis，1994，26(3)：228-245.
[14] Makoto Yokohari，Kazuhiko Takeuchi Beyond greenbelts and zoning a new planning concept for the environment of Asian mega - cities [J]. Landscape and Urban Planning，2000 (47)：163.
[15] Kwang Sik Kin，Nick Gallent. Regulating industrial growth in the south Korean Capital region [J]. Cities，1998(1)：9.
[16] 金钟范. 韩国城市发展政策 [M]. 上海：上海财经大学出版社，2002.
[17] Soo Y ouug Park. 对首尔大都市区增长的管理控制 [J]. 国外城市规划. 1995(4)：22-30.
[18] Cheol-Joo Cho. Planning Responses to Global Restructuring Implications for Major Korean Cities [J]. Journal of Planning Education and Research，1997(16)：269-279.
[19] 屠启宇. 金芳，等. 金字塔尖的城市：国际大都市发展报告 [M]. 上海. 上海人民出版社，2007 .
[20] 上海情报服务平台 [EB/OL]. http：//www. istis. sh. cn/list/list. aspx? id=4941.

第 15 章 多伦多大都市区发展述要

15.1 多伦多大都市区概况

多伦多通常有两种空间含义：多伦多市与大多伦多地区（多伦多大都市区）。

多伦多市位处安大略湖的西北岸，西临米西索加市，北邻沃恩市和马克姆镇，东接皮克灵市。面积约 630km^2，约有 46km 长的湖岸线。多伦多市包括五个市(City)和一个市区(Borough)（表 15-1、图 15-1）。

多伦多市组成表 表 15-1

市　区	所包含市区与自治市
多伦多市	旧多伦多市(City of Toronto)
	斯卡伯勒市(City of Scarborough)
	北约克市(City of North York)
	约克市(City of York)
	怡陶碧谷市(City of Etobicoke)
	东约克市区(Borough of East York)

资料来源：王德忠，刘君德. 多伦多大都市政府形成及其借鉴意义［J］. 中国方域，1995，(2).

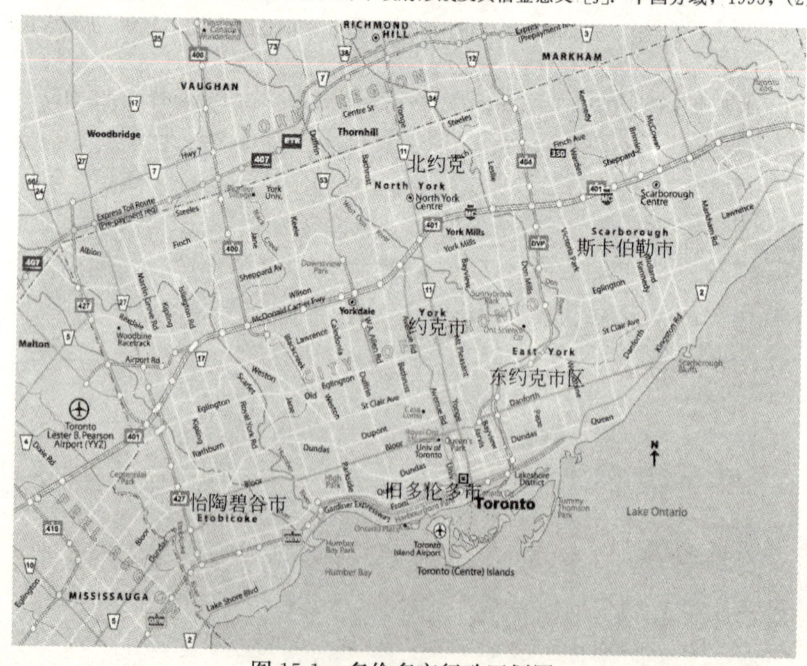

图 15-1 多伦多市行政区划图

图片来源：http：//www.windsor8.com/canada/toronto-map.html.

多伦多是安大略省首府，也是加拿大第一大城市、重要港口、全国金融、商业、工业、文化中心。作为经济中心，多伦多拥有数千家企业，集中了全国约1/2的制造业。在市中心地区，金融机构的大楼比比皆是。

多伦多是一座美丽的城市，有100多个公园，曾多次被评为全球最适宜于居住的城市。多伦多还是最富多元民族色彩的城市。除了人数最多的英裔外，这里还有南美、亚洲、欧洲、非洲一些国家的移民。在亚裔中，以华人居多。多伦多除了老的中国城(Chinatown)外，最近十几年内又形成了多处华人聚居区。华人约有30多万，占全市人口的近10%。

多伦多是加拿大的文化中心。多伦多大学是世界上知名的学府之一。市内有许多文化设施，图书馆就有百余家，剧团有几十个。还有许多博物馆、美术馆。

大多伦多地区(Greater Toronto Area，简称GTA)是加拿大最大的都会区，包括核心城市多伦多市与其他四个行政区，即：皮尔(Peel)、哈尔顿(Halton)、约克(York)和达勒姆(Durham)(表15-2、图15-2)。面积约70000多平方公里。

大多伦多地区行政区划表 **表15-2**

区　域	行政区	卫　星　城
大多伦多地区(Greater Toronto Area)	多伦多市(Toronto)	多伦多市区(City of Toronto)
	皮尔区(Peel)	米西索加市(City of Mississauga)
		布兰普敦市(City of Brampton)
		卡利登镇(Town of Caledon)
	哈尔顿区(Halton)	奥克维尔镇(Town of Oakville)
		密尔顿镇(Town of Milton)
		伯灵顿市(City of Burlington)
		哈尔顿希尔斯镇(Town of Halton Hills)
	约克区(York)	里士满希尔镇(Town of Richmond Hill)
		马克姆镇(Town of Markham)
		沃恩市(City of Vaughan)
		奥罗拉镇(Town of Aurora)
		纽马基特(Town of Newmarket)
		东贵林伯里镇(Town of East Gwillimbury)
		乔治娜镇(Town of Georgina)
		王城镇(Township of King City)
		惠特彻奇—斯图夫维尔镇(Town of Whitchurch-Stouffville)
	达勒姆(Durham)	皮克灵市(City of Pickering)
		埃杰克斯镇(Town of Ajax)
		惠特白镇(Town of Whitby)
		奥沙瓦市(City of Oshawa)

资料来源：多伦多官方网.

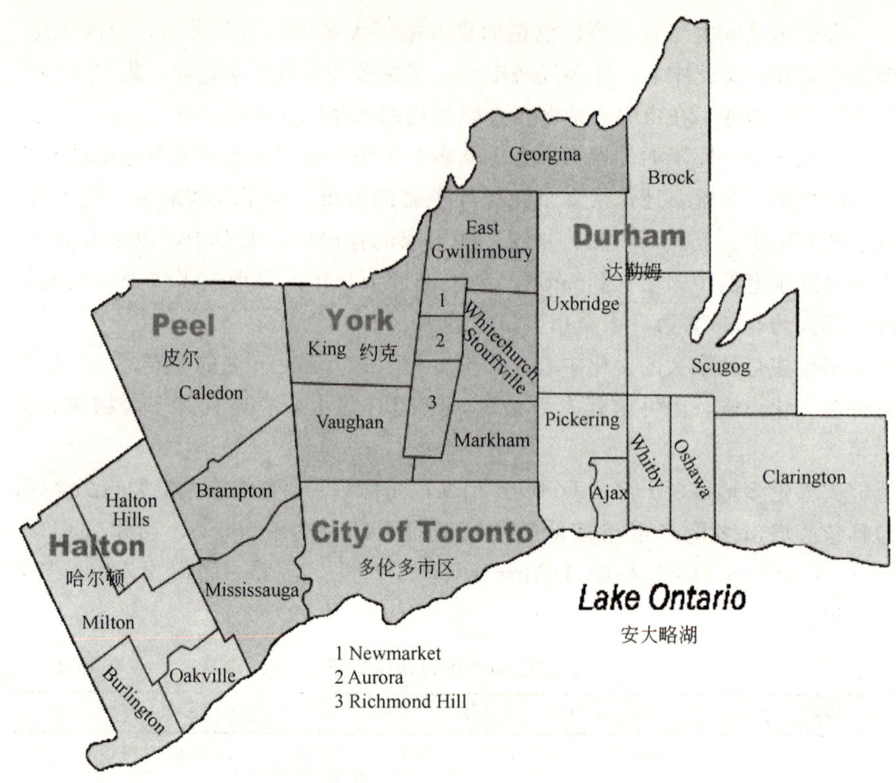

图 15-2 大多伦多地区示意图

图片来源：http：//commons. wikimedia. org/wiki/Image：Greater _ toronto _ area _ map. svg.

15.2 多伦多大都市区的人口增长与分布

大多伦多地区的人口近年来增长较快。根据加拿大统计局统计，2001 年大多伦多地区人口为 465 万人，2004 年为 506 万人，2006 年则增长到 563 万人，占加拿大总人口的 18%。其中，多伦多市人口占 GTA 人口的 44.5%(表 15-3)。

大多伦多地区人口分布表　　表 15-3

市区或地区	人口数(人)	比例(%)
多伦多市区	2503281	44.5
皮尔地区	1159405	20.6
达勒姆地区	561258	10.0
约克地区	965001	17.1
哈尔顿地区	439526	7.8
合计	5628471	100

数据来源：http：//www. skyscrapercity. com/showthread. php? p=23980020.

2001～2006 年，GTA 人口增长了 9.2%。其中，多伦多市人口增长速度趋缓，远远落后于 1996～2001 年 4.0%和 1991～1996 年 4.8%的增长速度；也低于发展规划所预测的 3.2%的人口增长速度。GTA 人口增长迅速的地区主要是多伦多市周边的其他地区，增长率在 10%～22%之间。如约克(York)人口增速最快，达到了 22.4%；其次是皮尔(Peel)17.2%；哈尔顿(Halton)17.1%；达勒姆(Durham)10.7%。按市镇统计，人口增长速度差异很大，从－1.1%到 71.4%不等(图 15-3、图 15-4 和表 15-4)。

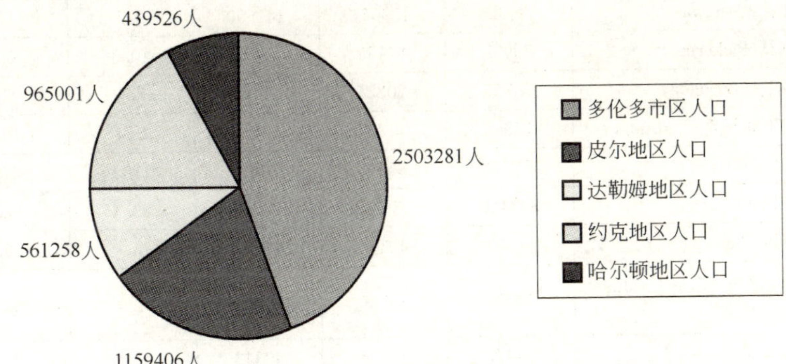

图 15-3　大多伦多地区人口分布图

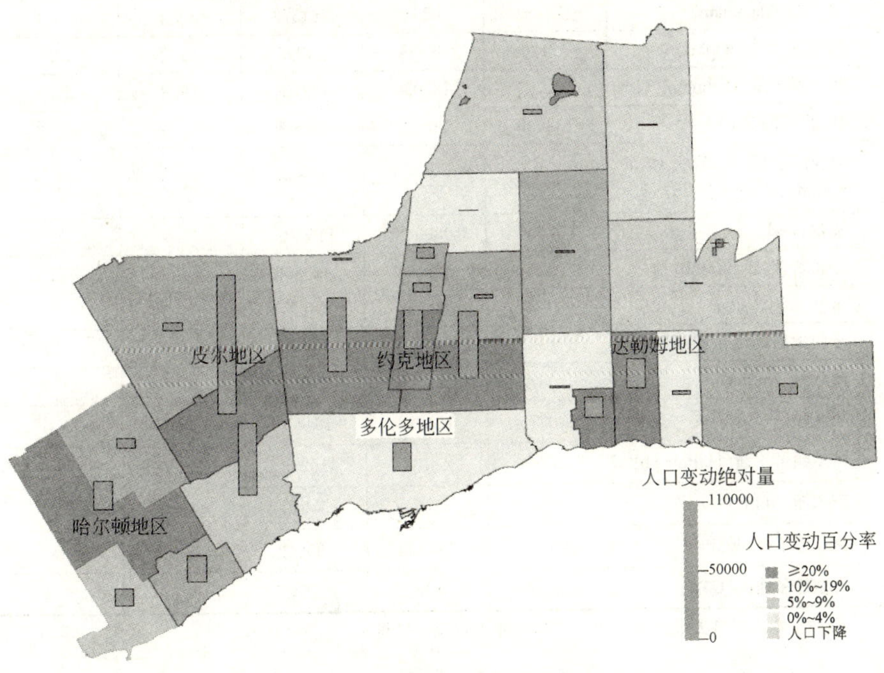

图 15-4　GTA 市镇人口增长图

来源：加拿大统计局，2006 年人口普查数据.

大多伦多地区人口增长表　　**表 15-4**

市镇名称	1996 年(人)	2001 年(人)	2006 年(人)	变动百分率(%)	
				1996～2001 年	2001～2006 年
多伦多(Toronto)	2385421	2481494	2503281	4.0	0.9
达勒姆(Durham)	458616	506901	561186	10.5	10.7
埃杰克斯(Ajax)	64430	73753	90167	14.5	22.3
布罗克(Brock)	11705	12110	11979	3.5	－1.1

续表

市镇名称	1996年(人)	2001年(人)	2006年(人)	变动百分率(%)	
				1996～2001年	2001～2006年
克拉灵顿(Clarington)	60615	69834	77820	15.2	11.4
奥沙瓦(Oshawa)	134364	139051	141590	3.5	1.8
皮克灵(Pickering)	78989	87139	87838	10.3	0.8
斯库戈格(Scugog)	18837	20224	21439	7.4	6.0
阿克斯布里奇(Uxbridge)	15882	17377	19169	9.4	10.3
惠特白(Whitby)	73794	87413	111184	18.5	27.2
约克(York)	592445	729254	892359	23.1	22.4
奥罗拉(Aurora)	34857	40167	47629	15.2	18.6
东贵林伯里(East Gwillimbury)	19770	20555	21069	4.0	2.5
乔治娜(Georgina)	34978	39536	42346	13.0	7.1
王城(King)	18223	18533	19487	1.7	5.1
马克姆(Markham)	173383	208615	261573	20.3	25.4
纽马基特(Newmarket)	57125	65788	74295	15.2	12.9
里士满希尔(Richmond Hill)	101725	132030	162704	29.8	23.2
沃恩(Vaughan)	132549	182022	238866	37.3	31.2
惠特彻奇-斯图夫维尔(Whitchu rch-Stoufville)	19835	22008	24390	11.0	10.8
皮尔(Peel)	852526	988948	1159405	16.0	17.2
布兰普敦(Brampton)	268251	325428	433806	21.3	33.3
卡利登(Caledon)	39893	50595	57050	26.8	12.8
米西索加(Mississauga)	544382	612925	668549	12.6	9.1
哈尔顿(Halton)	339875	375229	439256	10.4	17.1
伯灵顿(Burlington)	136976	150836	164415	10.1	9.0
哈尔顿希尔斯(Halton Hills)	42390	48184	55289	13.7	14.7
密尔顿(Milton)	32104	31471	53939	−2.0	71.4
奥克维尔(Oakville)	128405	144738	165613	12.7	14.4
大多伦多地区(GTA)	4628883	5081826	5555487	9.8	9.3

资源来源：加拿大统计局，1996～2006年人口统计资料.

加拿大统计局的统计数据显示：加拿大移民的主要目的地是大型中心城市，如蒙特利尔、多伦多和渥太华。其中，多伦多地区的移民人口在最近5年中增长显著(图15-5)。人口统计学专家预计到2030年加拿大人口增长将主要依赖移民，而不吸收新移民的城市的人口将逐渐减少。

人口减少同样给经济和社会带来很多负担，如劳动力短缺、投资减少、企业和学校关门等。根据加拿大统计局统计，2001年大多伦多地区的总人口为464.796万人，而外来人口总数为209.11万人，占总人口的44.99%。各国移民人口数量及比例见表15-5与图15-6。其中中国人所占的比例较大，占总移民量的11.8%，印度次之。从多伦多地区语言构成(包括本地人)来看，英语

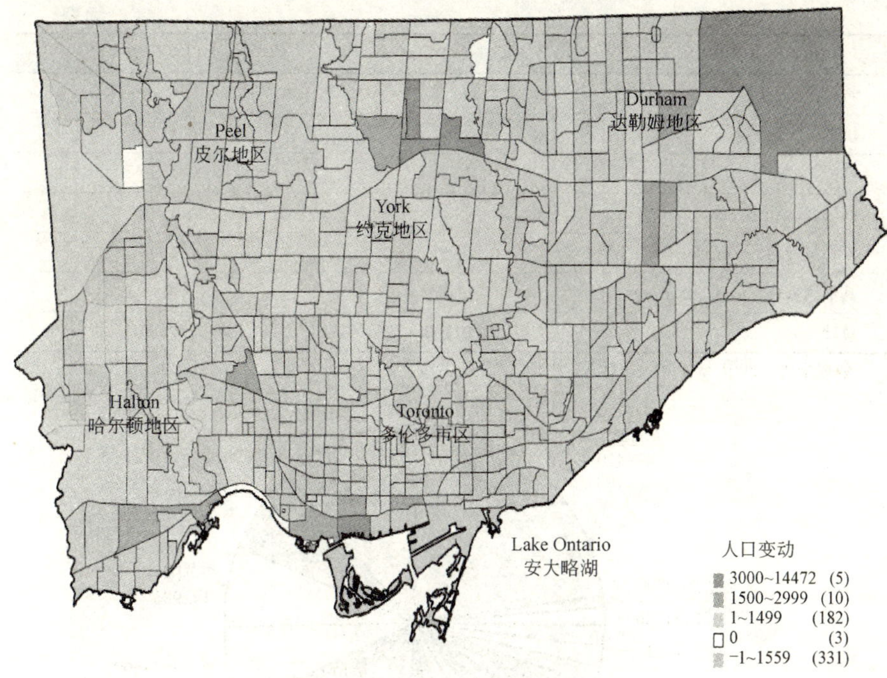

图 15-5　多伦多市人口增长变化图

资料来源：加拿大统计局，2006 年人口普查数据。

仍是主要语言，使用英语的人占 54.1%。加拿大的另一种官方语言法语占 1.2%。在非官方语言中，汉语(包括各种方言)使用人数最多，占 8.1%，再就是意大利语(3.7%)和旁遮普语(Punjabi，2.6%)。

多伦多市移民分布表　　　　**表 15-5**

国　　家	人口数量(人)	占人口总比例(%)
中国(China)	246870	11.8
印度(India)	147165	7.0
英国(United Kingdom)	142985	6.8
意大利(Italy)	138995	6.6
菲律宾(Philippines)	103170	4.9
牙买加(Jamaica)	92190	4.4
葡萄牙(Portugal)	78890	3.8
波兰(Poland)	70490	3.4
斯里兰卡(Sri Lanka)	68790	3.3
圭亚那(Guyana)	66980	3.2
前苏联(Fmr USSR)	66575	3.2
越南(Vietnam)	52600	2.5
巴勒斯坦(Pakistan)	51190	2.4
南斯拉夫(Fmr Yugoslavia)	50160	2.4
特立尼达岛与多巴哥岛(Trinidad and Tobago)	43700	2.1
美国(United States)	37795	1.8

续表

国　家	人口数量(人)	占人口总比例(%)
希腊(Greece)	35055	1.7
伊朗(Iran)	34930	1.7
德国(Germany)	31230	1.5
韩国(South Korea)	31120	1.5
罗马尼亚(Romania)	20800	1.0
其他国家(Other Countries)	479420	22.9
总计	2091100	100.0

数据来源：2001 年加拿大统计局.

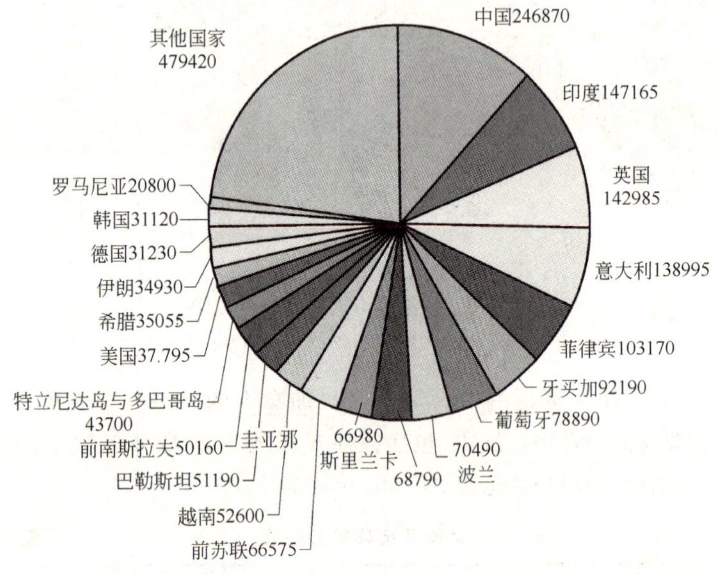

图 15-6　2001 年多伦多市移民分布图

15.3　多伦多大都市区的土地管理及土地开发

15.3.1　多伦多大都市区的土地管理

加拿大是一个联邦制国家，其土地利用规划权主要集中在省以下地方政府，大体分为省级、地区级和市(包括县和乡镇)级规划。

(1) 省级规划，又称省级政策宣言，以白皮书形式下发。这是一种政策性和战略性文件，主要是划分城市和农村地区的界线，强调保护农业用地，以及提高城市建筑容积率等。如安大略省土地政策宣言主要坚持以下三条原则：①确定一种能够促进经济强劲增长的土地利用模式；②保护自然资源以确保其经济效益和环境效益，其中特别强调 1～2 类农用地不可用于非农业用途；③通过引导对公共健康和安全有潜在危险的开发项目远离居住区来减少潜在的风险。

(2) 地区级规划，又称土地利用大纲或者总体规划方案。加拿大的土地利用大纲由地方政府制定，省政府批准。总体规划期限一般为20年(安大略省)，它是指导地方政府规划的政策性文件，主要目的是在省级政策宣言的前提下，结合本地的实际情况对辖区内土地的用途进行规划。包括制定《用地分区管理法》：对分成小块出售的成片开发地产进行控制和管理，制定公共建设和基础设施计划。

(3) 市级规划，又称《土地分区管理法》，由省政府授权市级政府制定。加拿大法律规定：为保护公共利益，每个城市都应以土地的用途和密度去划分市区，制定包括土地分区图和土地功能分区的《土地分区管理法》。与省级政策宣言和地区级土地利用大纲不同，《土地分区管理法》是法律条文，非常详细和具体，具有强制性。主要内容包括：用途、密度、建筑体积等。

用途中规定各种“用地类”里可容许的用途，通常包括住宅、商业和工业三大类，大类下面又细分为众多小类。密度中规定了最大地段面积或最小地段面积，单位用地面积上的住户数和居民数。建筑体积包括前、后、侧院的面积和尺寸，建筑高度、建筑密度、容积率等。此外，通常根据土地用途、地区特性、地价和公共交通等情况确定相应的停车场。

其他规定包括：每户的最小建筑面积数，以保证居住环境的舒畅；搬运货物所需用地数，建议用地最大坡度限制；庭园设计的标准；招牌、广告牌设置地点和设计要求的规定；特别优美景色的视野的保护措施；建筑外部的要求；附加用途的规定(如住宅用地中的家庭手工业等)。

加拿大土地利用规划拥有一个比较健全的法律体系。加拿大宪法明确规定了联邦政府、省政府在土地管理方面的职责，各省政府拥有本省的土地管理权，因此，在土地管理和规划方面，主要由省、市政府负责，各省制定有自己的立法和纲要性政策，各省的土地利用规划具体做法有所差异；地方政府(特别是市、县)是土地利用规划的具体制定和直接执行者。联邦政府在土地利用规划和管理方面的工作主要局限在人烟稀少的北方地区。

加拿大规划体系中没有详细的城市用地的总体规划和细部规划，而是以土地的用途和密度去划分市区，实行分区管理的办法。《土地分区管理法》的制定是通过地方立法程序。它明确地规定了市区土地容许使用方式和容量。这些法律执行时强制性很大，弹性很小，有效地控制了土地用途的转移方向。

15.3.2 多伦多大都市区的土地利用类型

为便于土地利用规划管理，各省根据实际情况将土地分成若干类型。通常分成城市内土地和城市外土地两部分。城市内土地主要根据用途一般分为三大类：住宅、商业和工业。有的城市还分农业、休闲、环境保护用地和混合用途用地等。每一大类下又可以细分为若干小类。如住宅用地可分为平房、联排式住宅、公寓、活动房屋等。商业用地类又可分为普通商业、邻里商业、市中心商业、公路边商业、娱乐商业和购物中心等。在确定土地用途时，一方面考虑公共利益，同时也要考虑市场供求形势和土地的特性。

城市外土地的分类情况各省不尽相同，安大略省将城市外土地分成八类(表15-6)。

安大略省土地分类表 **表 15-6**

序号	类　型	序号	类　型
1	村地：居住用地	5	基础设施用地
2	交通用地：公路、铁路、机场等	6	不宜开发土地：泥石流周围洪水地区
3	空地	7	农用地
4	自然保护区用地：各种动植物保护区	8	矿地

加拿大环境部从1950年开始对全国农业用地进行分类。具体做法是把全国耕地按现有生产能力分为七大类，指标有土层厚度、保湿性及排水性、作物适应范围、有机质含量、土地的限制条件等。

第一类：土壤对种植作物没有明显的限制因素，土层厚，保水性好，而无过涝现象，自然肥力好，种植作物无困难，在较好的管理水平下，对粮、菜、油、果等多种作物，可以获得高产。

第二类：土壤对种植作物有一些限制因素。土层厚，保水性好，限制条件中等，对种植作物稍有选择性，在较好的管理下，对于一定范围内的作物可以获得中等以上的产量。

第三至第七类，指标则依次递减。

15.3.3 多伦多大都市区的城市用地扩展

1993年以来，多伦多城市用地面积增长很快(图15-7)。1996年，根据研

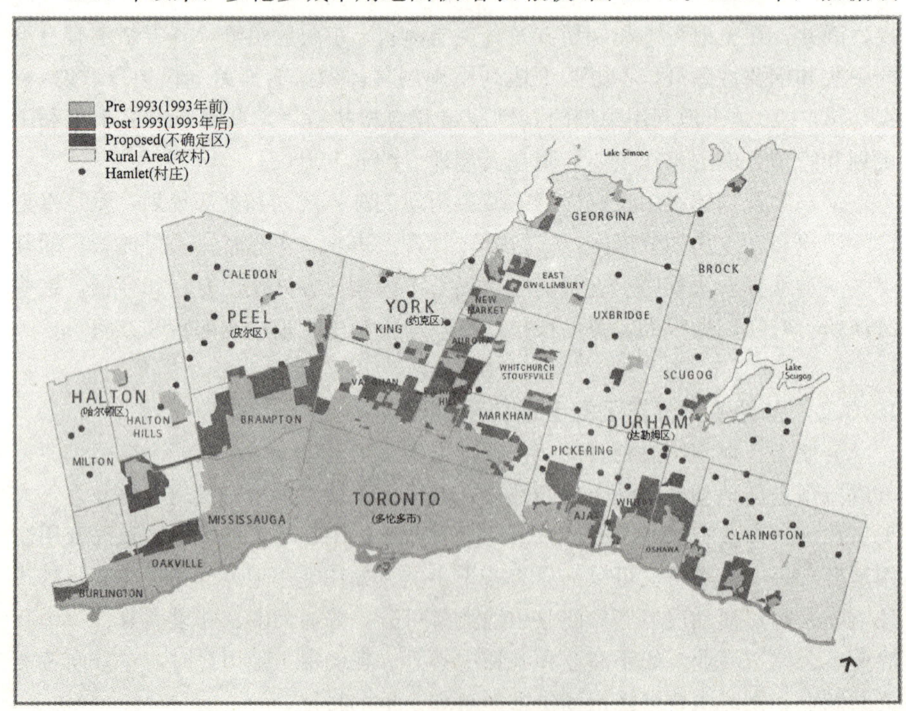

图 15-7　多伦多城市空间扩展

资料来源：多伦多城市官方规划.

究报告预测，GTA2031年人口与1996年相比，将要增加260万人，同时增加160万个就业岗位。相当于在GTA内新增一个多伦多市。根据这样的增长，GTA要多新增125万个家庭。如果按照1996年的住房供给情况，大约2/3的住房要建在低密度地区。如果继续1990年的土地利用模式，需要大约两倍于多伦多市面积的城市用地。2007年，多伦多市土地面积630km^2，办公用房面积10.75km^2，工业用房面积26.92km^2，零售业用房面积6.28km^2。

15.4 多伦多大都市区的经济发展

15.4.1 多伦多经济发展简况

多伦多作为加拿大的经济核心城市，在2003年走出经济困境后，近年来一直是加拿大境内经济增长最迅速的城市，2006年GDP达到1300亿加元，占所在大多伦多都市区GDP的49.4%，占全国GDP总值的11%。2005～2008年，多伦多的GDP大约保持年均3.8%的增幅，居所有加拿大城市之首。若保持这一增长速度，每14年经济总量将翻番。

近年来，多伦多的经济结构已转向知识型经济，而不单纯依靠汽车制造业、航空航天制造业、食品制造业、生物技术制造业等。在城市转型过程中，制造业部门推动中高端服务业部门的快速扩张。它与隔湖相望的美国芝加哥类似，是经济较为多元化的城市，拥有先进的制造业部门，并在知识密集型服务业部门(如金融服务业、商务服务业、信息服务业)占据一席之地。

15.4.1.1 多伦多市的经济结构变迁

20世纪90年代初期，多伦多所在的安大略省丧失了近20%的制造业岗位，多伦多市内原有的传统资源部门就业前景不理想，大批制造企业外迁，多伦多被迫陷入相对漫长的经济结构转型期。

多伦多被迫开始经济转型，并由此形成当今的新经济形态，是受一系列因素影响的，这些因素同时也引起了城市经济与就业市场的转变。

(1) 以信息通信技术为首的新技术应用，改变了多伦多原有工业的传统工作模式。这对早先倚重资源型制造业发展的多伦多而言，是创新时代携之而来的技术外因。

(2) 全球经济一体化促成了多伦多经济形态的变化。作为加拿大的经济中心城市，多伦多相对于其他加拿大城市而言，与全球经济有着更为紧密的联系。多伦多地区是加拿大制造业的中心，而当时这里制造业多为美国人控制，随着北美自由贸易协议的签订，制造业企业因成本问题而外迁，多伦多遭受的冲击亦远远大于其他城市。1989～1992年，多伦多丧失约18万个就业岗位，占当时加拿大因北美自由贸易协议而失去就业岗位总数的一半以上。

在产业技术因素和外在环境因素的综合作用下，多伦多经济被迫转型，才逐渐从自由贸易协议引发的危机中解脱出来。随着制造业衰退，多伦多转向发展服务业经济。而伴随着服务业的发展，制造业再次复苏，就业人数虽与危机前持平，但人均产出已有大幅提高。因此，至今制造业仍是多伦多的支柱产业之一。制造业这种没有职位增加的强力复苏，正说明了多伦多经济结构的多元化进程。

近年来，随着多伦多向知识型和创新型产业部门转移，一些富有竞争力的新兴行业成为拉动城市经济的重要引擎，包括航天、汽车、生物技术、商务服务业、金融服务业、旅游业、信息服务业等。事实上，新经济形态的不断演变，也使得制造业和服务业之间的界限越来越模糊不清。多伦多近年的经济成功，一方面可以归结于北美自由贸易协议以及多伦多对美国的包容与彼此合作；另一方面，则是由于多伦多通过创新工作形成的产品与服务受到市场青睐，从而引发经济复苏。

15.4.1.2 多伦多市的多元产业部门

就目前来看，制造业、金融服务业和商务服务业是多伦多市的三大支柱产业。

1. 金融服务业

多伦多是加拿大的金融与投资中心，汇集了加拿大最大的 5 家银行、50 多家外资银行总部以及 11 家证券公司，拥有资产超过 2500 亿加元，而落户多伦多的加拿大 5 家最大的保险公司，管理着全国九成以上的保险金总额。多伦多市政府认为，多伦多的金融服务业就业规模居北美第三位，反次于纽约和芝加哥，就业人口约 20.5 万人。按照市场资本总额衡量，多伦多证券交易所是北美第三大、全球第七大证券交易市场。

2. 商务服务业

多伦多的商务服务业规模亦非常庞大。律师与审计事务所、管理与技术咨询机构、人力资源服务机构等中高端机构中，仅在大多伦多地区就雇佣了近 20 万人，就业人口年均增幅约 6%。该部门增幅高于纽约、洛杉矶、费城、波士顿和华盛顿特区的产业增幅。

3. 信息服务业

多伦多的信息服务业企业密集度居加拿大之首，是加拿大的技术心脏，是北美第三大信息服务业集群所在地，仅次于旧金山和纽约。多伦多的竞争优势在于产业的深度与广度，关注全球业务的开发商和制造商提供了涉及软件、硬件、新媒体、通信设备、半导体、有线和无线服务等多元部门，渗透了几乎所有经济领域。

大多伦多都市区信息服务业从业人员约有 14.8 万人，其中 7.5 万人居住在多伦多市内。这一集群占该大都市区就业人口的 5.5%。信息服务业年销售额超过 325 亿美元，年出口总额超过 62 亿美元。很多世界领先的高技术公司因此迁来多伦多，如全球最大的信息软件公司——SAS 加拿大公司，将加拿大总部设在多伦多市中心。多伦多市政府新发布了信息服务业集群发展战略，也制定了新一轮目标，期望到 2011 年，助推多伦多成为全球信息服务业研究与商务投资领域最具有创新精神的五大区域之一。

4. 航空航天服务业

多伦多的航空航天业集群是加拿大第二大产业集群，也是全球六大航空航天业集聚中心之一，产品年均销售额超过 60 亿加元；该地区 200 多家企业雇佣了 2 万余名受过良好教育的技术人员。多伦多地区的航空服务业主要关注系统工程、设备生产、整装一体化及后端服务，业内巨头包括庞巴迪、霍尼维尔等。

5. 旅游业

多伦多是加拿大境内的第一大旅游目的地，每年吸引游客 1800 余万人次。2004 年，海内外游客在多伦多市的直接开支达 39 亿美元，为城市 GDP 贡献近 29 亿美元。过去 5 年，多伦多市的旅游消费增长了 33%，从业机构超过 2.4 万个，雇员约 20.3 万人，遍及体育、娱乐、交通、文化观光、博彩、酒吧和住宿等旅游服务部门。

15.4.2 大多伦多地区的就业情况

大多伦多地区统计部门把大多伦多地区分成三个区域：内城区(inner city)，也就是多伦多市区；近郊区(inner suburbs)，它包括 5 个原来的市镇：东约克(East York)、怡陶碧谷(Etobicoke)、北约克(North York)、斯卡伯勒(Scarborough)和约克市(York)；远郊区(outer suburbs) 它包括 4 个区域自治体，即：哈尔顿地区(Halton)、皮尔地区(Peel)、约克地区(York)和达勒姆地区(Durham)，这一区域包含了若干个主要郊区中心，它们是：米西索加(Mississauga)，布兰普敦(Brampton)，里士满希尔(Richmond Hill)和马克姆(Markham)。

表 15-7 提供了 1996 年和 2001 年多伦多内城区、近郊区和远郊区的人口和劳动力情况。通过比较这些数据，可以得出如下五个结论：

(1) 在 1996~2001 年间，三个区域(内城区、近郊区和远郊区)的人口都有所增加，而增长最快的是远郊区，那里大片的农田被转为住宅和工业用地。

(2) 2001 年，远郊区的人口数量已接近内城区和近郊区人口数量的总和。到 2004 年，远郊区的人口数量已经超过了内城区和近郊区人口数量的总和。尽管媒体新闻和政治辩论所关注的往往都是有关多伦多市区的事务，但是有一个不容否认的事实是，远郊区相对城区有更多的人口，而多伦多的主要工业也都集中在远郊区。

(3) 1996~2001 年间，就业人数无论男女均有所增加，只是 2001 年内城区妇女就业人数有所降低。

(4) 在内城区和远郊区，无论男女就业比例都较高，而在近郊区，就业人数比例相对来说则较低。这在很大程度上是受到人口分布的影响，因为内城区和远郊区是年轻人的生活场所，而近郊区则存在着大量的退休人口。

(5) 1989~1993 年间，安大略省的制造业失去了 20%的就业岗位，这主要是由于 1989 年加拿大与美国签订了自由贸易协议。而到 1994 年，该协议又进一步扩展为北美自由贸易协议，并将墨西哥包括在其中。多伦多的失业率在 20 世纪 90 年代中期一直很高，但在随后的几年里，失业率不断下降，直到 2001 年 IT 业开始萧条为止。远郊区的失业率明显低于近郊区的失业率，远郊区的失业率相对内城区的失业率来说也较低。

大多伦多地区的主要劳动力人口指标 **表 15-7**

	2001年			1996年		
	内城区	近郊区	远郊区	内城区	近郊区	远郊区
人口(人)	676352	1805142	2600332	653734	1731687	2243462
15岁以上人口(人)	579365	1468064	2019820	548540	1389805	1718870
15岁以上就业人口男女比例(%)	1.07	1.09	1.12	1.10	1.10	1.14
参加工作的男性人口比例(%)	75.4	69.6	78.4	73.2	67.6	77.9
参加工作的女性人口比例(%)	61.0	57.6	66.5	62.6	54.2	65.4
失业率(%)	6.5	7.4	4.9	9.8	11.3	7.4

资料来源：Derrek Ebert. Employment and Work in Toronto New Economy [J]. 国外城市规划，2005，(2).

表 15-8 列出了内城区、近郊区与远郊区的各主要工业部门在 2001 年的就业人数和区位商。区位商是用于衡量工业集中程度的指标，如果区位商等于 1，则表明该行业在这个地区的就业率正好为全国同行业就业率的平均值；而如果区位商大于 1，则表明该行业在这一地区的就业率高于全国平均值；相反，区位商小于 1 则表明低于全国平均值。需要注意的是，表中所列数据所记录的是居住地人口，而不是工作地人口。

大多伦多地区 2001 年就业人数及区位商 **表 15-8**

	2001年就业人数(人)			区位商		
	内城区	近郊区	远郊区	内城区	近郊区	远郊区
全部就业人数	393425	897955	1230645	—	—	—
原材料和农业	2500	6900	18455	0.12	0.14	0.27
制造业和建筑业	50300	193125	276945	0.65	1.13	1.15
贸　易	45940	145160	233450	0.76	1.03	1.21
金融和房地产	41500	86375	106255	1.83	1.67	1.50
卫生和教育	61670	119830	151930	0.96	0.82	0.76
商业服务	118205	207300	271370	1.67	1.29	1.23
其他服务	73315	139275	172245	0.97	0.80	0.73

资料来源：Derrek Ebert. Employment and Work in Toronto New Economy [J]. 国外城市规划，2005，(2).

原材料工业基于其本身的特点，一般不存在于大都市区域。尽管报章杂志大多关心多伦多市区的制造业复兴及新经济体产生情况，但实际上，制造业和建筑业的员工却大量集中在远郊。居住在远郊区的工人远远多于居住在内城区和近郊区的工人总和，这些工人的工作地点也大都在远郊区。Gertler(2000)所给出的数据显示，1981～1996 年间，大批制造业人口由市区转移至远郊区。另外，贸易业在远郊区也是最强的。因为许多大型仓库和商业中心都设在那里。相对来说，内城区的贸易业则最弱。从数据来看，内城区在金融、保险和房地产等行业居于领先，这正同人们看到办公楼林立的市中心区时所联想到的一样。由于内城区聚集了主要银行、律师楼、股票交易所、大公司总部以及金融服务机构，所以内城区在这一领域的区位商高达1.83。不过，由于许多办公室工作人员居住在郊区，而有些大公司也喜欢把它的总部或地区总部设在郊区。所以，郊区在这一行业的区位商也并不低。

除了金融、保险和房地产业主要集中在内城区外，商务服务业也集中在内城区。但多伦多郊区的区位商也高达1.25的水平。由于加拿大最大的大学和几所主要的区域医院都坐落在多伦多市区内，故内城区的卫生和教育行业区位商接近1，而郊区在这一领域的区位商则小于1。最后，在其他服务业方面(主要包括政府服务、居住服务及餐饮服务)，由于内城区是省政府的所在地，加上内城区有比较多的娱乐服务设施，所以内城区在"其他服务业"方面的区位商接近全国平均水平，而郊区在此方面则比较薄弱。

统计资料显示，在大多伦多地区所有参加工作的人当中，只有16%居住在原多伦多市区(内城区)。当然，有更多的人则每天往返于市区的工作地和郊区的住房之间。数据统计还显示，多伦多内城区的人口虽然还在增长，但其增长速度要比郊区慢。内城区的主要工作领域为金融、保险、房地产和商务服务；对于近郊区和远郊区来说，这些行业也占有重要位置，只是相对内城区来说，其重要的程度略微低一些。而从郊区的情况看，贸易、制造业和建筑业则在那里占有很大比例。

大多伦多地区1996年就业人数及区位商　　表15-9

	1996年就业人数(人)			区位商		
	内城区	近郊区	远郊区	内城区	近郊区	远郊区
全部就业人数	356455	816305	1200025	—	—	—
原材料和农业	1705	2915	14210	0.09	0.06	0.21
制造业和建筑业	53525	180595	286080	0.75	1.11	1.19
贸　易	46580	145500	239545	0.75	1.02	1.15
金融和房地产	35405	76055	96260	1.81	1.69	1.46
卫生和教育	60500	121545	165765	1.01	0.88	0.82
商业服务	71730	141555	207560	1.45	1.25	1.25
其他服务	87005	148140	190640	1.18	0.87	0.76

资料来源：Derrek Ebert. Employment and Work in Toronto New Economy [J]. 国外城市规划，2005，(2).

表15-9所显示的是1996年的情况。由于两组数据依据加拿大统计局的不同统计分类体系，所以二者之间只能进行一些粗略的比较。总的来说，1996年的情况与2001年相似，不过这里也存在着一种变化趋势，那就是内城区的商务服务也有所增加，而其他服务业和制造业则有所减少。对于近郊区来说，其居民所从事的行业在这两个年度没有太大差别。而对于远郊区居民来说，从事贸易、金融、保险和房地产业的人数有所增加但从事卫生和教育业的人数则略有减少。

15.5 多伦多大都市区的住宅建设

从1971年以来，多伦多市拥有住房和租房居住的家庭，大约各占一半。GTA除多伦多市以外的地区，80%的家庭拥有自己的住房。GTA租房居住的家庭中，大约有75%的家庭，在多伦多市居住。GTA拥有家庭住房的人中，大约40%居住在多伦多。住房使用权情况与年龄相关，年龄越大(不超过75岁)，拥有住房的可能性越大。与多伦多市相比，GTA其他地区拥有更多年轻住房业主。同样，家庭收入越高，拥有自己房屋的可能性越大。大约80%的新移民租房居住。多伦多市一半的租房者是移民(表15-10～表15-14)。

多伦多市住户情况 **表15-10**

年份	房屋数量(套)			占总住户比率(%)	
	总量	自有房	出租房	自有房	出租房
1951	273210	193405	79795	70.8	29.2
1956	341075	237000	104075	69.5	30.5
1961	430035	282800	147235	65.8	34.2
1966	516735	307500	209235	59.5	40.5
1971	629275	320770	308505	51.0	49.0
1976	712960	364355	348605	51.1	48.9
1981	776380	395575	380805	51.0	49.0
1986	816875	413995	402880	50.7	49.3
1991	864555	415450	449105	48.1	51.9
1996	903580	428975	474605	47.5	52.5
2001	943075	478545	464535	50.7	49.3

资料来源：1956年数据是根据1951～1960年数据估算得到. 其他数据来源于加拿大统计局普查数据(Quinquennial Censuses，5年一次)，1951～2001.

多伦多市与GTA其他地区人口与住户情况表(1971～2001) **表15-11**

		1971	1981	1991	2001	1971～2001年间的变化	
						变代量	比例
人口(人)	多伦多市	2089730	2137395	2275770	2481495	391765	19%
	多伦多大都市*	833215	1280305	1959985	2600330	1767115	212%
	多伦多大都市	2922945	2417700	4235755	5081825	2158880	74%
住户(户)	多伦多市	629275	776380	864550	943080	313805	50%
	多伦多大都市*	179565	399700	612790	837395	657830	366%
	多伦多大都市	808840	1176080	1477340	1780475	971635	120%
自有住房户(户)	多伦多市	320770	395575	415450	478545	157775	49%
	多伦多大都市*	128645	288990	453620	665020	536375	417%
	多伦多大都市	449415	684565	869070	1143565	694150	154%
租房户(户)	多伦多市	308505	380805	449100	464535	156030	51%
	多伦多大都市*	50920	110710	159135	172375	121455	239%
	多伦多大都市	359425	491515	608235	636910	277485	77%

注：*号表示统计数据来源于加拿大统计局.

多伦多市与 GTA 其他地区人口与住户情况比例(%)

表 15-12

		1971	1981	1991	2001
人口	多伦多市	71	63	54	49
	多伦多大都市	29	37	46	51
住户	多伦多市	78	66	59	53
	多伦多大都市*	22	34	41	47
自有住房户	多伦多市	71	58	48	42
	多伦多大都市*	29	42	52	58
租房户	多伦多市	86	77	74	73
	多伦多大都市*	14	23	26	27

注：*号表示统计数据来源于加拿大统计局.

多伦多市与 GTA 其他地区自有住房和租房例(%)

表 15-13

年份		1971	1981	1991	2001
多伦多市	自有住房户	51	51	48	51
	租房户	49	49	52	49
多伦多大都市*	自有住房户	72	72	74	79
	租房户	28	28	26	21
多伦多大都市	自有住房户	56	58	59	64
	租房户	44	42	41	36

注：*号表示统计数据来源于加拿大统计局.

多伦多住户房地产使用权、住户类型、收入与年龄分类汇总表　　表 15-14

收入	年龄	自有住房户						租房户					
		总量	有孩户	无孩户	有孩户	多户家庭	未成家	总量	有孩户	无孩户	有孩户	多户家庭	未成家
全部家庭	15～24	3345	690	440	365	180	1700	23585	1755	3830	3040	245	14715
	25～34	42760	15505	11710	2270	3240	10030	123985	21970	27730	14230	2520	57545
	35～44	104335	59655	13105	8220	6430	16905	124620	44050	12955	22065	3000	42545
	45～54	110645	62390	14440	12695	5110	16010	80625	24390	8160	16030	1945	30105
	55～64	81955	33060	21720	8275	4390	14505	43790	6720	7535	5835	1100	22595
	65～74	75525	14545	31465	6885	3510	19115	34685	2410	7220	2740	765	21550
	75～84	49220	4370	18950	5305	1265	19335	25050	675	4845	1490	265	17765
	≥85	10770	565	2765	1500	140	5800	8195	85	1035	645	25	6400
	合计	478545	190760	114595	45540	24265	103385	464350	102050	73310	66075	9875	213220
<20000 美元的住户	15～24	1195	105	95	120	20	875	9850	440	750	1780	40	6830
	25～34	2770	775	350	425	70	1140	27405	4400	3506	6665	280	12560
	35～44	5375	2385	280	1040	125	1525	31155	9065	1480	8925	260	11430
	45～54	5885	2015	405	1175	105	2190	19800	3635	1000	4550	240	10385
	55～64	6580	1110	1620	655	55	3130	14685	835	1435	1585	90	10735
	65～74	8340	150	1095	470	55	6580	14670	170	880	585	70	12970
	75～84	8305	20	90	445	0	7750	11970	15	185	285	20	11385
	≥85	2925	0	10	115	0	2805	4345	0	25	120	0	4190
	合计	41365	6545	3945	4470	430	25980	133815	18545	9260	24495	1010	80485
20000～39999 美元住户	15～24	635	95	70	95	10	365	6800	555	1155	775	35	4285
	25～34	4865	1495	640	535	205	1995	33090	6080	4465	4950	415	17185
	35～44	10580	5310	765	1645	325	2530	34630	12110	2380	7400	445	12300
	45～54	10570	4535	1040	1985	230	2780	21315	5995	1590	4950	270	8330
	55～64	10385	1980	2980	1395	190	3850	10870	1385	1710	1560	170	6035
	65～74	21605	1745	11800	1410	230	6415	11145	715	3865	935	100	5520
	75～84	16160	520	7795	1310	145	6380	8565	205	3275	565	55	4465
	≥85	3575	75	1320	485	0	1690	2325	30	700	210	0	1390
	合计	78375	15755	26410	8660	1335	26005	128580	27075	19140	21345	1490	59510

续表

收入	年龄	自有住房户						租　房　户					
		总量	有孩户	无孩户	有孩户	多户家庭	未成家	总量	有孩户	无孩户	有孩户	多户家庭	未成家
40000～59999美元住户	15～24	590	150	95	80	35	220	3675	390	1020	275	55	1935
	25～34	7990	3095	1310	515	425	2645	26420	5640	5820	1640	515	12825
	35～44	18300	9660	1565	2185	780	4115	28000	11100	3045	3610	630	9615
	45～54	16340	7575	1730	2075	435	3625	17690	5880	1860	3285	390	6275
	55～64	13255	3850	3980	1865	490	3070	7915	1480	1765	1235	160	3275
	65～74	14710	2490	6615	1890	370	3355	4355	565	1195	690	165	1755
	75～84	9635	910	4395	1445	125	2755	2445	200	720	365	50	1115
	≥85	1600	120	565	320	10	585	820	30	145	155	10	485
	合计	82420	27850	20255	11265	2670	20370	91320	25285	15570	11245	1965	37285
60000～79999美元住户	15～24	400	125	90	35	30	130	1800	230	510	130	45	880
	25～34	7905	3205	2065	385	595	1660	16760	3435	5470	545	440	6855
	35～44	19435	10945	2080	1550	1155	3710	14995	6175	2200	1270	605	4750
	45～54	19195	10270	2380	2615	740	3185	10440	3895	1480	1830	365	2870
	55～64	13145	5540	3575	1565	650	2090	4535	995	1115	840	205	1385
	65～74	10800	3140	4330	1350	600	1380	2200	490	600	300	155	650
	75～84	5960	890	2555	975	300	1240	1050	145	275	185	65	390
	≥85	975	120	295	245	40	275	355	15	60	95	0	180
	合计	78085	34225	17370	8720	4110	13670	52135	15380	11710	5195	1890	17980
80000～99999美元住户	15～24	230	80	35	20	40	55	790	80	260	35	35	390
	25～34	6800	2000	2285	205	685	1025	9245	1340	3615	220	355	3720
	35～44	15305	9225	2090	810	1375	1795	7620	3040	1595	470	495	2015
	45～54	15905	9745	2210	1625	855	1465	5215	2260	855	705	310	1075
	55～64	10645	5310	2655	1200	625	865	2420	845	590	335	135	515
	65～74	6815	2355	2455	905	535	565	1150	235	255	175	115	365
	75～84	3685	885	1545	555	210	475	490	50	155	75	35	155
	≥85	595	100	175	140	10	170	175	0	40	35	0	95
	合计	59980	30300	13450	5460	4335	6415	27095	7850	7365	2050	1490	8330
10000美元住户	15～24	300	125	60	0	50	60	670	50	140	55	40	400
	25～34	12430	4330	5065	210	1265	1560	11060	1075	4870	210	505	4405
	35～44	35345	22130	6315	985	2675	3240	8220	2570	2260	395	565	2435
	45～54	42760	28255	6675	2320	2740	2760	6345	2730	1365	700	390	1170
	55～64	27675	15275	6915	1610	2380	1505	3365	1180	920	295	320	645
	65～74	13255	4665	5170	870	1715	830	1165	240	420	60	140	295
	75～84	5480	1140	2570	560	480	740	600	70	230	25	30	250
	≥85	1095	150	390	195	80	280	165	10	60	35	0	65
	合计	138340	76070	33160	6750	11385	10975	31590	7925	10265	1775	1990	9665

数据来源：加拿大统计局普查数据(1971～2001).

总体分析，随着GTA人口的快速增长，多伦多市以及安大略省都支持多伦多市吸收更多的人口。其中，租赁住房是住宅市场的一个重要组成部分。大约50%的多伦多市住户和35%的GTA住户租房居住。虽然，1996～2001年间，租房数目有所下降，但是，2001年以后，多伦多市租房住户数量又重新开始增长。今后，多伦多市租赁住房仍将增加，其主要表现在三个方面：

第一，年轻的租房住户，仍然想在城市中居住。

第二，随着外来移民的增加，对租房的需求将会增大。

第三，多伦多市拥有许多GTA专用租赁房。

同时，还有许多高收入家庭，选择租房居住，而不是购买自有住房。

结合上述情况，多伦多市的房地产租赁市场发展，要注意保存城市现有的可租赁房产，同时鼓励私人部分租赁房地产供给，充分利用好城市公有租赁房地产为市民提供服务。在此基础上，与各级政府以及私人和非营利住宅供给部门合作，提供多种住房供给，满足城市发展和人口增长的需要。

15.6 多伦多大都市区的发展规划

15.6.1 大多伦多地区规划概况

1998年1月1日大多伦多地区的几个市镇经过合并形成了新的多伦多市，而这些市镇过去都遵循各自的规划进行建设。新多伦多市的市政府和规划部门决定为这个重新组合的城市制定一套新的规划，这一方面是出于实际需要，因为新多伦多作为一个整体，它的建设需要一个统一的规划来指导；而另一方面，制定新规划也是多伦多进行政府和机构重组的一个组成部分。

制定多伦多新规划还有一个更重要的原因，那就是经济全球化使得加拿大政府和人民进一步渴望提高多伦多市在全球经济发展中的地位。新规划的制定，有助于把多伦多建成一个更具吸引力的投资热土，它的目标是使多伦多成为一个具有良好生活和工作环境的世界城市。城市规划工作者对这一新规划方案的描述表明了多伦多市建设的新思路，那就是："统一的理念，统一的城市，统一的规划"（City of Toronto，1999）。

根据经济学家预测，多伦多的城市人口将在20～30年内增加50～100万人口。由于现有多伦多市已经饱和，新增加的人口必然使多伦多大都市区总体规划体现城市的大规模重建和密集开发。主要原因如下：

(1) 土地的集中利用可以减少由于在城市边缘不断开发所造成的耕地减少；

(2) 土地的集中利用可以使得现有城市基础设施得到更有效的利用；

(3) 土地的集中利用可以使人们的工作地点与生活地点更为接近，因而提高他们整体的生活水平。

目前多伦多大都市区的空间结构由六个部分组成，即城市中心区及中央滨湖区、次中心区、城市干道、就业区、绿地及其他用地。其土地利用结构如图

15-8 所示。

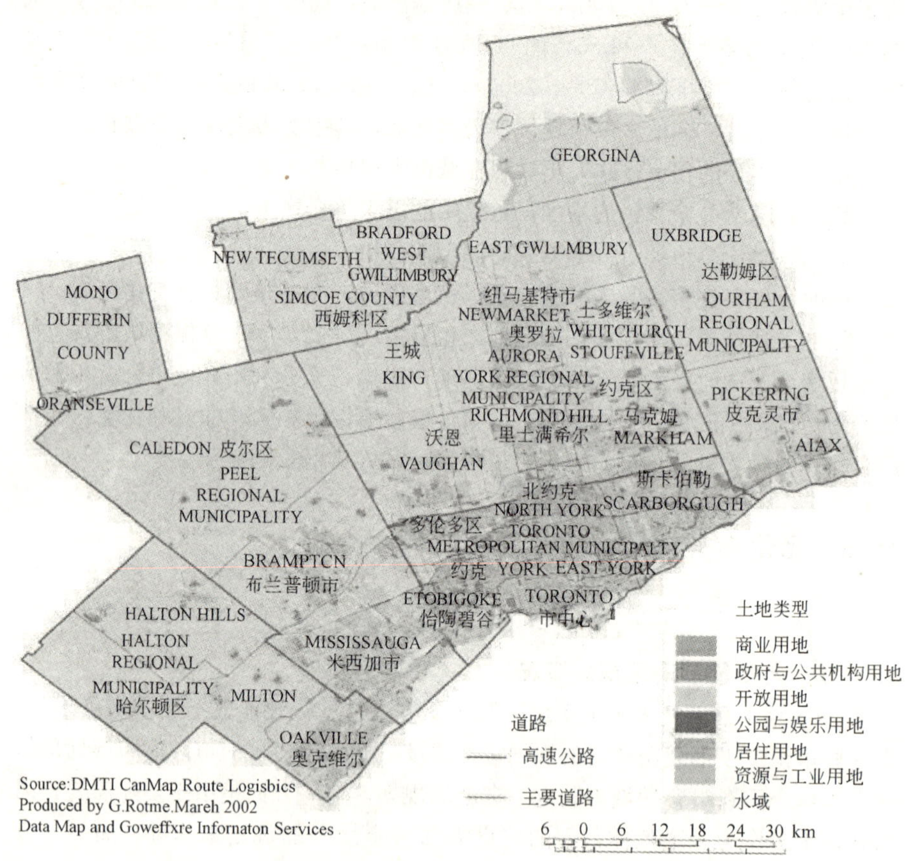

图 15-8　大多伦多土地利用现状图

（1）城市中心区(Downtown)是城市的主要中心，聚集了商业大楼、医院、省政府和市政府办公楼、文化和传媒机构、两所大学及其他重要设施。城市中心区被认为适宜于包括住房在内的大规模密集开发。中央滨湖区(Central Waterfront)是多伦多全球化的象征，在那里将可以建造成千上万的新住房，创造成千上万的工作岗位。而目前这一地区并没有得到充分利用，有些土地甚至被荒废。一个叫作“制造浪潮”（Making Waves)的有关中央滨湖区的详细规划对发展前景提出了具体意见(Dill and Bedford，2001)。中央滨湖区的发展被认为对多伦多的未来至关重要，为此，三级政府(联邦、省及市)都为中央滨湖区的开发设立了基金，并且设立了一个“中央滨湖区建设机构”（Waterfront Revitalization Corporation)。

（2）市中心区外围的四个次中心区(Centers)被确定为混合用地，这里仍可以建设一些大型建筑，但它们的体量要比那些在中心区和中央滨湖区的要小。每一个次中心都有相关的详细规划。

（3）城市干道(Avenues)是贯通多伦多市的主要道路。更为密集的城市干道将有待建成，不过各中心区内的道路密度将会比现在有所减少。在多伦多旧城，城市干道两旁一般都是2～3层的建筑，这些建筑大多底层为商店，上面的1～2层为公寓；而在那些新近开发的地区，干道两旁则一般都是单层购物中心，购物中心周围为停车场。有关城市干道的具体规划方案还有待进一步研究，因为城市干道将决定整个城市的整体轮廓线。

(4) 就业区(Employment Districts)是中心区之外的现有工业和办公楼区。这些地区将继续作为工业和办公用地，这里存在大量的工商业投资机会。潜在的、不断增加的工作岗位也使得这些地区显得尤为重要。

(5) 绿地(Green Spaces)是指河滩及城市中的主要公园用地。

(6) 除上述用地外，城市中所有其他地区只允许进行低密度开发。

15.6.2 多伦多城市空间发展战略规划

2000年春，多伦多城市发展部经过一年的广泛研究与公众咨询，形成了一个规划报告《十字路口的多伦多：塑造我们的未来》(Toronto at the Crossoroads：Shaping our Future)，在这个报告的基础上，吸收其他部门的战略研究成果，经过反复的协商与公众参与，城市发展部于2002年5月完成了多伦多市官方规划主体部分的编制，2002年12月，多伦多城市理事会采用了这个官方规划(Official Plan)。

新的多伦多市官方规划是关于多伦多城市发展的法定规划(Statutory Plan)，是引导多伦多未来30年发展的战略蓝图和长期政策，具有十分重要的意义和作用。

官方规划共有三册，第一册为规划总纲及8个指定地区土地用途规划；第二及第三册分别包括21个次级规划和228个特定地点及地区政策。这些政策连同分区附例和其他市政府的建议，成为实施规划总纲的工具。

规划总纲的主要内容如下：

(1) 作出选择。阐明了市民对多伦多未来图景的选择，以及规划编制的核心原则，即多元性及机遇、秀丽的景观、联系性、领导及管理城市。

(2) 塑造城市。阐述了多伦多的城市结构，以及在这一结构下引导增长的战略和通过整合土地利用与交通发展来管理变化的政策。

(3) 建设成功的城市。分别从人、建筑、经济和自然环境四个方面提出引导决策制定的规划政策。

(4) 特定土地用途。通过对全市土地用途的设计，将塑造城市及建设成功城市战略与空间实施相结合。规划制定出8个指定的土地用途：街坊用地(Neighbourhoods)、住宅大厦用地(Apartment Neighbourhoods)、公园与空地(Parks and Open Space Areas)、公共设施走廊(Utility Corridors)、混合区用地(Mixed Use Areas)、就业用地(Employment Areas)、重新发展用地(Regeneration Areas)、公共机构用地(Institutional Areas)。其中前四类用地覆盖多伦多75%的土地。被列为“保留现状城市面貌”的指定地区，不能进行太大开发，使之逐渐成为发展稳定的区域。而未来30年大部分新的发展集中在后四类指定用途区。这些地区被列为指定发展地区，覆盖多伦多其余25%的土地，是实现最大社会、环境和经济效益的机遇区；在官方发布的规划文件中，把多伦多市土地利用类型图分成11个部分，各部分都详细标明了各个地块的土地利用类型。

(5) 实施计划。提出实施规划以及引导地方规划的各种方法，促进规划实施的各种机制如社区合作、城市运动等，以及规划的监督与评估机制。

多伦多规划总纲是新多伦多市发展导向，其主要特点是：

(1) 战略规划层次清晰、分工明确。城市战略规划是城市各方面战略协调发展的总纲、框架，在其指引下各部门战略规划重点明确，互相协调配合。

(2) 空间发展战略综合吸收其他部门战略的成果。经过“提议——研究草案——规划”三个阶段，最终形成具有法律效力的官方规划，从而确保战略研究成果得以实施。

(3) 各项规划都需与实际财政结构相结合。规划的实施必须考虑预算限制。

15.7 小结

多伦多作为加拿大经济中心与第一大城市，它以在区域规划及大都市管治方面的创新而闻名于世(Bourne，2001；Frisken，2001)。比如，它曾在北美第一个建立了有效的大都市管理机构，而这个管理机构负责管辖城市及其所有郊区地区。但到了20世纪90年代，由于缺乏有效的区域性协调，多伦多大都市区的快速发展受到限制。为了建立决策协调框架，促进经济有效发展，多伦多的战略规划主要体现在经济发展战略、社会发展战略和环境规划协调发展，通过法律法规对土地的用途进行严格的控制，并通过公众积极的参与，实现经济发展与环境保护统筹发展。

本章参考文献

[1] Douglas Young. Toronto Plan：A New Official Plan for A New City [J]. 严宁译. 国外城市规划，2005，20(2)：7-10.

[2] 周京奎，吴晓燕. 多伦多城市竞争力与房地产业关系研究 [J]. 外国城市，2007，2：92-95.

[3] 罗震东，赵民. 多伦多市战略规划体系 [J]. 国外城市规划，2003，18(5)：37-40.

[4] Derrek Ebert，Glen Norcliffe. Employment and Work in Toronto New Economy [J]. 严宁译. 国外城市规划，2005：20(2)：18-22.

[5] 王德忠，刘君德. 多伦多大都市政府形成及其借鉴意义 [J]. 中国方域，1995，2：14-17.

[6] Larry S. Bourne. The Challenge of Regional Planning in the Toronto Area：Past，Present and Future [J]. 严宁译. 国外城市规划，2005，20(2)：62-65.

[7] 宋国民. 中加土地利用规划管理比较与借鉴 [EB/OL]. 2007. 5. http://www. lrn. cn/zjtg/academicPaper/200705/t20070517_59360. htm.

[8] 加拿大统计局. 统计资料.

尊敬的读者：

感谢您选购我社图书！建工版图书按图书销售分类在卖场上架，共设22个一级分类及43个二级分类，根据图书销售分类选购建筑类图书会节省您的大量时间。现将建工版图书销售分类及与我社联系方式介绍给您，欢迎随时与我们联系。

★建工版图书销售分类表（详见下表）。

★欢迎登陆中国建筑工业出版社网站www.cabp.com.cn，本网站为您提供建工版图书信息查询，网上留言、购书服务，并邀请您加入网上读者俱乐部。

★中国建筑工业出版社总编室　电　话：010—58934845

传　真：010—68321361

★中国建筑工业出版社发行部　电　话：010—58933865

传　真：010—68325420

E-mail：hbw@cabp.com.cn

建工版图书销售分类表

一级分类名称（代码）	二级分类名称（代码）	一级分类名称（代码）	二级分类名称（代码）
建筑学（A）	建筑历史与理论（A10）	园林景观（G）	园林史与园林景观理论（G10）
	建筑设计（A20）		园林景观规划与设计（G20）
	建筑技术（A30）		环境艺术设计（G30）
	建筑表现·建筑制图（A40）		园林景观施工（G40）
	建筑艺术（A50）		园林植物与应用（G50）
建筑设备·建筑材料（F）	暖通空调（F10）	城乡建设·市政工程·环境工程（B）	城镇与乡（村）建设（B10）
	建筑给水排水（F20）		道路桥梁工程（B20）
	建筑电气与建筑智能化技术（F30）		市政给水排水工程（B30）
	建筑节能·建筑防火（F40）		市政供热、供燃气工程（B40）
	建筑材料（F50）		环境工程（B50）
城市规划·城市设计（P）	城市史与城市规划理论（P10）	建筑结构与岩土工程（S）	建筑结构（S10）
	城市规划与城市设计（P20）		岩土工程（S20）
室内设计·装饰装修（D）	室内设计与表现（D10）	建筑施工·设备安装技术（C）	施工技术（C10）
	家具与装饰（D20）		设备安装技术（C20）
	装修材料与施工（D30）		工程质量与安全（C30）
建筑工程经济与管理（M）	施工管理（M10）	房地产开发管理（E）	房地产开发与经营（E10）
	工程管理（M20）		物业管理（E20）
	工程监理（M30）	辞典·连续出版物（Z）	辞典（Z10）
	工程经济与造价（M40）		连续出版物（Z20）
艺术·设计（K）	艺术（K10）	旅游·其他（Q）	旅游（Q10）
	工业设计（K20）		其他（Q20）
	平面设计（K30）	土木建筑计算机应用系列（J）	
执业资格考试用书（R）		法律法规与标准规范单行本（T）	
高校教材（V）		法律法规与标准规范汇编/大全（U）	
高职高专教材（X）		培训教材（Y）	
中职中专教材（W）		电子出版物（H）	

注：建工版图书销售分类已标注于图书封底。